普通高等教育基础医学类系列教材

供基础、临床、预防、口腔、护理等医学类专业使用

生物化学与分子生物学实验教程

朱月春 杨银峰 主编

科学出版社

北京

内 容 简 介

《生物化学与分子生物学实验教程》是为了适应高等医学院校的实验教学改革和发展需要而编写的。本教材由生物化学与分子生物学实验（包括基础性实验、综合性实验和创新设计实验）、生物化学与分子生物学技术两篇构成。实验内容既有基础性实验（蛋白质、核酸的分离纯化、酶学、糖类、脂类分析等），也有来源于教师科研项目的综合性实验和创新设计实验，有利于培养学生的实践能力、综合分析能力。此外，本教材增加了RNA干扰、荧光标记技术等实验基础理论，作为实验的补充。附录中有常用仪器、技术等中英文词汇对照表。本教材内容较新颖，体系较完整，不同层次实验的培养目标有所侧重，便于不同层次学生选择。

本教材可供医学院校本（专）科及研究生实验教学使用，也可作为教师、医师和技术人员的科研参考书。

图书在版编目（CIP）数据

生物化学与分子生物学实验教程/朱月春，杨银峰主编. —北京：科学出版社，2015.1

普通高等教育基础医学类系列教材

ISBN 978-7-03-042722-9

Ⅰ. ①生… Ⅱ. ①朱… ②杨… Ⅲ. ①生物化学–实验–高等学校–教材 ②分子生物学–实验–高等学校–教材 Ⅳ. ①Q5-33 ②Q7-33

中国版本图书馆 CIP 数据核字（2014）第 288777 号

责任编辑：刘　畅 / 责任校对：胡小洁
责任印制：张　伟 / 封面设计：迷底书装

科 学 出 版 社 出版
北京东黄城根北街 16 号
邮政编码：100717
http://www.sciencep.com

北京虎彩文化传播有限公司 印刷
科学出版社发行　各地新华书店经销

*

2015 年 1 月第　一　版　　开本：787×1092 1/16
2022 年 8 月第十一次印刷　　印张：14 1/2
字数：343 000

定价：39.80 元
（如有印装质量问题，我社负责调换）

普通高等教育基础医学类系列教材

系列配套教材

专家指导委员会

主任委员
侯一平

副主任委员
孙　俊　王应雄　胡华强

委　员
（以姓氏笔画为序）

王应雄（重庆医科大学）　　　　吴玉章（第三军医大学）
王建伟（重庆医科大学）　　　　张　波（川北医学院）
左　丽（贵阳医学院）　　　　　张　晓（成都医学院）
龙汉安（泸州医学院）　　　　　欧刚卫（遵义医学院）
阮永华（昆明医科大学）　　　　胡华强（中国科技出版传媒股份有限公司）
孙　俊（昆明医科大学）　　　　侯一平（四川大学华西基础医学与法医学院）
李　华（四川大学华西基础医学与法医学院）　高永翔（成都中医药大学）

《生物化学与分子生物学实验教程》编委会名单

主 编

朱月春 杨银峰

主 审

田兴亚

副主编

李治纲 狄 勇 王 昕 范 浩

编 委

（按姓氏汉语拼音排序）

曹西南 崔映波 冯维杨 贺 铭
黄尤光 李树德 李思熳 李小洁
梁 璇 梁蕾蕾 刘 佳 秦 钰
单 妍 孙千鸿 唐 璟 童淑芬
吴 静 吴冠儒 谢 薇 杨 云
袁 方 张 明 张 巧 赵一卉

前　言

医学实验教学是医学教育的重要组成部分,是培养学生实践能力、科学思维和创新精神的主要途径,因此,提高医学实验教学质量将有助于提升整体医学教育水平。生物化学与分子生物学实验技术是当代医学研究的重要手段和方法,也是医学相关专业和各层次学生的必修实验课。为了适应高等医学院校实验教学改革和发展的需要,构建多层次、多模块的医学生物化学与分子生物学实验教学体系,我们编写了本教材。

本教材分为两篇,第一篇为生物化学与分子生物学实验,第二篇为生物化学与分子生物学技术。根据实验内容和要求,结合教学逻辑和规律,为满足不同层次学生的需求,将实验分为基础性实验、综合性实验和创新设计实验3个模块。基础性实验有助于巩固学生基本理论知识和培养学生基本实验操作技能;综合性实验多来源于教师的科研项目,应用了多种生物化学与分子生物学实验技术,经过多轮教学的实际检验,有利于培养学生的综合分析能力;创新设计实验从临床病例出发,通过设计实验方案,探讨疾病的生物化学与分子机制,培养学生的科研能力。

本教材注重实验的科学性与实用性相结合、知识传授与素质培养相结合、实验技术与临床应用相结合。为了便于学生自主学习,还介绍了生物化学与分子生物学常用软件和网络资源。此外,为配合双语教学的开展,附录中有本教材中使用的仪器、常用试剂、名词等的中英文对照。

各高等医学院校根据各专业各层次学生的培养目标和要求,可选择本教材中不同模块的实验项目实施实验教学。此外,本教材可以作为广大教师、研究生、医师和技术人员科研工作的重要参考书。

由于编者水平有限,且各医学院校的实验教学模式和条件存在差异,教材中不当之处在所难免,恳请同行专家和同学批评指正,提出宝贵意见。

朱月春　杨银峰

2014年11月于昆明

目 录

前言

第一篇 生物化学与分子生物学实验

第一章 基础性实验 ··· 3

实验 1　蛋白质的呈色反应、沉淀现象观察及等电点的测定 ··· 3

实验 2　蛋白质含量的测定 ··· 6

实验 3　丙二酸对琥珀酸脱氢酶的竞争性抑制作用 ··· 10

实验 4　红细胞葡糖-6-磷酸脱氢酶活性测定 ··· 12

实验 5　血清丙氨酸转氨酶活性测定（紫外速率法及改良穆氏法）··· 17

实验 6　糖化血红蛋白的测定 ··· 21

实验 7　血清脂蛋白琼脂糖凝胶电泳 ··· 23

实验 8　血红蛋白的醋酸纤维薄膜电泳 ··· 25

实验 9　血糖测定 ··· 27

实验 10　胰岛素、肾上腺素对家兔血糖浓度的影响 ··· 31

实验 11　血清总胆固醇测定 ··· 33

实验 12　质粒 DNA 的提取、酶切与鉴定 ··· 37

实验 13　酵母 RNA 的成分鉴定 ··· 40

实验 14　PCR 扩增 *G6PD* 基因外显子 11-12 片段 ··· 41

实验 15　尿中酮体的检出 ··· 43

实验 16　血清尿素氮测定（二乙酰一肟法）··· 44

第二章　综合性实验

实验 17　真核细胞基因组 DNA 的提取、定量和纯度测定 ····· 47
实验 18　小鼠基因组 DNA 的 Southern blotting 分析 ····· 49
实验 19　小鼠脑组织总 RNA 提取与 RT-PCR 获取真核基因片段 ····· 54
实验 20　pMD19-*G6PD* 重组子的蓝白斑筛选及酶切鉴定 ····· 59
实验 21　pThioHis（A）-*G6PD* 重组表达质粒的鉴定 ····· 63
实验 22　G6PD 重组酶的诱导表达、分离及比活性测定 ····· 66
实验 23　ATP、ADP 和 NADPH 对 G6PD 酶促反应的影响 ····· 70
实验 24　小鼠 *PKCε* 基因的克隆、鉴定及其 6His 融合蛋白的大肠杆菌表达和纯化 ····· 76
实验 25　SDS-PAGE 测定蛋白质的表观分子量 ····· 83
实验 26　小鼠血清 IgG 的 Western blotting 分析 ····· 87
实验 27　血红蛋白的等电聚焦分离及其等电点测定 ····· 94
实验 28　醋酸纤维薄膜电泳技术分离乳酸脱氢酶同工酶 ····· 97
实验 29　血清蛋白的盐析及清蛋白/球蛋白的测定 ····· 100
实验 30　血清蛋白醋酸纤维薄膜电泳分离及定量测定 ····· 103
实验 31　酶的特异性及温度、pH、激活剂、抑制剂对酶活性的影响 ····· 106
实验 32　小鼠肝细胞核的分离、纯化与鉴定 ····· 109
实验 33　动脉硬化指数的计算 ····· 112
实验 34　糖的硅胶 G 薄层层析分析鉴定 ····· 114

第三章　创新设计实验

实验 35　乙醛脱氢酶 2 基因型的检测 ····· 117
实验 36　针刺"足三里"穴位对家兔血糖浓度的双向调节作用 ····· 120
实验 37　小鼠 PKCε 相互作用蛋白质的捕获、鉴定 ····· 122
实验 38　小鼠肝总蛋白质的双向电泳分离 ····· 125
实验 39　人血浆同型半胱氨酸的测定（ELISA 方法） ····· 129
实验 40　自毁容貌综合征的生化与分子生物学分析 ····· 131
实验 41　G6PD 缺陷的诊断及其发病的分子基础 ····· 132
实验 42　HL-60 细胞中 *DAPK* 基因甲基状态的检测 ····· 133
实验 43　胰岛素促进 HepG2 细胞对葡萄糖吸收的检测 ····· 135

第二篇　生物化学与分子生物学技术

第四章　分光光度技术 ····· 141

第一节　分光光度技术的基本原理 ····· 141

第二节 分光光度计的组成与结构 143
第三节 分光光度技术的应用 145

第五章 电泳技术 148

第一节 概述 148
第二节 几种常用电泳简介 149

第六章 层析技术 152

第七章 离心技术 156

第一节 离心技术的基本原理 156
第二节 离心机的类型 157
第三节 制备型离心的分离方法 158
第四节 离心操作的注意事项 159

第八章 聚合酶链反应与印迹技术 161

第一节 PCR 技术 161
第二节 印迹技术 165

第九章 基因工程技术 170

第一节 基因工程技术的相关概念 170
第二节 基因工程技术的基本原理及技术路线 171
第三节 基因工程技术在医学领域的应用 175

第十章 荧光标记技术 177

第一节 荧光现象 177
第二节 荧光探针 179
第三节 荧光标记样品的检测 180

第十一章 RNA 干扰技术 187

第一节 RNA 干扰的作用机制 187
第二节 RNA 干扰技术的应用 189

第十二章 生物芯片技术 191

第一节 基因芯片 191
第二节 蛋白质芯片 193

第十三章　双向凝胶电泳 ··· 196

第十四章　蛋白质三维结构建模 ··· 200

　　第一节　蛋白质结构相关知识 ··· 200

　　第二节　蛋白质结构预测实例 ··· 201

参考文献 ··· 205

附录一　生物化学与分子生物学常用数据库和软件 ································ 208

附录二　生物化学与分子生物学常用试剂和培养基的配制方法 ················· 210

附录三　生物化学及分子生物学实验常用缩略语 ···································· 213

附录四　生物化学与分子生物学实验常用词中英文对照 ·························· 216

第一篇　生物化学与分子生物学实验

第一章 基础性实验

经过长期实验教学实践证明，本章收录的 16 个基础性实验有利于巩固学生的生物化学与分子生物学基本理论知识，有助于培养学生的基本实验操作技能。根据医学生物化学与分子生物学教学的逻辑和规律，实验内容按物质分类编排，实验 1、实验 2 是与蛋白质定性和定量测定有关的实验，实验 3～实验 5 是与酶学有关的实验，实验 6～实验 8 则涉及蛋白质分离，实验 9～实验 11 是糖类与脂类物质的分析，实验 12～实验 14 是与核酸分析鉴定有关的基础实验，实验 15、实验 16 则是关于酮体、尿素氮等其他物质的分析。这些基础性实验几乎涉及了大部分生物化学与分子生物学的基本技术，如分光光度技术、电泳技术、层析技术、离心技术、PCR 技术等，是医学院校本科生实验教学的重要组成部分。

实验 1 蛋白质的呈色反应、沉淀现象观察及等电点的测定

【实验目的】

1. 掌握蛋白质呈色反应、沉淀现象及等电点的原理。
2. 掌握维持蛋白质胶体溶液稳定的因素，以及引起蛋白质变性和沉淀的主要原因。

【实验原理】

将尿素加热至 180℃左右，两分子尿素脱去一分子氨缩合成双缩脲，在碱性溶液中，双缩脲与硫酸铜结合，生成紫色或紫红色的复合物，此即双缩脲反应。凡含有两个以上肽键的化合物，都能发生双缩脲反应，故一切蛋白质及二肽以上的物质都有此反应。

凡是含有自由氨基的化合物，如蛋白质、多肽、各种氨基酸（脯氨酸和羟脯氨酸除外）及其他伯胺化合物（包括氨），与茚三酮的水合物共热时，可生成紫蓝色的化合物。

维持蛋白质胶体溶液稳定的因素主要是同种电荷和水化膜。当这两个因素遭破坏后，蛋白质分子颗粒就发生聚集、并析出沉淀。能使蛋白质沉淀的化学试剂主要有：中性盐类、某些有机溶剂、重金属盐及生物碱试剂等。向蛋白质溶液中加入高浓度的中性盐时，蛋白质从溶液中沉淀析出，此即盐析。

蛋白质分子在酸性或碱性环境中，带有正电荷或负电荷，互相排斥，不易形成沉淀，

在等电点时，由于失去同种电荷相互排斥的作用，很容易形成沉淀。人体内各种蛋白质的等电点不同，但大多数蛋白质的等电点接近于 pH 5.0。

蛋白质分子在大于等电点的 pH 溶液中，与带有正电荷的重金属离子结合，即形成不再溶解的沉淀。重金属盐类沉淀蛋白质，能引起蛋白质变性，而中性盐类即使加入量很多也不改变蛋白质原有的性质。

生物碱是植物中具有显著生理作用的一类含氮的碱性有机物质。凡能够使生物碱沉淀，或能与生物碱作用而呈色的物质，称为生物碱试剂，主要有：磷钨酸、苦味酸、鞣酸等。蛋白质在小于等电点的 pH 溶液中，与生物碱试剂中的负离子结合而形成沉淀，此沉淀通常可在碱性溶液中再溶解。蛋白质能与沉淀生物碱的试剂作用而产生沉淀，可能是由于蛋白质含有与生物碱相似的含氮基团。

所有蛋白质都可因为高温加热破坏其分子内部的化学键而变性、凝固。溶液中的蛋白质在过酸或过碱环境中容易变性，此时若温度升高，蛋白质虽变性但不产生沉淀，冷却后，调节溶液的 pH 到等电点时，则有沉淀析出。

【实验器材与试剂】

1. 实验器材

移液器、试管、电炉或电磁炉、恒温水浴箱、滤纸、ϕ 50 mm 漏斗、10 mL 量杯、刻度吸量管等。

2. 试剂

10%卵清蛋白溶液、10% NaOH 溶液、10% HCl 溶液、1% $CuSO_4$ 溶液、尿素、0.1%茚三酮乙醇溶液、0.25%丙氨酸溶液、0.5% NaOH 溶液、0.5% $ZnSO_4$ 溶液、饱和 $(NH_4)_2SO_4$ 溶液、10%磺基水杨酸溶液、1%乙酸溶液、10%乙酸溶液、0.5%酪蛋白的乙酸钠溶液（称取纯酪蛋白 0.5 g，置于 100 mL 容量瓶内，加蒸馏水 40 mL、1 mol/L NaOH 溶液 10 mL 后摇匀，使酪蛋白溶解后再加入 1 mol/L 乙酸 10 mL，最后用蒸馏水稀释至刻度）等。

【实验步骤】

1. 蛋白质的呈色反应

1）双缩脲反应

（1）取试管 1 支，加入 10%卵清蛋白溶液 0.1 mL、10% NaOH 溶液 0.25 mL 及 1% $CuSO_4$ 溶液 0.1 mL，混匀后，观察试管中的溶液呈现什么现象。记录并解释。

（2）另取试管 1 支，加入尿素 0.5 g，加热使尿素熔化，此时可嗅到什么气味？继续加热使之凝固，该固体为何物？加入蒸馏水 2 mL 使固体溶解，再加入 10% NaOH 溶液 0.25 mL、1% $CuSO_4$ 溶液 0.1 mL，试管中的溶液呈现什么现象？记录并解释。

2）茚三酮反应

（1）取试管 1 支，加入 10%卵清蛋白溶液 0.2 mL、蒸馏水 0.5 mL 及 0.1%茚三酮乙醇溶液 0.3 mL，混匀后置于沸水浴中加热，1 min 后取出。观察试管中溶液呈现什么颜色，冷却后有何变化。

(2) 另取试管 1 支，加入 0.25%丙氨酸溶液 0.2 mL、蒸馏水 0.5 mL 及 0.1%茚三酮乙醇溶液 0.3 mL，混匀后置于沸水浴中加热，1 min 后取出。观察试管中溶液呈现什么颜色，冷却以后有何变化。

2. 蛋白质的沉淀反应

1) 蛋白质的盐析

(1) 取试管 1 支，加入 10%卵清蛋白溶液 5 mL、饱和$(NH_4)_2SO_4$溶液 5 mL，混匀，静置 20 min 后，球蛋白全部析出形成沉淀。将静置后的液体过滤，收集过滤后的透明液（滤液中含有清蛋白）。若滤液浑浊须重复过滤至透明为止。

(2) 另取试管 1 支，加入上述透明液 1 mL、固体$(NH_4)_2SO_4$ 0.5 g，摇动试管至溶液出现浑浊。再向浑浊溶液 [不含$(NH_4)_2SO_4$结晶颗粒] 中加入蒸馏水 2.0 mL，摇匀，记录结果并解释。

2) 重金属盐类沉淀蛋白质

取试管 1 支，加入 10%卵清蛋白溶液 1 mL 和 0.5% NaOH 溶液 50 μL，混匀。再加入 0.5% $ZnSO_4$ 溶液 0.3 mL，记录结果并解释。

3) 生物碱试剂沉淀蛋白质

(1) 取试管 1 支，加入 10%卵清蛋白溶液 1 mL、10% HCl 溶液 50 μL，混匀。再加入 10%磺基水杨酸溶液 0.2 mL，混匀，记录结果。

(2) 另取试管 1 支，加入 10%卵清蛋白溶液 1 mL、10% NaOH 溶液 0.3 mL，混匀。再加入 10%磺基水杨酸溶液 0.2 mL，混匀，记录结果。

(3) 比较两支试管中溶液的变化，并解释原因。

4) 加热沉淀蛋白质

(1) 取试管 4 支，编号后按表 1-1 加入试剂。

表 1-1 加热沉淀蛋白质反应体系配制

试剂	1	2	3	4
10%卵清蛋白溶液/mL	1.0	1.0	1.0	1.0
1%乙酸溶液/μL	—	50	—	—
10%乙酸溶液/mL	—	—	0.5	—
10%NaOH 溶液/mL	—	—	—	0.5

(2) 将 4 支试管同时放入沸水浴中，1 min 后取出，记录现象，并解释原因。

(3) 冷却后，向第 3 支试管中缓慢加入 10% NaOH 溶液，每次 30 μL，边加边摇动试管，观察现象并记录所加 NaOH 溶液的体积。

(4) 向第 4 支试管中缓慢加入 10%乙酸溶液，每次 0.2 mL，边加边摇动试管，观察现象并记录所加乙酸溶液的体积。

3. 蛋白质等电点的测定

(1) 取直径相同的试管 5 支，编号后按表 1-2 准确加入试剂。

表 1-2　蛋白质等电点测定的反应体系配制

试剂	1	2	3	4	5
蒸馏水/mL	8.4	8.7	8.0	8.2	7.4
0.01 mol/L 乙酸/mL	0.6	—	—	—	—
0.10 mol/L 乙酸/mL	—	0.3	1.0	—	—
1 mol/L 乙酸/mL	—	—	—	0.8	1.6
加酪蛋白乙酸钠溶液后相当的 pH	5.9	5.3	4.7	4.0	3.5

（2）向各管中加入酪蛋白乙酸钠溶液 1 mL，边加边摇（切勿在各管都加完后才摇），静置 10~30 min 后，分别比较各管的浑浊度，并用（+）符号表示。沉淀最多而上清液透明管的溶液 pH 即酪蛋白的等电点。记录其等电点。

【注意事项】

测定等电点时，在向各管中加入酪蛋白乙酸钠溶液 1 mL 时，边加边摇，切勿在各管都加完后才摇动试管。静置后观察浑浊度时，不能摇晃试管。

【思考题】

1. 什么是蛋白质的两性解离及等电点？引起蛋白质沉淀的主要因素有哪些？
2. 是不是只要发生双缩脲反应就一定有蛋白质存在？氨基酸能不能发生双缩脲反应？

（吴冠儒）

实验 2　蛋白质含量的测定

蛋白质含量的测定方法有很多，各有优缺点，本实验主要介绍了双缩脲法、考马斯亮蓝染色法的相关实验操作。

一、双缩脲法测定血清总蛋白含量

【实验目的】

1. 掌握双缩脲法测定蛋白质含量的原理和方法。
2. 了解血清总蛋白测定的临床意义。

【实验原理】

两分子脲经 180℃ 左右加热，释放出一分子氨后，得到双缩脲（$NH_3CONHCONH_3$）。在强碱性条件下，双缩脲与 Cu^{2+} 生成紫红色络合物，称为双缩脲反应。凡具有两个酰胺基或两个及两个以上肽键的化合物，都能进行双缩脲反应。紫红色络合物颜色的深浅与蛋白质浓度成正比，而与蛋白质分子质量及氨基酸成分无关，故可用来测定蛋白质含量。

本实验将血清中的总蛋白，经双缩脲试剂显色后，再通过比色测定其含量。

本法可测定 1~10 mg 蛋白质，优点是快速、干扰物质少，且不同蛋白质显色相似，缺点是灵敏度差，适用于精度要求不高但需快速测定的样本。

【实验器材与试剂】

1. 实验器材

刻度吸量管、洗耳球、试管、可见分光光度计等。

2. 试剂

（1）稀释血清：取 1 mL 血清（人、兔或其他蛋白质样品），置于 100 mL 容量瓶中，加 0.9% NaCl 溶液稀释至刻度（此为稀释 100 倍，或根据具体情况酌情稀释 100~300 倍）。

（2）双缩脲试剂（碱性铜试剂）：称取 1.75 g 硫酸铜（$CuSO_4 \cdot 5H_2O$）置于 100 mL 烧杯中，先加蒸馏水使之溶解，将此溶液移至 1000 mL 容量瓶中。再加入 300 mL 浓氨水和 200 mL 饱和 NaOH 溶液混匀，以蒸馏水加至 1000 mL，置于塑料瓶中避光长期保存，但有沉淀或无氨水气味则不能再用。

（3）标准蛋白质溶液（1 mg/mL）：牛血清白蛋白用 0.9% NaCl 溶液溶解、稀释至终浓度 1 mg/mL，存于冰箱中，可保存一个月。此标准蛋白质溶液用以绘制标准曲线及在测定时用作标准对照。

【实验步骤】

1. 标准曲线的绘制

取试管 6 支，按表 1-3 操作。

表 1-3 标准蛋白质溶液稀释、比色的体系配制

试剂	空白管	1	2	3	4	5
标准蛋白质溶液/mL	—	0.6	1.2	1.8	2.4	3
0.9% NaCl 溶液/mL	3	2.4	1.8	1.2	0.6	—
蛋白质溶液浓度/（mg/mL）	0	0.2	0.4	0.6	0.8	1
双缩脲试剂/mL	2	2	2	2	2	2

混匀各管，室温条件下放置 30 min，以空白管调零，在波长 540 nm 比色，记录各管吸光度。以各管的蛋白质浓度为横坐标，吸光度为纵坐标，作图绘制标准曲线。

2. 稀释血清总蛋白浓度测定

取试管 2 支，按表 1-4 操作。

表 1-4　待测稀释血清比色的体系配制

试剂	空白管	测定管
待测稀释血清/mL	—	3
0.9% NaCl 溶液/mL	3	—
双缩脲试剂/mL	2	2

混匀各管，室温条件下放置 10 min，以空白管调零，在波长 540 nm 比色，记录测定管吸光度。

【实验结果】

以测定管吸光度读数查标准曲线，求得待测稀释血清总蛋白含量，再乘以 100 的稀释倍数，即得到血清总蛋白含量。

【参考范围】

正常人血清总蛋白参考含量为 60~80 g/L 血清。

【临床意义】

血液中全部血清蛋白、纤维蛋白原、部分 α-球蛋白和 β-球蛋白等都在肝内合成，γ-球蛋白主要由网状内皮系统合成。临床上某些疾病会导致肝合成功能障碍，使血液中蛋白质种类和数量出现变化。因此检测血清总蛋白的含量，可以协助诊断肝疾病，并作为疗效观察、预后判断的指标。

（1）血清总蛋白浓度增高见于：蛋白质合成增加、失水引起血液浓缩等。

（2）血清总蛋白浓度降低见于：肝细胞功能受损、蛋白质丢失、营养不良或吸收不良、慢性消耗性疾病等。

【注意事项】

双缩脲试剂中含有氨水，对眼、鼻、皮肤有刺激性和腐蚀性，使用时需注意防护。

（梁蕾蕾）

二、考马斯亮蓝染色法测定血清总蛋白含量

【实验目的】

1. 掌握考马斯亮蓝染色法测定蛋白质的原理和方法。
2. 了解血清总蛋白测定的临床意义。

【实验原理】

考马斯亮蓝染色法（bradford method）是用染料考马斯亮蓝 G-250（coomassie blue

G-250）对蛋白质染色并进行精确定量的方法。研究发现，游离的考马斯亮蓝 G-250 存在 4 种不同的离子形式。其中，染料中的 3 种荷电形式在酸性条件下较为突出，大多数阳离子呈现红色和绿色，其最大吸收峰分别为 470 nm 和 690 nm；大多数阴离子能与蛋白质结合，呈现蓝色，其最大吸收峰为 590 nm。在酸性条件下，染料中的阴离子与蛋白质结合所形成的蓝色复合物颜色的深浅与溶液中蛋白质浓度成正比，据此，可通过测定染料的蓝色离子态对样品中的蛋白质作定量分析，通常在 595 nm 处测定其吸光度。

由于染料更容易结合蛋白质分子中的精氨酰基和赖氨酰基，因此不同蛋白质分子可因精氨酰残基和赖氨酰残基的含量不同而影响其吸光度，经修饰改进后，本法已经克服了上述缺点。本法具有操作简单、快速，灵敏度和精确度较高的优势，因此在蛋白质定量分析中应用比较广泛。

本法有两种分析方法，即标准分析，适合测定浓度在 10～100 μg/mL 的蛋白质样品；微量分析，适合测定浓度在 1～10 μg/mL 的蛋白质样品。后者虽灵敏高，但测定结果易受样品中其他化合物影响，本实验主要介绍标准分析方法。

【实验器材与试剂】

1. 实验器材
分光光度计、试管、移液器及配适吸头等。
2. 试剂
（1）标准蛋白质溶液（1 mg/mL）、考马斯亮蓝 G-250 试剂（参见附录二）。
（2）0.9% NaCl 溶液、95%乙醇、磷酸（85%，m/V）。
（3）兔血清：准确吸取 0.25 mL 兔血清（或其他蛋白质样品），置于 50 mL 容量瓶中，加 0.9% NaCl 溶液稀释至刻度（此为稀释 200 倍，或根据具体情况酌情稀释）。

【实验步骤】

1. 绘制标准曲线
取试管 6 支，按表 1-5 操作。

表 1-5 标准蛋白质溶液稀释、比色的体系配制

试剂	空白管	1	2	3	4	5
标准蛋白质溶液/μL	—	100	50	25	12.5	6.25
0.9% NaCl 溶液/μL	100	—	50	75	87.5	93.75
蛋白质溶液浓度/（mg/mL）	—	1	0.5	0.25	0.125	0.0625
考马斯亮蓝试剂/mL	5	5	5	5	5	5

混匀各管，在 5～60 min，以空白管调零，于波长 595 nm 处比色，记录各管吸光度。以蛋白质浓度为横坐标，各管的吸光度为纵坐标，作图绘制标准曲线。

2. 兔血清总蛋白浓度测定
取试管 2 支，按表 1-6 操作。

表 1-6　待测稀释血清比色的体系配制

试剂	空白管	测定管
待测稀释血清/μL	—	100
0.9% NaCl 溶液/μL	100	—
考马斯亮蓝试剂/mL	5	5

混匀各管，在 5～60 min，以空白管调零，于波长 595 nm 处比色，记录测定管吸光度。

【实验结果】

以测定管吸光度查标准曲线求得待测血清总蛋白含量。

【注意事项】

1. 显色结果受时间与温度影响较大，因此需注意保证待测样品与标准蛋白质溶液的测定控制在同一条件下进行。必须在试剂加入后的 5～60 min 测定吸光度，因为在这段时间内颜色较稳定。

2. 有些常用试剂如 Tris、巯基乙醇、蔗糖、甘油等会对实验结果产生干扰。

（冯维杨）

实验 3　丙二酸对琥珀酸脱氢酶的竞争性抑制作用

【实验目的】

1. 掌握竞争性抑制作用的原理和特点。
2. 证明组织中有琥珀酸脱氢酶及丙二酸对此酶有竞争性抑制作用。
3. 了解影响酶活性的其他因素。

【实验原理】

心肌、肝、骨骼肌等组织中都含有琥珀酸脱氢酶。此酶是三羧酸循环中一个重要酶。此酶催化琥珀酸脱氢转变成延胡索酸，脱下的 2H 由辅基 FAD 接受并被还原成 $FADH_2$。

丙二酸是琥珀酸脱氢酶的竞争性抑制剂，因它与琥珀酸的分子结构相似，故能与琥珀酸竞争琥珀酸脱氢酶的活性中心，丙二酸与酶结合后，酶活性受到抑制，抑制程度的大小，随抑制剂与底物二者浓度的比例而定。

本实验用亚甲蓝（MB^+）作为受氢体，蓝色的亚甲蓝受氢后还原为无色的亚甲蓝（$MBH+H^+$）。在隔绝空气的条件下，可以从亚甲蓝的颜色变化来观察琥珀酸脱氢酶的作用和活性。即从亚甲蓝的退色程度来判断酶活性，并通过亚甲蓝的退色变化来观察和认识丙二酸对琥珀酸脱氢酶活性的抑制作用。

$$\begin{matrix} \text{COOH} \\ | \\ \text{CH}_2 \\ | \\ \text{CH}_2 \\ | \\ \text{COOH} \end{matrix} + \text{MB}^+ \xrightarrow[\text{succinate dehydrogenase}]{\text{琥珀酸脱氢酶}} \begin{matrix} \text{COOH} \\ | \\ \text{CH} \\ || \\ \text{CH} \\ | \\ \text{COOH} \end{matrix} + \text{MBH} + \text{H}^+$$

琥珀酸　亚甲蓝（氧化型）　　　　　　　　　　　　延胡索酸　亚甲蓝（还原型）
succinate　methylene blue　　　　　　　　　　　　fumarate　reduced methylene white

【实验器材与试剂】

1. 实验器材

离心机、恒温水浴槽、手术剪、研钵（或电动匀浆机）、刻度吸量管、漏斗、家兔（或小白鼠、蛙、鸡、猪）的肝等。

2. 试剂

（1）0.2 mol/L 琥珀酸、0.02 mol/L 琥珀酸、0.2 mol/L 丙二酸、0.02 mol/L 丙二酸。以上 4 种溶液均先用 5 mol/L NaOH 调节至 pH 7.0，再用 0.01 mol/L NaOH 溶液调节至 pH 7.4。

（2）0.06 mol/L pH 7.4 磷酸盐缓冲液：0.06 mol/L Na_2HPO_4 80.8 mL 与 0.06 mol/L KH_2PO_4 19.2 mL 混合即成。

（3）0.02%亚甲蓝溶液、液体石蜡。

【实验步骤】

（1）酶提取液的制备。将家兔处死，取出肝，放入电动匀浆机中，加入 50 mL 0.06 mol/L Na_2HPO_4 匀浆 2 min，使之成为匀浆液，再加入 0.06 mol/L Na_2HPO_4 溶液至 400～600 mL，混匀备用，此即酶提取液。

（2）取试管 5 支，编号，按表 1-7 操作。

表 1-7　酶的竞争性抑制作用反应体系的配制

试剂	1	2	3	4	5
0.2 mol/L 琥珀酸/mL	0.2	0.2	0.2	—	0.2
0.02 mol/L 琥珀酸/mL	—	—	—	0.2	—
0.2 mol/L 丙二酸/mL	—	0.2	—	0.2	—
0.02 mol/L 丙二酸/mL	—	—	0.2	—	—
蒸馏水/mL	0.2	—	—	—	1.2
酶提取液/mL	1	1	1	1	—
0.02%亚甲蓝溶液/mL	0.1	0.1	0.1	0.1	0.1

（3）将上述各管摇匀，沿管壁加入液体石蜡以隔绝空气，放置 37℃水浴中保温，随时观察各管中亚甲蓝退色情况，记录反应时间及结果。

【实验结果与分析】

根据观察到的各管亚甲蓝退色程度及其速度的变化，分析实验现象和结果。

【注意事项】

1. 酶提取液的制备应操作迅速，以防止酶活性降低。
2. 加入液体石蜡的作用是隔绝空气，以避免空气中的氧气对实验造成影响，因此加液体石蜡时试管壁要倾斜，注意不要产生气泡。
3. 加完液体石蜡后，在观察结果的过程中，不要振摇试管，以免溶液与空气接触而使无色的亚甲蓝重新氧化变蓝。
4. 在37℃水浴中保温，随时观察各管中亚甲蓝退色情况，记录反应时间及结果。
5. 实验结果结束后，一定要用清洗液洗干净试管内的液体石蜡。

【思考题】

1. 以表格形式总结竞争性抑制作用、非竞争性抑制作用及反竞争性抑制作用。
2. 为什么说丙二酸对琥珀酸脱氢酶抑制作用的类型是竞争性抑制？请用实验结果来说明。

（赵一卉）

实验4　红细胞葡糖-6-磷酸脱氢酶活性测定

一、纸片法

【实验目的】

1. 掌握纸片法测定葡糖-6-磷酸脱氢酶活性的原理和方法。
2. 了解葡糖-6-磷酸脱氢酶活性单位的定义。

【实验原理】

葡糖-6-磷酸脱氢酶（glucose-6-phosphate dehydrogenase，G6PD）是磷酸戊糖途径的关键酶，催化葡糖-6-磷酸（G6P）脱氢生成葡糖-6-磷酸-δ-内酯及 NADPH。NADPH 通过甲基吩嗪甲硫酸盐（methyl phenazine methyl sulfate，MPMS）的递氢作用，将氢传递给氧化型四氮唑蓝（nitroblue tetrazolium，NBT），使其生成还原型 NBT。氧化型 NBT 为淡黄色，而还原型 NBT 为蓝紫色，其颜色深浅程度与 NADPH 的量成正比。通过观察浸有血液的纸片在加入反应试剂后，37℃保温 30 min 以后颜色的变化，可判断受试者红细胞 G6PD 的活性情况。

【实验器材与试剂】

1. 实验器材

恒温水浴箱、96 孔板、采血针、打孔器、滤纸等。

2. 试剂

（1）0.25 mol/L Tris-HCl 缓冲溶液（pH 7.4）：称取 Tris 7.6 g，加入 10 mL 蒸馏水溶解，再加入 1 mol/L HCl 80 mL。调 pH 至 7.5，然后加蒸馏水至 200 mL。

（2）6.25 mmol/L 烟酰胺腺嘌呤二核苷酸磷酸（$NADP^+$）：称取 5 mg $NADP^+$ 溶于 1 mL 0.25 mol/L Tris-HCl 缓冲溶液中。置 4℃可保存 1 个月以上。

（3）6.25 mmol/L 葡糖-6-磷酸二钠（$G6P-Na_2$）：称取 2.5 mg $G6P-Na_2$ 溶于 1 mL 0.25 mol/L Tris-HCl 缓冲溶液中。置 4℃可保存 1 个月以上。

（4）0.06% MPMS：称取 MPMS 6 mg，加入 100 mL 蒸馏水溶解，用 0.01 mol/L HCl 调 pH 至 3.8。置暗瓶内可保存 1 个月以上。

（5）0.3% NBT：称取 NBT 15 mg，加入 50 mL 蒸馏水溶解，过滤。置暗瓶内可保存 1 个月以上。

（6）0.12 mol/L $MgCl_2$：称取 57.13 mg $MgCl_2$，加入 5 mL 蒸馏水溶解。

（7）"反应试剂"：取上述配好的试剂 6.25 mmol/L $NADP^+$ 0.1 mL、6.25 mmol/L $G6P-Na_2$ 0.4 mL、0.06% MPMS 0.1 mL、0.3% NBT 0.5 mL、0.12 mol/L $MgCl_2$ 0.1 mL 混匀（此量可供约 100 份标本使用，该试剂须在使用前现配）。

（8）"对照试剂"：除不加 $NADP^+$ 和 $G6P-Na_2$ 两种溶液外，其余成分与"反应试剂"完全相同，用 0.5 mL 0.25 mol/L Tris-HCl 缓冲溶液代替 $NADP^+$ 和 $G6P-Na_2$ 两种溶液。

【实验步骤】

1. 取血

手指尖常规消毒，用采血针穿刺指尖，滴血液于两片小圆滤纸片上，使血液浸透滤纸片，如纸片上血液过多，则用滤纸或吸水纸吸取多余的血液，自然晾干。

2. 溶血

将两片浸有血液的滤纸片分别放入 96 孔板中，各加入蒸馏水 1 滴，轻轻摇匀使纸片浸透溶血。

3. 反应

溶血后，其中一片滤纸片中再加入新配的"反应试剂"15 μL，另一片滤纸片中加入"对照试剂"15 μL。轻轻摇匀，置 37℃恒温水浴箱中避光保温 30 min。

【实验结果】

1. 对照孔纸片应为红色。

2. 反应孔纸片若为深紫色代表 G6PD 活性正常，以"–"表示；若为浅紫色代表 G6PD 活性稍低，以"±"表示；若为红色代表 G6PD 活性缺陷，受试者可能为葡糖-6-磷酸脱氢酶缺乏症患者，以"+"表示。

【临床意义】

G6PD 缺乏症是我国南方少数民族中的常见、多发遗传性疾病，对人类健康有较大危害。纸片法测 G6PD 活性操作简单、快速，适用于对大规模人群的筛查，能为 G6PD 缺乏症的诊断及防治提供参考。

【注意事项】

1. 小圆滤纸片两面都需浸透血液，并用滤纸吸去多余血液，待其稍干后再放入 96 孔板中。
2. 加入蒸馏水及试剂时注意要加到反应板的孔中，避免加到孔外及壁上，并在加完之后轻轻摇匀。
3. "反应试剂"须使用前现配。

【思考题】

若受试者为一正常人，在本实验中观察到的实验结果是什么？为什么出现这样的结果？

二、紫外法

【实验目的】

1. 掌握紫外法测定葡糖-6-磷酸脱氢酶活性的原理和方法。
2. 了解葡糖-6-磷酸脱氢酶活性单位的定义。

【实验原理】

葡糖-6-磷酸脱氢酶（G6PD）的常用活性单位有 U/L、U/g 两种。其中 U/g Hb 的定义为：每克血红蛋白（Hb）在 25℃的环境中每分钟产生 1 μmoL NADPH 为 1 单位（U）。G6PD 催化葡糖-6-磷酸（G6P）脱氢生成 NADPH，NADPH 在 340 nm 处有最大吸收峰；血红蛋白被氧化成高铁血红蛋白后在 540 nm 处有最大吸收峰，通过比色法可以计算出 NADPH 及血红蛋白的含量，从而推算出 G6PD 的比活性。

【实验器材与试剂】

1. 实验器材

恒温水循环紫外分光光度计、可见分光光度计、离心机等。

2. 试剂

（1）0.5 mol/L Tris-HCl $MgCl_2$ 缓冲溶液（pH 8.0）：称取 Tris 12.1 g，$MgCl_2 \cdot 6H_2O$ 4.06 g，加入 160 mL 蒸馏水溶解，用 HCl 调 pH 至 8.0，然后加蒸馏水至 200 mL。

（2）2 mmol/L 烟酰胺腺嘌呤二核苷酸磷酸（$NADP^+$）：称取 $NADP^+$ 21.3 mg，溶于 10 mL 蒸馏水中。4℃可保存 20 天左右。

（3）6 mmol/L 葡糖-6-磷酸二钠（G6P-Na$_2$）：称取 21.5 mg G6P-Na$_2$·2H$_2$O，溶于 10 mL 蒸馏水中。4℃可保存 20 天左右。

（4）溶血剂：取巯基乙醇 0.1 mL，10% EDTA 2.0 mL，6 mmol/L NADP$^+$ 0.4 mL，加蒸馏水至总体积 200 mL。

（5）血红蛋白氧化试剂（Drabkin 试剂）：称取 K$_3$Fe(CN)$_6$ 0.2 g，KCN 0.052 g，NaHCO$_3$ 1.0 g，加蒸馏水至 1000 mL，置棕色瓶内避光保存，可保存 20 天。

（6）0.9% NaCl：ACD 抗凝剂（参见附录二）。

【实验步骤】

1. 洗涤红细胞

取静脉血 2.0 mL，放入含 0.4 mL ACD 抗凝剂的试管中，混匀。吸取 0.2 mL 抗凝血放入试管中，加入 4 mL 预冷的生理盐水，轻轻摇匀，2500 r/min 离心 5 min，倾去上清液，重复 3 次。

2. 溶血液的制备

向沉淀中加入溶血剂 2.0 mL，振荡 1 min，4℃放置 10 min 以上。

3. NADPH 的测定

取石英比色杯两只，标为"测定"及"空白"，按表 1-8 操作。

表 1-8 NADPH 测定的体系配制

试剂	体积/μL
蒸馏水/μL	2040
0.5 mol/L Tris-HCl MgCl$_2$ 缓冲溶液/μL	300
6 mmol/L G6P-Na$_2$/μL	300
2 mmol/L NADP$^+$/μL	300
混匀后置放入带恒温水循环（25℃）的紫外分光光度计中，预热 10 min，然后在"测定"中加入"溶血液" 60 μL，"空白"中加入"溶血剂" 60 μL，混匀	

以"空白"调零，1 min 后开始测 340 nm 吸光度（A_{340}），每 2 min 记录吸光度一次，至 10 min 止，比较每 2 min A_{340} 的变化情况，若相近则表明酶促反应平稳。以 10 min A_{340} 的变化（ΔA_{340}）计算 NADPH 的产量。

4. 溶血液中血红蛋白含量的测定

取试管 1 支，按表 1-9 操作。

表 1-9 血红蛋白测定的体系配制

试剂	体积/mL
Drabkin 试剂/mL	3.0
溶血液/mL	0.3

混匀，室温放置 15 min，以 Drabkin 试剂调零，读取 540 nm 的吸光度（A_{540}）。

【实验结果】

1. NADPH 产量的计算

NADPH 在 340 nm 处,其每微摩尔的吸光系数（ε）为 6.22,故 10 min 内 NADPH 的产量计算公式为

$$\text{NADPH产量} = \frac{\Delta A_{340}}{6.22}$$

2. 血红蛋白含量的计算

血红蛋白氧化为高铁血红蛋白以后,在 540 nm 处,其毫摩尔吸光系数（ε）为 44,故溶血液中血红蛋白的含量计算公式为

$$\text{血红蛋白含量} = \frac{A_{540}}{44}$$

3. G6PD 比活性（U/g Hb）的计算

$$\text{G6PD比活性单位} = \frac{\Delta A_{340}}{6.22} \times \frac{1}{10} \times \frac{1}{0.02} \times \frac{44 \times 100 \times 10 \times 1000}{A_{540} \times 64\ 500 \times 11}$$

$$= \frac{\Delta A_{340}}{A_{540}} \times 49.85$$

【参考范围】

正常值：大于 2.8 U/g Hb。

【临床意义】

G6PD 缺陷症是一种遗传性代谢性疾病,在疟疾高发的热带及亚热带地区发病率较高,全世界约有 4 亿人受此疾病影响。G6PD 缺陷症有多种临床表现,包括新生儿高胆红素血症、感染及药物引起的急性溶血性贫血和慢性非球型细胞溶血性贫血等。目前,世界上确定的 *G6PD* 基因突变有 150 多种。其遗传方式为 X 连锁不完全显性遗传,男性发病居多,部分女性杂合子也可表现症状。通过对 G6PD 活性的检测,能明确有无 G6PD 活性的缺陷。如有缺陷,则可采取相应的预防措施,减少对人体健康的危害。

【注意事项】

1. 洗涤红细胞时禁止剧烈震荡,避免溶血。
2. NADPH 测定时记录时间要准确。

【思考题】

人体内 NADPH 的来源有哪些？其生理作用是什么？

（杨银峰）

实验 5　血清丙氨酸转氨酶活性测定
（紫外速率法及改良穆氏法）

一、紫外速率法

【实验目的】

1. 掌握血清丙氨酸转氨酶（ALT）活性测定的方法。
2. 了解血清丙氨酸转氨酶的正常值及临床意义。

【实验原理】

L-丙氨酸和 α-酮戊二酸在丙氨酸转氨酶（alanine transaminase，ALT）催化下，可生成丙酮酸和 L-谷氨酸。丙酮酸再在乳酸脱氢酶（lactate dehydrogenase，LDH）作用下生成乳酸，同时 NADH 被氧化为 NAD^+。由于 NADH 在 340 nm 波长处可呈现特征性吸收峰，而 NAD 则没有。在一定范围内，待测样品中 NADH 的氧化速率与 ALT 的活性成正比。因此，在 340 nm 监测吸光度的下降速率（$\Delta A/min$），可计算出 ALT 活性。在 37℃ 条件下，1 min 能催化 1 μmol 底物转化为产物所需的酶量为一个国际单位（U），用于衡量酶活性的大小。

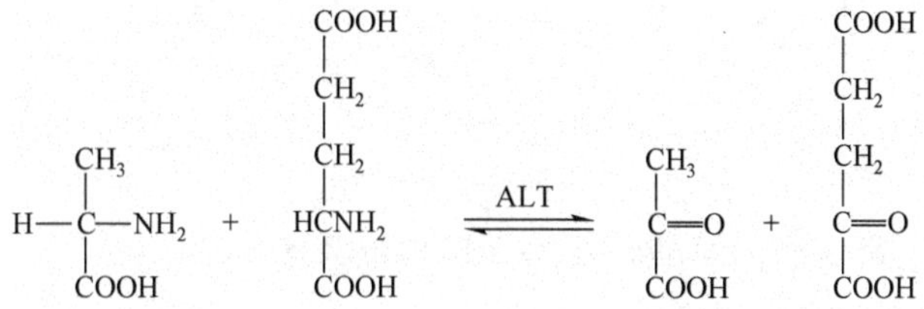

$$\text{L-丙氨酸} + \text{α-酮戊二酸} \underset{}{\overset{ALT}{\rightleftharpoons}} \text{丙酮酸} + \text{L-谷氨酸}$$

$$NADH + H^+ + \text{丙酮酸} \underset{}{\overset{LDH}{\rightleftharpoons}} \text{L-乳酸} + NAD^+$$

【实验器材与试剂】

1. 实验器材

恒温自动紫外分光光度计等。

2. 试剂

（1）试剂（Ⅰ）：用 pH 7.3 的 Tris-HCl 缓冲液为稀释剂，使下列各组分的终浓度为：100 mmol/L Tris 缓冲液、0.18 mmol/L NADH、500 mmol/L L-丙氨酸和 1200 U/L LDH。

（2）试剂（Ⅱ）：15 mmol/L α-酮戊二酸。

【实验步骤】

1. 稀释血清样品

用 pH 7.3 的 Tris-HCl 缓冲液稀释血清 12 倍。

2. 反应体系配制和测定

向光径 1.0 cm、容积 2 mL 的石英比色杯中加入血清 100 μL，加试剂（Ⅰ）1 mL，混匀，37℃温育 5 min，其目的是消耗血清样品中的 α-酮酸（如丙酮酸）。然后，再加入试剂（Ⅱ）100 μL，混匀，以启动 ALT 催化的反应。最后，在波长 340 nm 处，连续监测吸光度下降速度约 60 s。根据线性反应期吸光度下降速度（Δ*A*/min），计算出 ALT 活性。

【实验结果】

$$\begin{aligned}\mathrm{ALT} &= \frac{\Delta A}{t}\times\frac{10^6}{6220}\times\frac{1.2}{0.1}\\ &= \frac{\Delta A}{t}\times 1929\end{aligned}$$

式中，t 为时间（min）。

【注意事项】

1. 血清置 4℃冰箱一周，ALT 活性无显著变化。不推荐冰冻保存 ALT 测定标本。

2. 高脂血症或黄疸标本中高水平的 ALT 会导致底物耗尽，在 340 nm 维持高吸光度，此时样品应该稀释后再测试。在延迟时间内，样本中高丙酮酸含量会消耗 NADH，从而降低测试的线性。

【参考范围】

本法测定人体正常血清丙氨酸转氨酶活性单位为 5～40 U/L。

二、改良穆氏法

【实验目的】

1. 掌握血清丙氨酸转氨酶（ALT）活性测定的方法。

2. 了解血清丙氨酸转氨酶的正常值及临床意义。

【实验原理】

以丙酮酸和 α-酮戊二酸为底物，在血清丙氨酸转氨酶（ALT）作用下，产生丙酮酸和谷氨酸。丙酮酸能与 2, 4-二硝基苯肼结合，生成丙酮酸二硝基苯腙。丙酮酸二硝基苯腙在碱性溶液中呈现棕色，在 439～530 nm 波长处有吸收谱。在一定范围内，520 nm 波长处吸光度增加与产物丙酮酸二硝基苯腙的生成量成正比例线性关系，故可用于测定 ALT 活性。

$$\underset{\text{丙酮酸}}{\begin{matrix}CH_3\\|\\C=O\\|\\COOH\end{matrix}} + \underset{\text{2,4-二硝基苯肼}}{H_2N-\overset{H}{N}-\!\!\!\!\!\!\!\!\bigcirc\!\!\!\!-NO_2} \longrightarrow \underset{\text{丙酮酸二硝基苯腙}}{\begin{matrix}CH_3\\|\\C=N-NH-\!\!\!\!\bigcirc\!\!\!-NO_2\\|\\COOH\end{matrix}} + H_2O$$

【实验器材与试剂】

1. 实验器材

可见分光光度计、移液器、恒温水浴箱、刻度吸量管等。

2. 试剂

（1）兔血清。

（2）标准丙酮酸溶液（500 μg/mL）：准确称取丙酮酸钠 62.5 mg 溶于 100 mL 0.05 mol/L H_2SO_4 中，此液须在临用前配制。

（3）0.1 mol/L pH 7.4 磷酸盐缓冲液。

（4）底物溶液：称取 L-丙氨酸 1.79 g 及 α-酮戊二酸 29.2 mg，先溶于 50 mL 0.1 mol/L pH 7.4 磷酸盐缓冲液中，然后用 1 mol/L NaOH 调节至 pH 7.4，再用 0.1 mol/L pH 7.4 磷酸盐缓冲液稀释至 100 mL，贮存于冰箱内，可保存一周。

（5）0.02% 2,4-二硝基苯肼：称取 2,4-二硝基苯肼 20 mg 溶于 1 mol/L HCl 中，加热溶解后，用 1 mol/L HCl 稀释至 100 mL。

【实验步骤】

1. 标准曲线的绘制

取干燥试管 9 支，编号为 1~9，依次加入标准丙酮酸溶液 1~9 mL，然后用蒸馏水补足至 10 mL，摇匀，各管中丙酮酸的浓度依次为 50 μg/mL、100 μg/mL、150 μg/mL、200 μg/mL、250 μg/mL、300 μg/mL、350 μg/mL、400 μg/mL、450 μg/mL。

另取干燥试管 11 支，编号为 1~11。在 1~9 号管中依次加上述稀释的 1~9 号丙酮酸标准溶液 0.1 mL，在 10 号管中加入未经稀释的丙酮酸标准溶液 0.1 mL，在 11 号管中加入蒸馏水 0.1 mL。然后加底物溶液 0.5 mL 于上述 11 支管中，置 37℃保温 30 min，取出后加入 2,4-二硝基苯肼溶液 0.5 mL，充分混匀，再于 37℃恒温水浴箱中精确保温 20 min，取出后加入 0.4 mol/L NaOH 5 mL，静置 10 min。最后于 520 nm 波长，以 11 号管为空白管，读取 1~10 号管吸光度。以各管的丙酮酸含量为横坐标，吸光度为纵坐标，绘制标准曲线。

2. 酶活性测定

（1）取 2 支试管，按表 1-10 操作配制酶活性测定体系。

表 1-10 ALT 活性测定的体系配制

试剂	对照管	测定管
丙氨酸转氨酶底物液/mL	—	0.5
	置 37℃恒温水浴箱中保温 5 min	
血清/mL	0.1	0.1
	混匀，置 37℃恒温水浴箱中保温 30 min	

续表

试剂	对照管	测定管
2,4-二硝基苯肼溶液/mL	0.5	0.5
丙氨酸转氨酶底物液/mL	0.5	—
	混匀，置37℃恒温水浴箱中精确保温 20 min	
0.4 mol/L NaOH/mL	5.0	5.0

混匀后，静置 10 min，在 520 nm 下比色，以对照管调零，读取测定管的吸光度，然后查标准曲线求出丙酮酸含量（μg/mL）。

（2）计算：本法规定 1 mL 血清在 37℃与底物作用 30 min 后，能产生 2.5 μg 丙酮酸者为 1 个丙氨酸转氨酶活性单位，所以每毫升待测血清中所含有的丙氨酸转氨酶活性单位为

$$\text{ALT活性单位}/\text{mL} = \frac{\text{标准曲线中查知的微克数}}{2.5} \times \frac{1}{0.1}$$

【参考范围】

本法测定人体正常血清丙氨酸转氨酶活性单位为：2~40 U/L。

【临床意义】

ALT 在肝细胞中含量较多，且主要存在于肝细胞的可溶性部分，当肝受损时，此酶可释放入血，致血中该酶活性增加。只要有 1% 的肝细胞坏死，血中该酶活性即可增高 1 倍，故 ALT 常作为判断肝细胞损伤的灵敏指标。在急性病毒性肝炎、慢性活动性肝炎或脂肪肝、肝硬化或肝癌等肝病变均可引起 ALT 不同程度的增高。心功能不全、氯丙嗪和四氯化碳等药物导致肝损害也可出现 ALT 增高。此外，骨骼肌损伤、多发性肌炎等也可增高 ALT。

【注意事项】

1. α-酮戊二酸也能与 2,4-二硝基苯肼结合成相应苯腙，但后者在碱性溶液中，在波长 520 nm 时，α-酮戊二酸二硝基苯腙的光吸收远较丙酮酸二硝基苯腙低。

2. α-酮戊二酸和 2,4-二硝基苯肼对显色有一定干扰，需注意添加量。

【思考题】

1. 紫外速率法测定血清 ALT 时存在以下反应。

血清中的 α-酮酸（如丙酮酸）：丙酮酸+NADH+H$^+$ $\xrightleftharpoons{\text{LDH}}$ L-乳酸+NAD$^+$，这一反应能消耗 NADH，使 340 nm 处吸光度下降值（ΔA/min）增加，从而使测定结果偏高。请结合实验操作分析如何消除干扰反应，提高测定的准确性。

2. 为什么可以利用测定 ALT 活性单位来检测肝功能？

（刘　佳）

实验 6　糖化血红蛋白的测定

【实验目的】
1. 掌握微柱离子交换层析法测定糖化血红蛋白的原理和方法。
2. 了解糖化血红蛋白测定的意义。

【实验原理】

正常成人血红蛋白（Hb）由 HbA、HbA$_2$、HbF 组成。葡萄糖可以和血红蛋白的氨基不可逆地以共价键结合生成糖基化血红蛋白（GHb），反应缓慢且非酶促性。糖基化血红蛋白是一个混合物，即 HbA$_1$a、HbA$_1$b 和 HbA$_1$c（统称为 HbA$_1$），其中 HbA$_1$c 含量最多也最稳定，鉴于分离 HbA$_1$c 比较麻烦、费时，现在大多把测定 HbA$_1$ 作为糖尿病控制的指征。由于 HbA$_1$ 的合成速率只与红细胞所处环境中葡萄糖的浓度成正比，并且持续存在于红细胞的 120 天生命期中，而与抽血时患者是否空腹、是否使用胰岛素等因素无关，因此测定 HbA$_1$ 最能反映测前 4～8 周血糖的平均水平，更适合作为糖尿病长期监控的良好指标。

测定糖化血红蛋白的方法有：电泳法、离子交换层析法、高压液相层析法、免疫化学法、比色法等。国内以电泳法、离子交换层析法及比色法较常用。本实验主要介绍微柱离子交换层析法。用偏酸缓冲液处理 Bio-Rex70 阳离子交换树脂，使之带负电荷。它与带正电荷的 Hb 和 HbA$_1$ 有亲和力，但由于 HbA$_1$ 的两个 β 链 N 端正电荷被糖基清除，正电荷较 Hb 少，二者对树脂的附着力不同。用 pH 6.7 的磷酸盐缓冲液可首先将带正电荷较少、吸附力较弱的 HbA$_1$ 洗脱下来，用分光光度计测定洗脱液中的 HbA$_1$ 占总 Hb 的百分率。

【实验器材与试剂】

1. 实验器材

可见分光光度计、离心机、微柱等。

2. 试剂

（1）0.2 mol/L 磷酸氢二钠溶液：称取无水 Na$_2$HPO$_4$ 28.396 g，溶于蒸馏水中，并加蒸馏水至 1 L（即试剂 1）。

（2）0.2 mol/L 磷酸二氢钠溶液：称取 NaH$_2$PO$_4$ · 2H$_2$O 31.206 g，溶于蒸馏水中，并加蒸馏水至 1 L（即试剂 2）。

（3）溶血剂：pH 4.62，取 25 mL 试剂 2，加 0.2 mL Triton X-100，加蒸馏水至 100 mL。

（4）洗脱剂 I（pH 6.7 磷酸盐缓冲液）：取 100 mL 试剂 1、150 mL 试剂 2 于 1000 mL 容量瓶内，加蒸馏水至 1 L。

（5）洗脱剂 II（pH 6.4 磷酸盐缓冲液）：取 300 mL 试剂 1 及 700 mL 试剂 2，加蒸馏水 300 mL，混匀即成。

（6）Bio-Rex70 阳离子交换树脂：200～400 目，钠型，分析纯级；0.9% NaCl 溶液。

【实验步骤】

1. 树脂的处理和准备

称取 Bio-Rex70 阳离子交换树脂 10 g，加 0.1 mol/L NaOH 溶液 30 mL，搅匀，室温放置 30 min，期间搅拌 2～3 次。然后加浓盐酸数滴，调至 pH 6.7，弃去上清液，用约 50 mL 蒸馏水洗一次，用洗脱剂 II 洗 2 次，再用洗脱剂 I 洗 4 次即可。

2. 装柱

将上述处理过的树脂加洗脱剂 I，搅匀，用毛细滴管吸取树脂，加入塑料微管内，使树脂床高度达 30～40 mm。树脂床填充应均匀、无气泡、无断层。

3. 溶血液的制备

将 EDTA 抗凝血或毛细管血 20 μL，加于 2.0 mL 生理盐水中，摇匀，3000 r/min 离心 5 min，弃去上清液，仅留下红细胞，加溶血剂 0.3 mL，摇匀，置 37℃水浴中 15 min，以除去不稳定的 HbA_1。取溶血液 50 μL，加蒸馏水 7.5 mL，摇匀，此即总 HbA 管（对照管）。

4. 柱的准备

将微柱颠倒摇动，使树脂混悬，然后去掉上下盖，将柱插入试管中，让柱内缓冲液完全流出。

5. 上样

用移液器取 100 μL 溶血液，加至微柱内树脂床上，待溶血液完全进入树脂床后，将柱移入另一支洁净的空试管中。

6. 层析洗脱

取 3.0 mL 洗脱剂 I，缓缓加于树脂床上，收集流出物，此即 HbA_1 管（测定管）。注意勿冲动树脂。

7. 比色

以蒸馏水调零，在波长 415 nm 处，用分光光度计分别测定各管的吸光度。

8. 微柱的再生处理

用过的柱先加洗脱剂 II 通过树脂 2 次，每次 3.0 mL，使 Hb 全部洗下。再用洗脱剂 I 洗 3 次，每次 3.0 mL，最后加洗脱剂 I 3.0 mL，上下加盖，保存备用。

【实验结果】

将上述测得的数据代入下列公式计算，所得结果为 HbA_1 占总 HbA 的百分率。

$$HbA_1 = \frac{A_{测定}}{A_{对照}} \times 100\%$$

【参考范围】

正常成人 HbA_1 为 5.0%～8.0%，均值 6.5%。

【临床意义】

1. HbA_1 水平是反映糖尿病患者血糖控制情况的指标。
2. HbA_1 水平低于参考范围,常见于溶血性及失血性贫血、慢性肾衰、慢性持续性低血糖症等。
3. HbA_1 水平有助于糖尿病并发症的认识。当 $HbA_1>9\%$ 时,说明患者存在着持续性高血糖,会出现糖尿病肾病、动脉硬化、白内障等并发症。
4. 对于病因尚未明确的昏迷或正在输注葡萄糖(测血糖当然增高)的抢救患者,急查糖化血红蛋白具有鉴别诊断的价值。

【注意事项】

1. 操作中不能让柱干涸。洗脱过程中,加洗脱剂 I 时要避免冲动树脂。微柱的清洗,应在20℃以上进行,此层析柱一般可重复使用20次。
2. 阳离子交换树脂对温度和 pH 较为敏感,需选用具有准确 pH 和离子强度的缓冲液。

【思考题】

1. 糖化血红蛋白的测定方法有哪些?微柱离子交换层析法有什么优缺点?
2. 微柱离子交换层析法分离糖化血红蛋白的原理是什么?
3. 为什么测定糖化血红蛋白更适合作为糖尿病的监控指标?

(崔映波)

实验7 血清脂蛋白琼脂糖凝胶电泳

【实验目的】

1. 掌握血清脂蛋白测定的临床意义。
2. 了解血清脂蛋白电泳的基本原理及操作方法。

【实验原理】

血清脂蛋白电泳法是临床上常用的检验方法,在高脂蛋白血症的分型与临床鉴别诊断中有特别的意义。血清中脂类物质(如胆固醇、磷脂和脂肪等)均以不同比例与血清载脂蛋白结合成水溶性的脂蛋白。各种脂蛋白中所含载脂蛋白的种类及数量不同,其颗粒大小相差也很大。在 pH 较大的缓冲液中,脂蛋白均带负电荷,在电场中移向正极。因此以琼脂糖凝胶为支持物,在电场中可使各种脂蛋白颗粒分离开来。方法是将血清脂蛋白用脂类染料(如苏丹黑或油红等)进行预染,使脂蛋白着色。再将预染过的血清置于琼脂糖凝胶板上进行电泳分离。经电泳后可将血清脂蛋白分成 3 条清晰的区带，可用分光光度计扫描定量，也可将各脂蛋白区带切下，进行比色定量。

正常人血清脂蛋白可出现 3 条区带，从正极到负极依次为 α-脂蛋白、前 β-脂蛋白和 β-脂蛋白，原点处应无乳糜微粒。

【实验器材与试剂】

1. 实验器材

电泳仪和电泳槽、普通离心机、水浴箱、移液器、载玻片等。

2. 试剂

（1）电极缓冲液（即巴比妥缓冲液，pH 8.6，0.07 mol/L，离子强度 0.06）：称取巴比妥钠 12.76 g、巴比妥 1.66 g，加 500 mL 蒸馏水，加热溶解。待冷至室温后，再加蒸馏水至 1000 mL。

（2）制胶缓冲液[pH 8.6，离子强度（I）=0.05]：称取巴比妥钠 10.3 g，量取 1 mol/L HCl 溶液 8 mL，加蒸馏水至 1000 mL，使其溶解，作为配置琼脂糖凝胶用。

（3）苏丹黑 B 染色液：0.1 g 苏丹黑 B 中加入石油醚 2 mL，无水乙醇 8 mL，在 70℃ 水浴中加热 30 min，时时摇动，离心弃沉淀后备用。

【实验步骤】

1. 预染血清

取小试管一支，加入血清 0.2 mL 及苏丹黑 B 染料液 0.02 mL，混匀后置于 37℃ 水浴中预染 30 min，2000 r/min 离心 5 min，除去可能存在的沉淀，取上清液备用。

2. 制备琼脂糖胶板

将 0.45% 的琼脂糖凝胶水浴煮沸溶解后，用吸管吸取凝胶溶液均匀铺于载玻片上，每片约 2.5 mL，趁热将长为 15 mm 的硬纸片（厚度 1 mm）插在与载玻片短边平行相近 2 cm 处的凝胶中，静置约 0.5 h 后凝固（天热时需延长，或放入冰箱内数分钟以加速其凝固）。此时小心将纸片取处，凝胶板上出现一小凹槽。

3. 点样

用移液器吸取预染血清约 15 μL，注入上述凹槽内。

4. 电泳

将点样的凝胶板平行放于电泳槽中，点样端置于负极。用浸泡了电极缓冲液的纱布搭桥，使凝胶板两端与电泳槽缓冲液相连。平衡 3~5 min。接通电源，调电压 100~120 V，约 45 min，看到各区带已分开，最前端区带电泳至载玻片 2/3 处时，即可终止电泳。关掉电源，取出凝胶板。

5. 定量

切下各脂蛋白区带，分别置于盛有 3 mL 蒸馏水的试管中。另在载玻片两端空白区切一大小相等的凝胶作空白管。各管置于沸水浴中煮 3 min，使凝胶溶解。冷却后在 600 nm 波长处比色，空白管调零，记录各管的吸光度。也可不切下区带直接用分光光度计扫描定量。

【实验结果】

1. 肉眼观察各区带的颜色深浅、宽窄及其排列顺序,绘出脂蛋白电泳图谱。
2. 计算。

吸光度总和(T):$A_T=A_\alpha+A_{前\beta}+A_\beta$

各部分蛋白质的百分数:α-脂蛋白(%)=$A_\alpha/A_T\times100\%$;前 β-脂蛋白(%)=$A_{前\beta}/A_T\times100\%$;β-脂蛋白(%)=$A_\beta/A_T\times100\%$

【参考范围】

正常参考值:α-脂蛋白=25.7%±4.1%;前 β-脂蛋白=21%±4.4%;β-脂蛋白=53.3%±5.3%。

【临床意义】

血脂高于正常值上限即高脂血症,可分为原发性和继发性两大类。原发性高脂血症原因不明,可能与遗传有关;继发性高脂血症是继发于其他疾病,如糖尿病、肾病、甲状腺功能减退等。

【注意事项】

1. 血清样品要新鲜。血清样品和染液的比例以 9∶1 为宜,染液过多不仅会稀释标本,而且染液中的乙醇会引起蛋白质变性,影响分离效果。
2. 琼脂糖浓度一般选用 0.5%左右为宜,高于 1%以上 α-脂蛋白部分较紧密,β-脂蛋白和前 β-脂蛋白部分不够清晰;低于 4.5%则凝固性较差,图谱不清。

【思考题】

1. 电泳时为何要将点样端置于负极?
2. 电泳法分离出的各种脂蛋白区带是否为均一的物质?为什么?

(吴 静)

实验 8 血红蛋白的醋酸纤维薄膜电泳

【实验目的】

1. 掌握醋酸纤维薄膜电泳的操作方法。
2. 了解醋酸纤维薄膜电泳的原理和应用,血红蛋白的组成和分类。

【实验原理】

血红蛋白(Hb)是由珠蛋白和血红素组成的结合蛋白,正常人红细胞内的血红蛋白有 3 种，其肽链组成及在体内所占的百分比为：HbA（$\alpha_2\beta_2$）占 95%～98%；HbA_2（$\alpha_2\delta_2$）占 2%～3%；HbF（$\alpha_2\gamma_2$）约占 1%。胎儿和新生儿的 HbF 含量较高，占 70%～80%，一岁左右开始降至成人水平。

本实验以醋酸纤维薄膜为电泳支持物，用 pH 8.6 的 TEB 缓冲液进行电泳，分离血红蛋白。在 pH 8.6 的环境中各种血红蛋白均带负电，向正极泳动。由于各种血红蛋白结构不同，迁移率也不同，一般来说，所带电荷多而分子质量小者，泳动速度快，反之则慢，故可通过电泳分离血红蛋白。

本实验采用的方法可将正常人的 Hb 分为两条带，即 HbA 和 HbA_2，HbF 因含量极少，且迁移率与 HbA 十分相近，故不易单独分出区带。此外，尚可能出现非血红蛋白区带，其位置靠近点样端，为红细胞内的碳酸酐酶。

【实验器材与试剂】

1. 实验器材

棉球、穿刺针、离心管、移液器和吸头、点样工具、醋酸纤维薄膜、吸水滤纸，微型振荡器、离心机、电泳仪、电泳槽等。

2. 试剂

（1）70%医用乙醇、碘液。

（2）0.9% NaCl 溶液、蒸馏水、四氯化碳（CCl_4）。

（3）电泳缓冲液：TEB 缓冲液（pH 8.6）：称取 Tris 10.29 g EDTA 0.6 g，硼酸 3.2 g，加蒸馏水至 1000 mL。

（4）丽春红染色液：称取丽春红 S 2 g，三氯乙酸 30 g，5-磺基水杨酸 30 g，溶于蒸馏水中，再加水至 100 mL，此为 10×丽春红贮存液，应用时用蒸馏水稀释 10 倍。

（5）漂洗液：3%冰醋酸溶液。

【实验步骤】

1. 取血

用棉球沾取 70%医用乙醇和碘液消毒受试者手指尖，采血针穿刺取血 0.05 mL 左右，放入装有 1 mL 0.9% NaCl 溶液的离心管底部并轻轻摇匀。如出血不畅，可对手指稍加挤压。

2. 制备血红蛋白溶液

混匀后 10 000 r/min 离心 3 min，弃去上清液，重复用 1 mL 0.9% NaCl 溶液洗涤 1 次。吸去上清液后，在红细胞沉淀上面加等体积蒸馏水，振摇。再加等体积 CCl_4，用微型振荡器振摇 1 min，10 000 r/min 离心 5 min。吸取上层澄清的血红蛋白液备用。

3. 电泳

1）醋酸纤维薄膜的准备

将薄膜切成 2 cm×8 cm 膜条，将膜条浸入 TEB 缓冲液中平衡 20～30 min 至完全无白斑。

2）点样

取出平衡好的膜条，用滤纸吸去多余的缓冲液，在无光泽面（毛面）距一端 1.5～2 cm 处用铅笔画一条点样线，用点样玻片沾取适量血红蛋白溶液，准确点样于膜条的点样线上（毛面），待血红蛋白溶液浸入膜内后移开点样玻片，形成一定宽度、粗细均匀的样品直线。此步骤是实验关键，点样前应在滤纸上练习，掌握技术后再正式点样。

3）电泳

在电泳槽内加入电泳缓冲液，使两个电极槽内液面等高。将点好样的膜条平悬、拉直放于电泳槽支架的滤纸桥上（毛面向下），点样端置于负极，点样线不能接触滤纸桥。然后盖严电泳室，平衡 10 min，将电压调至 10 V/cm 膜长，电流 0.4～0.6 mA/cm 膜宽。电泳至两条 Hb 区带完全分开（40～60 min），结束电泳。

4. 染色

将电泳完毕的膜条取出，浸入丽春红染色液中染色 5 min。

5. 漂洗

将染色完毕的膜条取出，转移到漂洗液中漂洗数次至无蛋白质区底色脱净为止，可得色带清晰的电泳图谱。

【实验结果】

分析得到的电泳图谱。

【注意事项】

1. 醋酸纤维薄膜的处理。注意避免污染，取膜时使用镊子或戴手套。
2. 点样时，应将膜表面多余的缓冲液用滤纸吸去，保持膜片不湿不干，且点样的量不宜过多或过少，避免样品扩散或点状加样，影响分离效果。
3. 电泳条件的选择。电流强度以 0.4～0.6 mA/cm 膜宽为宜。电流过强易造成膜片干燥；电流过低，则样品泳动速度慢易引起样品扩散，均会影响分离效果。

【思考题】

1. 简述醋酸纤维薄膜电泳分离血红蛋白的原理。
2. 简述异常血红蛋白区带的临床意义。

（梁蕾蕾）

实验 9 血 糖 测 定

一、GOD-PAP 法测定血糖

【实验目的】

1. 掌握 GOD-PAP 法测定血糖的原理和方法。

2. 了解血糖正常水平及其测定的临床意义。

【实验原理】

葡糖氧化酶（glucose oxidase，GOD）利用氧和水将葡萄糖氧化为葡萄糖酸，并释放过氧化氢。过氧化物酶（peroxidase，POD）在色原性氧受体存在时将过氧化氢分解为水和氧，并使色原性氧受体 4-氨基安替比林和酚去氢缩合为红色醌类化合物，即 Trinder 反应（其中过氧化物酶、4-氨基安替比林和酚统称为 PAP）。红色醌类化合物的生成量在一定范围内与葡萄糖含量成正比，与同样处理的葡萄糖标准液进行比较，即可求得血糖含量。此法称 GOD-PAP 法，它是近几年临床血糖定量测定普遍采用的方法，其测定血糖的酶反应为

$$C_6H_{12}O_6 + O_2 + H_2O \xrightarrow{GOD} C_6H_{12}O_7 + H_2O_2$$

4-氨基安替比林　　　　　　　　　　　红色醌亚胺

【实验器材与试剂】

1. 实验器材

试管、可见分光光度计、移液器、吸量管、水浴锅等。

2. 试剂

（1）0.1 mol/L 磷酸盐缓冲液（pH 7.0）：称取无水磷酸氢二钠 8.67 g 及无水磷酸二氢钾 5.3 g 溶于 800 mL 蒸馏水中，用 1 mol/L 氢氧化钠（或 1 mol/L 盐酸）调 pH 至 7.0，用蒸馏水定容至 1 L。

（2）酶试剂：称取过氧化物酶 1200 U，葡糖氧化酶 1200 U，4-氨基安替比林 10 mg，叠氮化钠 100 mg，溶于 80 mL 磷酸盐缓冲液中，用 1 mol/L NaOH 调 pH 至 7.0，用磷酸盐缓冲液定容至 100 mL，置 4℃保存，可稳定 3 个月。

（3）酚溶液：称取重蒸馏酚 100 mg 溶于 100 mL 蒸馏水中，用棕色瓶贮存。

（4）酶酚混合试剂：酶试剂及酚溶液等量混合，4℃可以存放 1 个月。

（5）葡萄糖标准应用液（5.55 mmol/L 或 1 mg/mL）：分析天平称取无水葡萄糖 100 mg，以少量 0.25%安息香酸溶液在小烧杯中溶解，倒入 100 mL 容量瓶中，用 0.25%安息香酸溶液冲洗烧杯 2~3 次，倒入容量瓶中并补足至刻度，混匀。

【实验步骤】

取 3 支试管按表 1-11 操作。

表 1-11　葡糖氧化酶法血糖测定的体系配制

试剂	空白管（B）	标准管（S）	待测管（U）
血清（浆）/mL	—	—	0.2
葡萄糖标准应用液/mL	—	0.2	—
蒸馏水/mL	0.2	—	—
酶酚混合试剂/mL	3.0	3.0	3.0

混匀，置 37℃水浴中，保温 15 min，在波长 520 nm 处比色，以空白管调零，读取标准管及测定管吸光度。

【实验结果】

$$血清葡萄糖（mmol/L） = \frac{A_U}{A_S} \times 1 \times 0.2 \times \frac{1}{180.2} \times \frac{1}{0.2} \times 1000$$

$$= \frac{A_U}{A_S} \times 5.55$$

式中，A_U 为待测管的吸光度值；A_S 为标准管的吸光度值。

【参考范围】

空腹血清葡萄糖正常值：3.89～6.11 mmol/L。

【注意事项】

1. 葡糖氧化酶对 β-D-葡萄糖高度特异，葡萄糖的完全氧化需要 α 型到 β 型的变旋反应。国外某些商品葡糖氧化酶试剂盒含有葡萄糖变构酶，可加速这一反应，但在终点法中，延长孵育时间可达到完成自发变旋过程。新配制的葡萄糖标准应用液主要是 α 型，故须放置 2 h 以上（最好过夜），待变旋平衡后方可应用。

2. 葡糖氧化酶法可直接测定脑脊液葡萄糖含量，但不能直接测定尿液葡萄糖含量。因为尿液中尿酸等干扰物质浓度过高，可干扰过氧化物酶反应，造成结果偏低。

3. 严重黄疸、溶血及乳糜样血清应先制备无蛋白质血滤液，然后再进行测定。

二、邻甲苯胺法测定血糖

【实验目的】

1. 掌握邻甲苯胺（O-T）法测定血糖的原理和方法。
2. 了解血糖正常水平及其测定的临床意义。

【实验原理】

葡萄糖为一含醛基的己糖，在酸性条件下加热，生成 5-羟甲基-2-呋喃甲醛，后者与邻甲苯胺的氨基缩合成一蓝绿色的希夫碱（Schiff base），其颜色的深浅在一定范围内与血糖含量成正比，故与同样处理的标准葡萄糖溶液比较即可求得血糖含量。

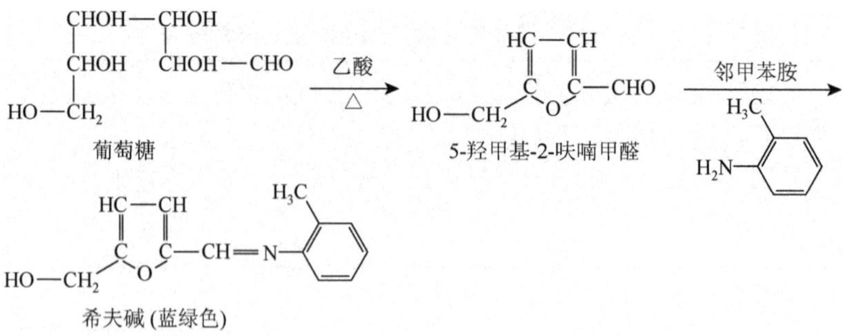

葡萄糖 →(乙酸, △) 5-羟甲基-2-呋喃甲醛 →(邻甲苯胺) 希夫碱(蓝绿色)

【实验器材与试剂】

1. 实验器材

试管、可见分光光度计、移液器、刻度吸量管、水浴锅等。

2. 试剂

（1）邻甲苯胺试剂：称取硫脲 1.5 g 溶于 750 mL 冰醋酸中，加邻甲苯胺 150 mL 及饱和硼酸 40 mL，混匀后加冰醋酸至 1000 mL，置棕色瓶中，冰箱保存。此试剂腐蚀性极强，避免接触皮肤，应用移液器加样。

（2）饱和硼酸溶液：称取硼酸 6 g 溶于 100 mL 蒸馏水中，放置一夜，取上清液使用。

（3）葡萄糖标准贮存液（10 mg/mL）（参见附录二），用时再稀释 10 倍，即得葡萄糖标准应用液（1 mg/mL）。

【实验步骤】

取试管 3 支，按表 1-12 操作。

表 1-12 邻甲苯胺法血糖测定的体系配制

试剂	空白管（B）	标准管（S）	待测管（U）
血清（浆）/mL	—	—	0.1
葡萄糖标准应用液/mL	—	0.1	—
蒸馏水/mL	0.1	—	—
邻甲苯胺试剂/mL	5.0	5.0	5.0

混匀，置沸水浴中 15 min，取出置冷水中冷却，于 630 nm 波长比色，以空白管调零，读取标准管及测定管吸光度。

【实验结果】

计算公式见 GOD-PAP 法。

【参考范围】

本法测定正常成人空腹血清葡萄糖正常值：3.89～6.11 mmol/L。

【临床意义】

1. 高血糖
（1）生理性高血糖：见于摄入高糖食物后，或情绪紧张肾上腺分泌增加时。
（2）病理性高血糖：糖尿病、内分泌腺功能障碍、颅内压增高、脱水引起的高血糖。
2. 低血糖
（1）生理性低血糖：见于饥饿和剧烈运动时。
（2）病理性低血糖：见于胰岛 β 细胞增生或胰岛 β 细胞瘤、垂体前叶功能减退、肾上腺皮质功能减退、严重肝病等。

【注意事项】

1. 邻甲苯胺试剂：邻甲苯胺在冰醋酸中并不十分稳定，易氧化而产生棕色物质，加入硫脲，不仅产生抗氧化作用，还可防止试剂出现棕色。
2. 硼酸和葡萄糖的 α-羟基结合，能促进葡萄糖转变醛式构型，增加反应的活性。
3. 沸水浴时沸水一定要盖过试管内的液面，否则温度不均匀，影响显色。

【思考题】

1. 血糖的来源和去路有哪些？简述测定血糖在临床上的意义。
2. 试比较 GOD-PAP 法与 O-T 法测定血糖的优缺点。

（单　妍）

实验 10　胰岛素、肾上腺素对家兔血糖浓度的影响

【实验目的】

1. 掌握胰岛素、肾上腺素对血糖浓度的影响及其作用机制。
2. 了解血糖的来源与去路。

【实验原理】

人与动物血糖浓度的恒定，是由体内多种因素调节的共同结果。激素是调节血糖恒定的重要因素，其中胰岛素具有降低血糖的作用，肾上腺素具有升高血糖的作用。采家兔空腹血后，分别对其注射胰岛素和肾上腺素，当激素在其体内作用一段时间后，再次分别采血，测量血糖浓度，可观察到注射两种激素前、后，家兔血糖浓度的变化，从而验证激素对血糖浓度的调节作用。

本实验采用 GOD-PAP 法测定血糖浓度（详见实验 9）。

【实验器材与试剂】

1. 实验器材

剪刀、试管、分光光度计、离心机、吸量管或移液器、恒温水浴箱、注射器、台式磅秤、家兔固定箱、抗凝管等。

2. 试剂

胰岛素注射液（40 U/mL）、肾上腺素注射液（1∶1000）、二甲苯及凡士林、GOD-PAP 血糖浓度测定试剂盒。

【实验步骤】

1. 动物准备

取禁食 4 h 以上的家兔两只，编号 1 和 2，称其体重并记录。

2. 注射前采血

取抗凝管 2 支，编号，在家兔耳缘静脉采血：剪去家兔耳缘静脉处的兔毛，用二甲苯擦拭兔耳缘静脉，使其充血；预先在切口周围抹上凡士林以防止溶血；用刀片在耳缘静脉上做一个切口，让血液流入抗凝管中，同时摇动抗凝管，以防止血液凝固，约需 1.5 mL。

3. 立即离心

以 2500 r/min 的转速，离心 15 min，分离血浆备用。

4. 注射激素和再次采血

1）注射胰岛素

将已配制好的胰岛素稀释液（按 1.5 U/kg 计算，稀释到 1 mL），按 1 mL/kg 的剂量，注射到 1 号家兔臀部皮下。40 min 后从其心脏采血 1.5 mL，加入编好号的抗凝管中，立即以 2500 r/min 的转速，离心 15 min，分离血浆备用。

2）注射肾上腺素

将已配制好的 1∶1000 肾上腺素注射液（按 0.37 mL/kg 计算，稀释成 1 mL），按 1 mL/kg 的剂量，注射到 2 号家兔臀部皮下。30 min 后，从其心脏采血 1.5 mL，加入编好号的抗凝管中，立即以 2500 r/min 的转速，离心 15 min，分离血浆备用。

5. 血糖浓度的测定

（1）取试管 6 支，编号后按表 1-13 的要求加入试剂。

表 1-13　家兔血糖浓度测定的反应体系配制

试剂	注射胰岛素前	注射胰岛素后	注射肾上腺素前	注射肾上腺素后	标准管	空白管
血浆/mL	0.03	0.03	0.03	0.03	—	—
葡萄糖标准应用液/mL	—	—	—	—	0.03	—
蒸馏水/mL	—	—	—	—	—	0.03
酶酚混合试剂/mL	3.00	3.00	3.00	3.00	3.00	3.00

（2）将各管混匀，置于37℃水浴中保温15 min后取出，冷却至室温，在波长505 nm处比色，以空白管调零，读取标准管及测定管吸光度并计算结果，比较注射激素前、后家兔血糖浓度的变化。

【实验结果】

1. 血糖浓度的计算：计算公式见实验9中GOD-PAP法。
2. 计算出注射胰岛素后血糖降低和注射肾上腺素后血糖增高的百分率。

$$血糖改变百分率 = \frac{\Delta BS}{注射前BS} \times 100\%$$

$$\Delta BS = 注射后BS - 注射前BS$$

式中，BS为血糖浓度；"+"值为BS升高；"-"值为BS降低。

【参考范围】

正常成人：3.89～6.11 mmol/L。家兔：4.32～8.60 mmol/L。

【注意事项】

每只家兔只能做一种激素实验。如果同一只家兔做了注射胰岛素实验后，必须间隔2 h后才能再做注射肾上腺素实验。

【思考题】

结合血糖在机体内主要来源和去路，思考胰岛素、肾上腺素调节血糖的机制是什么？

（吴冠儒）

实验 11　血清总胆固醇测定

一、硫磷铁法

【实验目的】

1. 掌握硫磷铁法测定血清总胆固醇（TCH）的原理及方法。
2. 了解血清总胆固醇的正常值范围及临床意义。

【实验原理】

用无水乙醇提取血清中胆固醇的同时沉淀蛋白质，向提取液中加入硫磷铁显色剂，胆固醇与浓硫酸及三价铁作用，生成较稳定的紫红色化合物，其颜色深浅在一定范围内与胆固醇含量成正比，与同样处理的胆固醇标准液进行比色，求得其含量。

【实验器材与试剂】

1. 实验器材

试管、可见分光光度计、台式离心机、移液器及刻度吸量管。

2. 试剂

（1）胆固醇标准贮存液（11.0 mg/mL）：精确称取干燥重结晶胆固醇 100 mg，溶于无水乙醇内（因不易溶解，可稍加温助溶），然后移入 100 mL 容量瓶中，加无水乙醇至刻度，贮于棕色瓶中，密塞瓶口置 4℃ 冰箱中。配制应用液时，应将其预先恢复至室温。

（2）胆固醇标准应用液（0.04 mg/mL）：取上述贮存液 4 mL 于 100 mL 容量瓶中，加蒸馏水 4 mL，加无水乙醇至刻度，贮于棕色瓶内放冰箱保存，使用时应将其恢复至室温。

（3）铁贮存液：称取三氯化铁（$FeCl_3 \cdot 6H_2O$）2.5 g 溶于 87% 浓磷酸内并加至 100 mL，贮于棕色瓶中，此液在室温可长期保存。

（4）硫磷铁显色剂：取铁贮存液 8 mL，加浓硫酸至 100 mL，此液在室温可保存 6~8 周。

（5）浓硫酸、无水乙醇。

【实验步骤】

（1）准确吸取血清 0.2 mL，放入一中号干燥试管中，再对准血清吹入无水乙醇 4.8 mL，使蛋白质分散成很细小的沉淀。振摇 30 s，静置 5 min。3000~3500 r/min，离心 8 min，上清液即胆固醇抽提液。

（2）取大号干燥试管 3 支，分别标明空白、标准、测定，按表 1-14 操作。

表 1-14 硫磷铁法测定 TCH 的体系配制

试剂	空白管（B）	标准管（S）	测定管（U）
抽提液/mL	—	—	2.0
胆固醇标准应用液/mL	—	2.0	—
无水乙醇/mL	3.0	1.0	1.0
硫磷铁显色剂/mL	3.0	3.0	3.0

硫磷铁试剂须沿管壁缓缓加入，与乙醇液分成两层，立即迅速振摇 20 次。混匀后，置室温下冷却 15 min，然后选用 550 nm 波长，以空白管调零，读取各管吸光度。

【实验结果】

$$血清总胆固醇（mmol/L）= \frac{A_U}{A_S} \times (0.04 \times 2) \times \frac{1}{387} \times \frac{1}{0.2 \times \frac{2}{5}} \times 1000$$

【参考范围】

正常成人空腹参考值：2.8~5.9 mmol/L（110~230 mg/dL）。

【临床意义】

1. 总胆固醇增高：常见于甲状腺功能减退、冠状动脉粥样硬化、心脏病及高脂血症、糖尿病、慢性肾炎肾病期、肾病综合征、类脂性肾病、长期高脂饮食、精神紧张等。

2. 总胆固醇降低：见于甲亢、低脂蛋白血症、贫血及败血症、肝疾病、严重感染、营养不良、肠道吸收不良、慢性消耗性疾病、家族性无 β-脂蛋白或低 β-脂蛋白血症等。

【注意事项】

1. 在使用硫磷铁试剂时要小心，否则溅出会造成伤害。抽提液与硫磷铁显色剂混合时会产生热量，发热程度与显色深浅有关。

2. 所用试管和比色杯均须干燥，浓硫酸的质量很重要，放置日久，往往由于吸收水分而使颜色反应下降。

二、酶法

【实验目的】

1. 掌握酶法（CHEH-CHOD-PAP 法）测定血清总胆固醇的原理及方法。
2. 了解血清总胆固醇的正常值范围及临床意义。

【实验原理】

血清中的胆固醇酯（cholesterol ester，CHE）被胆固醇酯水解酶（chol esterolester hydrolase，CHEH）水解成游离胆固醇（free cholesterol，FCH），后者被胆固醇氧化酶（cholesterol oxidase，CHOD）氧化成 Δ^4-胆甾烯酮并产生过氧化氢，再经过氧化物酶（POD）催化 4-氨基安替比林与酚（三者合称 PAP），生成红色醌亚胺色素（Trinder 反应）。醌亚胺的最大吸收波长在 500 nm 左右，吸光度在一定范围内与标本中总胆固醇（TCH）含量成正比。反应式如下。

$$\text{胆固醇酯} + H_2O \xrightarrow{\text{CHEH}} \text{胆固醇} + \text{游离脂肪酸}$$

$$\text{胆固醇} + O_2 \xrightarrow{\text{CHOD}} \Delta^4\text{-胆甾烯酮} + H_2O_2$$

$$2H_2O_2 + 4\text{-氨基安替比林} + \text{酚} \xrightarrow{\text{POD}} \text{醌亚胺} + 4H_2O$$

【实验器材与试剂】

1. 实验器材

试管、可见分光光度计、移液器、刻度吸量管、台式离心机、恒温水浴箱等。

2. 试剂

（1）酶试剂：临用前用缓冲液配制成单一混合试剂，其中各组分试剂浓度如下：磷酸盐缓冲液 pH 7.7 0.4 mol/L、假单胞菌 CHEH≥800 U/L、奴卡菌 CHOD≥400 U/L、辣根 POD≥1000 U/L、胆酸钠 3 mmol/L、4-氨基安替比林 0.5 mmol/L、酚 3.5 mmol/L、聚氧乙烯类表面活性剂 3 g/L。

磷酸盐缓冲液可用 Tris 缓冲液替代，后者浓度为 100 mmol/L，pH 7.7。为提高显色灵敏度，酚可以用其衍生物或其他色原代替。

（2）FCH 校准血清：本法 TCH 测定中以准确定值的校准血清为标准，校准血清的 FCH 浓度最好有高、中、低 3 种，中浓度血清的 FCH 含量应在 3.8~5.2 mmol/L。液态的 FCH 校准血清（含有不抑制 CHEH、CHOD 与 POD 的防腐剂），-20℃保存至少稳定 2 年，冻干品更稳定。标签上应注明出品日期及有效期。

【实验步骤】

1. 标本

及时分离的空腹血清、肝素或 EDTA 抗凝血浆。

2. 酶法测定血清总胆固醇

取试管 3 支，按表 1-15 依次加样。

表 1-15　酶法测定 TCH 的体系配制

试剂	空白管（B）	标准管（S）	测定管（U）
血清/μL	—	—	20
FCH 校准血清/μL	—	20	—
蒸馏水/μL	20	—	—
酶试剂/μL	1000	1000	1000

混匀后，37℃保温，准确读取保温 10 min 时各管的吸光度，波长 500 nm，用空白管调零。

【实验结果】

$$\text{血清 TCH（mmol/L）} = \frac{A_U}{A_S} \times \text{胆固醇标准液浓度} \times 0.02 \times \frac{1}{1000} \times \frac{1}{0.02} \times 1000$$

$$= \frac{A_U}{A_S} \times \text{胆固醇标准液浓度}$$

【参考范围】

正常成人空腹参考值：3.00~5.20 mmol/L。危险阈值：5.20~6.20 mmol/L。高胆固醇血症：≥6.20 mmol/L。

【注意事项】

1. 最后加酶试剂，各管反应时间应一致，比色应在 30 min 内完成。

2. 若需检测游离胆固醇浓度，将酶试剂成分中去掉胆固醇酯酶即可。

【思考题】

1. 血清胆固醇浓度的升高和降低有何临床意义？
2. 血清总胆固醇的测定方法有哪几种？原理分别是什么？各有什么优缺点？

（秦　钰）

实验 12　质粒 DNA 的提取、酶切与鉴定

【实验目的】

1. 掌握质粒 DNA 提取的原理。
2. 掌握限制性内切酶酶切及琼脂糖凝胶电泳分析的基本原理。
3. 了解限制性内切酶酶切反应及琼脂糖凝胶电泳分析的操作技术。

【实验原理】

1. 质粒 DNA 的提取

质粒（plasmid）是细菌细胞内独立于染色体外的一种具有自我复制能力的环状闭合双链 DNA 分子，有些质粒带有抗药性基因。它是基因工程中最常用的一类载体，质粒载体是在天然质粒的基础上为适应实验室操作而人工构建的。

质粒 DNA 提取的常用方法是碱裂解法，其操作包括 3 个基本步骤：收集细菌、裂解细菌、分离和纯化质粒 DNA。培养细菌使质粒扩增，离心收集细菌细胞；通过溶菌酶、十二烷基硫酸钠（sodium dodecyl sulfate，SDS）及 NaOH 可裂解细菌细胞；加入乙酸和乙酸钾，一方面中和 NaOH，另外乙酸钾中的钾离子置换了 SDS 中的钠离子形成不溶性的十二烷基硫酸钾（potassium dodecylsulfate，PDS），蛋白质及基因组 DNA 随着 PDS 沉淀出来，而质粒 DNA 则留在上清液中。再经无水乙醇沉淀、洗涤处理，可得到质粒 DNA。

2. 限制性内切酶酶切反应

限制性内切酶（限制酶）能识别 DNA 分子上的特定序列，并在识别位点或其周围对双链 DNA 进行切割。根据限制酶作用特点的不同，可将限制酶分为 3 种类型，其中 II 型限制酶在分子克隆中得到了广泛应用，是重组 DNA 技术中最重要的工具酶。绝大多数 II 型限制酶识别序列为长度 4～8 bp 的回文序列（palindrome sequence）。II 型限制酶切割后可产生平端（如 *Sma* I，5'-CCC↓GGG-3'）或黏性末端（如 *Eco*R I，5'-G↓AATTC-3'）。

本实验中用于鉴定 pMD19-*G6PD* 重组子的两种限制酶分别是 *Xho* I 和 *Nde* I，其识别序列分别是：*Xho* I，C↓TCGAG；*Nde* I，CA↓TATG。其完全切割 pMD19-*G6PD* 后

产生 2692 bp 和 1562 bp 两条片段。

3. 质粒 DNA 的琼脂糖凝胶电泳鉴定

琼脂糖凝胶电泳进行鉴定质粒 DNA 时，多数情况下能看到 3 条带，分别是超螺旋、线性和开环。碱裂解法抽提得到质粒样品中不含线性 DNA，但也能看到 3 条带，这 3 条带以电泳速度的快慢而排序，分别是超螺旋、开环和复制中间体（即没有复制完全的两个质粒连在一起）。

【实验器材与试剂】

1. 实验器材

离心管、恒温培养箱、恒温摇床、台式离心机、移液器、水平式电泳装置、恒温浴槽、微波炉或电炉、紫外透射仪等。

2. 试剂

（1）质粒提取试剂：溶液Ⅰ、溶液Ⅱ、溶液Ⅲ；苯酚/氯仿；pH 8.0 TE 缓冲液（参见附录二）。

（2）琼脂糖（agarose）、DNA 分子质量标准物（DNA marker）、1×TAE 电泳缓冲液、SYBR GreenⅠ［或溴化乙锭（EB）］、10×电泳上样缓冲液（参见附录二）。

（3）限制酶（*Xho*Ⅰ和 *Nde*Ⅰ）。

【实验步骤】

1. 提取质粒

（1）接种单菌落（single colony）于 5 mL 含相应抗生素的 LB 培养基中，37℃振荡培养至饱和状态（A_{600}=0.4）或过夜。

（2）取 1.5 mL 离心管 2 支，分别加入 1.4 mL 含空载体及 pMD19-*G6PD* 重组子的菌液，各管按如下方法操作。

A. 10 000 r/min 离心 1 min，去掉上清液。加入 150 μL 的溶液Ⅰ，充分混悬细菌，在室温放置 10 min。

B. 加入 200 μL 新配制的溶液Ⅱ。加盖，颠倒 5 次使之混匀。冰上放置 5 min。

C. 加 150 μL 预冷的溶液Ⅲ，加盖后颠倒 5 次混匀，冰上放置 15 min。10 000 r/min 离心 5 min，上清液移入另一离心管中。

D. 向上清液中加入等体积苯酚/氯仿，振荡混匀，10 000 r/min 离心 2 min，将上清液转移至新的离心管中。

E. 向上清液中加入等体积无水乙醇，混匀，室温放置 2 min。10 000 r/min 离心 5 min，倒去上清乙醇溶液，将离心管倒扣在吸水纸上，吸干液体。

F. 加入 1 mL 70%乙醇，悬浮沉淀，10 000 r/min 离心 2 min，倒去上清液，晾干，加入 20 μL 的 TE 缓冲液，使 DNA 完全溶解，待用。

2. 质粒 DNA 的限制性内切酶酶切

取洁净消毒 1.5 mL 离心管 2 支（空载体及重组体进行酶切），各管分别加入下列物质：自提质粒样品 1 μg、10×酶切缓冲液 2 μL、限制性内切酶 *Xho*Ⅰ和 *Nde*Ⅰ各 1 μL，加双蒸水至总体积 20 μL。

小心混匀,置于 37℃水浴中,过夜。反应终止后,各酶切样品于冰箱中贮存备用。

3. DNA 琼脂糖凝胶电泳

（1）琼脂糖凝胶的制备:称取 0.4 g 琼脂糖,置于三角瓶中,加入 50 mL TAE 缓冲液,置微波炉加热全部熔化后,取出摇匀,加入 SYBR GreenⅠ8 μL。此为 0.8%的琼脂糖凝胶。

（2）琼脂糖凝胶板的制备:将胶模两端用胶带封闭,水平放置,插入上样梳。待琼脂糖凝胶液将冷却至 65℃左右时,小心倒入胶模中,使胶液缓慢展开,直到在整个玻璃板表面形成均匀的胶层,室温下静置 20 min,待凝固完全后,轻轻拔出上样梳,在胶板上即形成相互隔开的样品槽。

（3）样品准备:取 4 支 1.5 mL 离心管,分别加入酶切的质粒（空载体）DNA 9 μL、未酶切的质粒（空载体）DNA 9 μL、酶切的质粒（重组体）DNA 9 μL、未酶切的质粒（重组体）DNA 9 μL,再向各管中加入 10×电泳上样缓冲液 1 μL,混匀。

（4）加样:用移液器将上述样品和 DNA 分子质量标准物分别加入凝胶样品小槽内。

（5）电泳:加完样品后的凝胶板,立即通电。样品进胶前,应使电流控制在 20 mA,样品进胶后电压控制在 60~80 V,电流为 40~50 mA。当指示剂色带移动至距离胶板 1~2 cm 处,停止电泳。

（6）结果观察:将电泳后的胶板在紫外透射仪下观察在琼脂糖凝胶中的 DNA 条带。

【实验结果】

在波长为 254 nm 的紫外灯下,观察 DNA 条带,分析空载体与重组体及未酶切的质粒 DNA 与酶切的质粒 DNA 条带有何区别。

【注意事项】

1. 严格控制碱变性的时间,不能超过 5 min。因为,如果质粒处于强碱性环境中时间过长,可发生不可逆变性。

2. 加入溶液Ⅱ后不能剧烈振荡,应轻轻颠倒混匀。在加入溶液Ⅲ后,要充分混匀并置冰上,如未见大量白色沉淀,说明实验失败,应立即重做。

3. 选择合适的限制性内切酶,酶切底物分子必须存在所选酶的酶切位点。

4. DNA 的纯度、缓冲液的成分、反应温度等条件都会影响限制性内切酶的活性。

5. EB 是致癌物质,避免皮肤直接接触。

【思考题】

1. 碱裂解法提取质粒 DNA 时,SDS 的作用是什么?
2. Ⅱ型限制酶的作用特点是什么?

（杨银峰）

实验 13　酵母 RNA 的成分鉴定

【实验目的】

1. 掌握浓盐法提取酵母 RNA 的原理和方法。
2. 了解核酸的组分及其鉴定方法。

【实验原理】

酵母富含核酸，其中主要为 RNA（占 3%～10%），DNA 较少（仅占干重的 0.5% 以下），因此酵母是制备 RNA 的良好原料。本实验采用浓盐法提取 RNA，用 10% NaCl 使 RNA 核蛋白中的 RNA 解聚，并溶于盐溶液中，离心去除菌体残渣及沉淀的蛋白质后，调节溶液的 pH 至 RNA 的等电点，RNA 即沉淀析出。浓盐法提取 RNA 为变性及部分降解的 RNA。

RNA 的各种成分鉴定原理：钼酸铵与磷酸作用生产磷钼酸，后者在还原剂作用下还原成蓝色的钼蓝，可鉴定磷酸；核糖能与酸共热生成糠醛，后者与苔黑酚反应生成绿色化合物；嘌呤碱与硝酸银产生白色的嘌呤银化合物沉淀。

【实验器材与试剂】

1. 实验器材

恒温水浴锅、长试管、离心管、离心机等。

2. 试剂

（1）干酵母、10% NaCl、6 mol/L HCl、乙醚、10% H_2SO_4、4% 维生素 C 溶液、0.1 mol/L 硝酸银溶液、1 mol/L 氨水、5% 苔黑酚乙醇溶液。

（2）钼酸铵试剂：2 g 钼酸铵溶于 100 mL 10% H_2SO_4 中。

（3）Fe^{3+}-HCl 试剂：0.99 g 硫酸高铁铵[$NH_4Fe(SO_4)_2 \cdot 12H_2O$]溶于 1000 mL 浓盐酸中。

【实验步骤】

1. 酵母 RNA 的提取

（1）取干酵母 0.3 g 置研钵内，加入 10% NaCl 5 mL，充分研磨混匀后转移至离心管内，置沸水中加热 10 min。取出离心管，流水淬冷后 3500 r/min 离心 10 min。

（2）上清液倾入另一离心管中，逐滴加入 6 mol/L HCl，便加边搅拌，随着 pH 下降，RNA 逐渐析出，调 pH 至 2.0～2.5 接近 RNA 等电点时，沉淀最多。静置几分钟后，3500 r/min 离心 10 min，收集沉淀。可用少量乙醚洗涤以除去脂质和色素等杂质，提高 RNA 的纯度。

2. RNA 的水解

在上述 RNA 沉淀中加入 10% 硫酸 5 mL，搅匀，沸水浴中加热 5 min，使 RNA 水解。

3. 成分鉴定

（1）磷酸的鉴定：取试管一支，加入 10 滴水解液，再加钼酸铵试剂 10 滴及 4%维生素 C 6 滴，摇匀，沸水浴中加热，观察颜色变化。

（2）核糖的鉴定：取试管一支，加入 10 滴水解液，再加 20 滴 Fe^{3+}-HCl 试剂及 5%苔黑酚溶液 2 滴，混匀，沸水浴中加热 5 min，观察颜色变化。

（3）嘌呤碱的鉴定：取试管一支，加入 0.1 mol/L 硝酸银 10 滴，再逐渐加入 1 mol/L 氨水至沉淀消失，然后加水解液 10 滴；静置片刻，观察有无白色嘌呤银化合物沉淀生成。

【实验结果】

观察并记录各管实验现象。

【注意事项】

调节 pH 至 2.0~2.5，要严格控制，滴加 HCl 过多或者过少对 RNA 析出都有影响。

【思考题】

1. DNA 与 RNA 的组分有何异同？
2. 如何得到高产量的 RNA 粗制品？

（张　明）

实验 14　PCR 扩增 *G6PD* 基因外显子 11-12[①]片段

【实验目的】

1. 掌握 PCR 的基本原理和操作方法。
2. 了解 PCR 技术的应用。

【实验原理】

聚合酶链反应（polymerase chain reaction，PCR）是体外酶促合成特异 DNA 片段的一种方法，为最常用的分子生物学技术之一。典型的 PCR 由模板高温变性、引物与模板退火和引物链沿模板延伸 3 步反应组成一个循环，通过多次循环反应，使目的 DNA 得以迅速扩增。

PCR 能快速特异扩增任何已知目的基因或 DNA 片段，并能轻易在 50~100 μL 反应体系中，对皮克（pg）级含量的目的基因扩增得到微克级（μg）的特异性 DNA 片段。因此，PCR 技术一经问世就被迅速而广泛地用于分子生物学的各个领域。其不仅可以用于基因的分离、克隆和核苷酸序列分析，还可以用于突变体和重组体的构建、基因表达调控的研究、

---

① 外显子 11 和外显子 12

基因多态性的分析、遗传病和传染病的诊断、肿瘤机制的探索及法医鉴定等方面。

本实验扩增的是人 G6PD 基因 1118～1406 nt 片段，共 289 bp。所用引物序列为：5′-TCCATGATGTGGCCGGCGACATC-3′；5′-AGCAGTGGGGTGAAAATAC-3′。

【实验器材与试剂】

1. 实验器材

PCR 仪、台式高速离心机、移液器、电泳仪、电泳槽等。

2. 试剂

DNA 模板、特异引物、10×PCR buffer、Taq DNA 聚合酶、2 mmol/L dNTP 混合液（含 dATP、dCTP、dGTP、dTTP 各 2 mmol/L）、DNA 染色试剂 SYBR Green I 或 EB 溶液。

【实验步骤】

（1）在冰浴中，按表 1-16 将各成分加入一无菌 0.2 mL 薄壁反应管中。

表 1-16　PCR 反应试剂的配制

试剂	体积
10×PCR buffer/μL	5
dNTP 混合液/μL	4
正向引物（10 pmol/μL）/μL	2
反向引物（10 pmol/μL）/μL	2
Taq DNA 聚合酶（2 U/μL）/μL	1
DNA 模板（1 ng/μL）/μL	1

加蒸馏水至 50 μL，稍加离心混匀。视 PCR 仪有无热盖，不加或添加液体石蜡。

（2）设定反应程序，将上述混合液置 PCR 仪中进行扩增。扩增条件为 95℃预变性 2 min。进入循环扩增阶段：95℃ 30 s→55℃ 30 s→72℃ 30 s，循环 30 次。最后在 72℃ 保温 5 min。

（3）结束反应，将 PCR 产物放置于 4℃待电泳检测或−20℃长期保存。

（4）PCR 的电泳检测：取 10 μL 扩增产物，琼脂糖凝胶电泳检测扩增结果（详见实验 12）。

【实验结果】

在波长为 254 nm 的紫外灯下，观察电泳胶板。DNA 存在处显示出绿色或橙红色的荧光条带。

【注意事项】

1. PCR 反应必须在一个没有DNA污染的干净环境中进行，操作过程中均应戴手套。
2. 所有试剂都应该没有核酸和核酸酶的污染，PCR 试剂配制应使用新鲜蒸馏水，采用 0.22 μm 滤膜过滤除菌或高压灭菌，玻璃器皿应洗涤干净并高压灭菌。

3. PCR 试剂的配制应在冰浴上进行。

【思考题】

1. PCR 扩增 DNA 与细胞内 DNA 半保留复制有何异同？
2. PCR 在临床上可用于哪些方面？

（杨银峰）

实验 15 尿中酮体的检出

【实验目的】

1. 掌握酮体生成的生理意义及酮体检测的临床意义。
2. 了解酮体的生成过程。

【实验原理】

乙酰乙酸、β-羟丁酸、丙酮合称为酮体。乙酰乙酸或丙酮可以在碱性溶液中与亚硝基铁氰化钠作用，产生紫红色的显色反应，据此可用于酮体的定性检测。朗格（Lange）环状法中加入冰醋酸少许，可防止尿液中过量的肌酐干扰反应而呈现假阳性。

【实验器材与试剂】

1. 器材

移液器、试管、刻度吸量管、白瓷反应板等。

2. 试剂

酮体检测粉末试剂、正常尿、酮尿、饱和亚硝基铁氰化钠溶液、280 g/L 氢氧化铵（氨水）、冰醋酸。

【实验步骤】

1. 粉末试剂法

（1）对白瓷反应板中的两个凹空作出标记。

（2）取酮体检测粉末试剂各 0.5 g，分别置于白瓷反应板中的两个凹孔中。

（3）分别取正常尿、酮尿各 0.2 mL，加于白瓷反应板上两个装有试剂的凹孔中，稍后，观察两个凹孔中的试剂有何颜色反应，记录并解释。

2. 朗格环状法

（1）取试管一支，加入酮尿 2 mL、冰醋酸 0.1 mL、饱和亚硝基铁氰化钠溶液 0.1 mL，充分摇匀。

（2）沿试管壁缓慢加入 280 g/L 氢氧化铵（氨水）1 mL，使其与先加入的溶液形成界面，静置 5 min 后观察并记录结果。

【实验结果】

粉剂法中，较快出现紫色为阳性。5 min 内不出现紫色，仅出现淡黄色或棕黄色为阴性。如果 5 min 内紫色褪去，仍属于阴性。

朗格（Lange）环状法中，立即出现紫色环者，结果为（+++）或（++++）；较快出现紫色环者，结果为（++）；10 min 内逐渐出现紫色环者，结果为（+）；10 min 内只出现淡紫色环者，结果为微量；10 min 内不出现紫色环者，结果为阴性。

【临床意义】

1. 糖尿病患者由于利用葡萄糖的功能减弱，脂肪大量被氧化，产生过多的酮体而形成酮尿。一旦有酮尿出现，应考虑酮症酸中毒，并可能是发生酮中毒性昏迷的前兆。
2. 非糖尿病性酮尿可见于：发热、重度呕吐、腹泻、不能进食的婴儿或儿童及消化吸收障碍的孕妇、呕吐、子痫；长期禁食患者或长期饮食中缺乏糖类或脂肪摄入过多者等。

【注意事项】

使用大剂量的维生素 C、感冒冲剂、庆大霉素等药物后可致尿酮体呈假阳性反应，故应在停用上述药物 48 h 后再做此实验。

【思考题】

酮体如何产生？体内酮体含量增高主要见于何种疾病？

（吴冠儒）

实验 16　血清尿素氮测定（二乙酰一肟法）

尿素（urea）是人体蛋白质代谢的终末产物。体内氨基酸经脱氨基作用分解成 α-酮酸和 NH_3，NH_3 在肝细胞内进入尿素循环（鸟氨酸循环），与 CO_2 生成尿素。尿素的生成量取决于饮食蛋白质摄入量、组织蛋白质的分解代谢和肝功能状态。生成的尿素经血液循环主要由肾排出。血中的尿素可全部从肾小球滤过，正常情况下 30%～40% 被肾小管重吸收，肾小管也可少量排泄尿素。血清尿素浓度在一定程度上可反映肾小球的滤过功能，当肾小球滤过功能下降到正常的 1/2 以上时，血清尿素浓度升高，故血清尿素测定是反映肾小球功能损伤的灵敏指标。

尿素的测定方法可分为两大类：一类是尿素酶法，用尿素酶将尿素水解成氨，然后用不同的方法测定氨。另一类是直接法，尿素直接和某试剂作用，测定其产物，最常见的为二乙酰一肟法。

【实验目的】

1. 掌握二乙酰一肟法测定血清尿素的原理。
2. 熟悉血清尿素测定的操作步骤及临床意义。

【实验原理】

二乙酰一肟在强酸作用下分解成二乙酰,生成的二乙酰进一步在强酸存在下与尿素加热缩合成粉红色的二嗪化合物,其最适吸收波长为 540 nm,在一定范围内吸光度与尿素浓度成正比,与同样处理的尿素标准液作比较,根据吸光度可定量血中尿素浓度。

$$CH_3-\underset{\underset{O}{\|}}{C}-\underset{\underset{NOH}{\|}}{C}-CH_3 + H_2O \xrightarrow{H^+} CH_3-\underset{\underset{O}{\|}}{C}-\underset{\underset{O}{\|}}{C}-CH_3 + NH_2OH$$

二乙酰一肟　　　　　　双乙酰　　羟胺

$$CH_3-\underset{\underset{O}{\|}}{C}-\underset{\underset{O}{\|}}{C}-CH_3 + \underset{NH_2}{\overset{NH_2}{|}}C=O \xrightarrow{H^+} \underset{CH_3}{\overset{CH_3}{|}}\underset{|}{\overset{|}{C}}=N\underset{}{\diagdown}C=O + 2H_2O$$

双乙酰　　　尿素　　　二嗪化合物(有色复合物)

试剂中加入 Fe^{3+} 或 Cd^{2+} 及硫氨脲,可提高灵敏度,增加显色稳定性,其中 Fe^{3+} 和 Cd^{2+} 有氧化作用,还能消除羟胺的干扰作用。本法灵敏、简单,产生的颜色稳定,缺点是加热时有异味释放。

【实验器材与试剂】

1. 实验器材

恒温水浴锅、分光光度计、移液器、试管等。

2. 试剂

(1) 酸性试剂:在 500 mL 蒸馏水中,缓缓加入浓硫酸 44 mL 及 85%浓磷酸 66 mL。冷至室温后,加入硫氨脲 50 mg 及硫酸镉 2.0 g,溶解后转入 1000 mL 容量瓶,用蒸馏水稀释至刻度,置棕色瓶中,4℃冰箱保存半年不变。

(2) 2%二乙酰一肟液:称取二乙酰一肟 20.0 g,加蒸馏水约 900 mL,溶解后再用蒸馏水稀释至 1000 mL。置棕色瓶中,4℃冰箱保存半年不变。

(3) 尿素标准应用液(0.7 mmol/L):精确称取干燥纯尿素 42.0 mg,加少量蒸馏水溶解后,转移至 1000 mL 容量瓶中。加 6 滴氯仿作为防腐剂,再用蒸馏水稀释至刻度。置 4℃冰箱可保存数月。

【实验步骤】

取 3 支试管,按表 1-17 操作。

表 1-17　二乙酰一肟法体系配制

试剂	空白管	标准管	测定管
蒸馏水/mL	0.2	—	—
尿素标准应用液/mL	—	0.2	—
血清（稀释10倍）/mL	—	—	0.2
二乙酰一肟液/mL	0.5	0.5	0.5
酸性试剂/mL	5.0	5.0	5.0

各管充分混匀，置沸水浴中加热 12 min，取出用冷水冷却 5 min，在 540 nm 波长处，用空白管调零，分别测定标准管、测定管吸光度。

【实验结果】

$$尿素（mmol/L）= \frac{测定管吸光度}{标准管吸光度} \times 0.7 \times 0.2 \times \frac{1}{1000} \times \frac{1}{0.2} \times 1000 \times 10$$

$$= \frac{测定管吸光度}{标准管吸光度} \times 7$$

【参考范围】

正常成人血清尿素参考值：1.78～7.14 mmol/L。

【临床意义】

1. 血清尿素增加的原因可分为肾前性、肾性及肾后性 3 个方面。
（1）肾前性：见于剧烈呕吐、幽门梗阻、肠梗阻和长期腹泻等。
（2）肾性：急性肾小球肾炎、肾病晚期、肾衰竭、慢性肾盂肾炎等。
（3）肾后性：前列腺肥大、尿路结石、尿道狭窄、膀胱肿瘤等。
2. 血清尿素减少较少见，严重肝病如急性黄色肝萎缩、肝硬化、肝炎合并广泛性坏死，导致尿素合成减少而使血液尿素减少。

【注意事项】

1. 本法线性范围达 14 mmol/L 尿素，如遇高于此浓度的标本必须用生理盐水作适当的稀释后重测，然后乘以稀释倍数。
2. 试剂中加入硫氨脲和镉离子，能增进显色强度和色泽稳定性，但仍有轻度退色现象（每小时小于 5%）。加热显色冷却后应及时比色。
3. 血标本应及时处理，以防尿素酶水解尿素。血标本最好加草酸钾或氟化钠抗凝以抑制尿素酶。
4. 煮沸时间和煮沸时液体蒸发量影响结果，因此测定管和标准管的试管口径和煮沸时间应尽量一致。煮沸时间延长，吸光度反而降低。

（谢　薇）

第二章 综合性实验

本章收录的 18 个综合性实验主要来源于编者所在学校教师的科研项目,并且经过了多轮本科生或研究生教学的实际检验。每个实验都应用了多种生物化学与分子生物学实验技术来解决一个科学问题,有利于培养学生的科研思路和综合分析能力。这些实验中包括了酶动力学分析、真核基因克隆及其原核表达与表达产物的分离纯化等内容。这些实验不仅应用了等电聚焦、SDS-PAGE、荧光分析等生物化学技术,也使用了 RT-PCR、Southern blotting、Western blotting 等现代医学研究中常用的分子生物学技术,可供不同层次和要求的学生选用和参考。

实验 17　真核细胞基因组 DNA 的提取、定量和纯度测定

【实验目的】

1. 掌握从真核细胞中提取基因组 DNA 的原理和方法。
2. 掌握 DNA 定量测定和纯度测定的方法。

【实验原理】

在基因分析和基因组文库的构建中,需要获得相当纯度和完整性的基因组 DNA,基因组 DNA 样品质量好坏将决定实验的成败。理想的 DNA 样品应具备以下要求:①在最大程度上降低蛋白质、RNA、多糖和脂类物质的污染和干扰;②去除对酶有抑制作用的有机溶剂和高浓度盐离子成分。通过本法获得的基因组 DNA 片段可用于 DNA 酶切图谱、PCR、构建基因组文库。

基因组 DNA 在同一个体的不同组织中的含量差别不大。鼠肝、鼠尾、人血液是提取哺乳动物基因组 DNA 较合适的实验材料。SDS-酚试剂法是提取哺乳动物基因组 DNA 的经典方法,其原理是:材料经过剪切、匀浆或消化被处理成单个细胞的真核组织,在 SDS、蛋白酶 K 作用下,消化破裂细胞膜和核膜,有机试剂饱和酚使游离出来的蛋白质变性,从而与溶于水溶液的 DNA 分离;同时 RNA 酶降解污染的 RNA;利用酚-氯仿试剂抽提使蛋白质与 DNA 分离,在高盐存在下乙醇沉淀收集 DNA。

【实验器材与试剂】

1. 实验器材

移液器、振荡器、高速台式离心机、恒温振荡器、紫外分光光度计等。

2. 材料

小鼠肝或小鼠尾。

3. 试剂

（1）消化缓冲液、TE 缓冲液（pH 8.0）、苯酚/氯仿（参见附录二）。

（2）蛋白酶 K（10 mg/mL）、7.5 mol/L 乙酸铵、无水乙醇、75%乙醇。

【实验步骤】

1. 材料处理及 DNA 提取

（1）小鼠断颈去血后，剖腹取肝，称取 100～200 mg 小鼠肝或小鼠尾，加入 2 mL 消化缓冲液，用剪刀剪碎（1～1.5 mm³ 大小）后，移入一只 7 mL 离心管中。

（2）加入 20 μL 蛋白酶 K，盖紧管盖，颠倒 3～5 遍混匀，置 50℃温浴，80 r/min 振摇过夜。

（3）第二天，加入 2 mL 苯酚/氯仿，盖紧管口，振荡器上剧烈振荡 30 s（戴手套操作，以防苯酚溢出烧伤皮肤），12 000 r/min 离心 10 min。

（4）取上层水相 1 mL 移入一只新的 7 mL 管中，加入 1/2 体积（0.5 mL）的 7.5 mol/L 乙酸铵，混匀；再加入 2 倍体积（3 mL）的无水乙醇，颠倒混匀，12 000 r/min 离心 10 min。

（5）去上清液，再用 70%的乙醇清洗沉淀，再离心 1 min。

（6）去上清液，室温下挥发残留乙醇，待沉淀干燥后，加入 100 μL TE 缓冲液（含 RNase A）溶解沉淀。-20℃保存备用，或-70℃长期保存。

2. 定量测定和纯度测定

1）紫外分光光度法测定 DNA 含量和纯度

DNA 在波长 260 nm 处有最大吸收峰，蛋白质在 280 nm 处有最大吸收峰，故可用波长 260 nm 测定 DNA 浓度，即吸收值 A_{260} 为 1 时，相当于 50 μg/mL 双链 DNA。纯品 DNA 的 A_{260}/A_{280} 为 1.8～2.0，依据样品的 A_{260}/A_{280} 可以估计 DNA 的纯度。A_{260}/A_{280} 小于 1.8，说明有残余蛋白质存在；A_{260}/A_{280} 大于 2.0，则说明 RNA 污染或有 DNA 降解。

方法：取两只石英比色杯，一只加入 1000 μL TE 缓冲液（空白管），另一只（样品管）加入 990 μL TE 缓冲液，再加入 10 μL DNA 样品。混匀后，以空白管调零点，测定样品管在 260 nm 和 280 nm 的吸光度，计算出二者的比值与 DNA 样品浓度。

2）电泳法检测样品基因组 DNA 的完整性

取 100 ng 基因组 DNA 于 0.8%琼脂糖凝胶上进行电泳，如样品 DNA 完整性较好，则可在凝胶上样孔附近发现一条分子质量较高的条带。如条带有明显的拖尾现象，呈瀑布状，则说明样品基因组 DNA 降解。

【实验结果】

1. DNA 含量的计算。

$$A_{260}=\underline{\qquad}; \quad A_{280}=\underline{\qquad}; \quad A_{260}/A_{280}=\underline{\qquad};$$
$$[DNA]=A_{260}\times 50/10=\underline{\qquad}\ \mu g/\mu L$$

2. 基因组 DNA 电泳检测，电泳操作见实验 12。

【注意事项】

1. 离心管、枪头需高压灭菌处理，以灭活残留 DNase 活性。
2. 试剂均需用灭菌蒸馏水配制。
3. 注意机械剪切力、高温等物理因素对 DNA 的降解，分离基因组 DNA 时，应保证在温和的条件下进行，尽量减少抽提次数，混匀要轻柔，以保证能获得较长片段的基因组 DNA。
4. 减少化学因素对核酸的降解。如避免使用过酸或过碱的试剂，操作一般在 pH 4～10 的条件下进行。

【思考题】

1. 基因组 DNA 提取过程中应注意哪些问题？如何检测样品 DNA 的质量？
2. 在基因组 DNA 的提取过程中，如何去除蛋白质、多糖、脂类等生物大分子？

（曹西南　狄　勇）

实验 18　小鼠基因组 DNA 的 Southern blotting 分析

【实验目的】

1. 掌握 DNA 印迹分析（Southern blotting）的基本原理和方法。
2. 了解探针标记的原理和方法。

【实验原理】

在多细胞生物体内，各组织细胞的组成是多种多样的，其形态和功能各异，但各种细胞内 DNA 的组成几乎完全相同。例外情况主要是经体细胞重组的细胞，如免疫系统的淋巴细胞（T 细胞和 B 细胞），其次是体细胞突变，如一些肿瘤细胞。而个体之间和种属之间 DNA 则可以存在较大的差异。DNA 印迹分析是分子生物学的常用方法，可以对细胞、组织、个体之间和种属之间的 DNA 组成的差异和变化进行定性定量的分析。

DNA 印迹分析是先将 DNA 分子用限制性内切酶消化为大小不同的 DNA 片段，经琼脂糖凝胶电泳，DNA 片段被琼脂糖凝胶的分子筛作用按分子大小分离开；凝胶中的 DNA

片段经变性、中和处理后，经毛细作用或电泳方式转印到一个膜载体上（硝酸纤维素膜或尼龙膜）。这样，转印膜上各个 DNA 分子的相对位置与其在凝胶中的相对位置相同，因此称为印迹；最后用标记的核酸探针与转印膜上的 DNA 分子进行分子杂交进行显示，就可以对特定的 DNA 分子进行定性定量分析。而且，由于 DNA 片段是按分子质量大小分离开的，与适当的已知分子质量的 DNA 分子的电泳迁移位置相比较，还可以对特定 DNA 片段的分子质量进行估测分析。

【实验器材与试剂】

1. 实验器材

DNA 电泳设备和试剂参见实验 12 的内容，保鲜膜、塑料盘、镊子、剪刀、离心管、小塑料平皿、塑料盒、硝酸纤维素膜、塑料密实袋、封口机、42℃温箱或者恒温水浴箱、恒温摇床、烤箱、紫外分光光度计等。

2. 试剂

（1）消化缓冲液、TBS 缓冲液、苯酚/氯仿、20×SSC 溶液、10×DNA 电泳上样缓冲液（参见附录二）。

（2）变性液：1.5 mol/L NaCl、0.5 mol/L NaOH。

（3）中和液：1.5 mol/L NaCl、0.5 mol/L Tris-HCl（pH 7.0）。

（4）预杂交液：5×SSC 溶液、1% SDS、5×Denhardt 试剂、100 μg/mL 鱼精 DNA、50%甲酰胺。

（5）封闭液：5%脱脂奶粉、0.9% NaCl、3 mmol/L EDTA、10 mmol/L Tris-HCl（pH 7.5）。

（6）漂洗液：250 mmol/L NaCl、3 mmol/L EDTA、0.05% Tween 20、50 mmol/L Tris-HCl（pH 7.5）。

（7）显色液（临用前配制）：称取 30 mg 氯萘酚，溶入 10 mL 甲醇，再加入 50 mL TBS 立即混匀，加入 20 μL 过氧化氢立即使用。

（8）10×限制性内切酶缓冲液，限制性内切酶 *Eco*R I、*Hin*d III、*Bam*H I。

（9）其他：生物素探针标记试剂盒、辣根过氧化物酶标记链亲和素、7.5 mol/L 乙酸铵、0.25 mol/L HCl、10 mg/mL 蛋白酶 K、无水乙醇。

【时间安排】

前期准备：①小鼠尾基因组 DNA 提取，过夜消化；②小鼠基因组 DNA 的乙醇沉淀纯化及紫外分光光度计测定含量、小鼠基因组 DNA 限制性内切酶酶切。

第一天：①DNA 琼脂糖凝胶电泳，脱嘌呤，变性，中和处理，转移操作；②探针生物素标记。

第二天：①转印膜的干燥、预杂交；②探针变性处理、杂交。

第三天：①杂交膜的漂洗；②杂交膜封闭、链亲和素-HRP[①]温浴；③杂交膜漂洗、

---

① 辣根过氧化物酶

显示；④结果分析。

【实验步骤】

1. 哺乳类基因组 DNA 的制备和定量

（1）小鼠断颈去血后，剪取小鼠肝约 2 g，放入小塑料平皿，加入 2 mL 消化缓冲液，用剪刀快速剪碎小鼠肝（1～1.5 mm³ 大小）后，将剪碎的小鼠肝和消化缓冲液全部转移入一只 7 mL 离心管中。加入 20 μL 蛋白酶 K，盖紧离心管盖，颠倒 3～5 次混匀，置 50℃ 恒温摇床中 80 r/min 振摇过夜。

（2）第二天，向过夜消化管中加入 2 mL 苯酚/氯仿，盖紧管口，振荡器上剧烈振荡 30 s（戴手套操作，以防苯酚溢出烧伤皮肤），12 000 r/min 离心 10 min。

（3）取上层水相 1.2 mL 移入一只新的 7 mL 离心管中，加入 1/2 体积（0.6 mL）的 7.5 mol/L 乙酸铵，混匀；再加入 2 体积（3.6 mL）的无水乙醇，颠倒混匀，12 000 r/min 离心 10 min。

（4）去上清液，用 5 mL 70% 的乙醇洗沉淀，再离心 1 min。

（5）去上清液，干燥后溶于 200 μL TE 液，4℃ 保存。

（6）取 20 μL 以上制备的小鼠基因组 DNA 原液，用 TE 液稀释为 1000 μL，分别于紫外分光光度计 260 nm 波长和 280 nm 波长处测定记录 A，计算 DNA 含量和质量（参见实验 17 的相关内容）。

2. 基因组 DNA 的限制性内切酶酶切

取 3 支 1.5 mL 试管分别标记为 B、E、H 管，按表 2-1 所列先加入除限制性内切酶以外的各成分，混匀后加入相应的限制性内切酶，再次混匀，置 37℃ 过夜温浴。温浴结束，各加入 10 μL 10×DNA 电泳上样液，−20℃ 冻存。

表 2-1 基因组 DNA 的限制性内切酶酶切

试剂	B	E	H
基因组 DNA（20 μg）/μL	x	x	x
10×B buffer/μL	10	—	—
10×E buffer/μL	—	10	—
10×H buffer/μL	—	—	10
蒸馏水/μL	(90−x)	(90−x)	(90−x)
BamH I /μL	3	—	—
EcoR I /μL	—	3	—
Hind III/μL	—	—	3

用于 DNA 印迹分析的基因组 DNA 的限制性内切酶酶切，应该在加过量的限制性内切酶的情况下进行过夜限制性内切酶酶切，以求完全酶切。酶切的酶用量和反应时间可以通过预实验来确定。一般可以按不同比例加入酶量，于不同保温时间取样，然后进行 DNA 电泳比较 DNA 区带的变化，以 DNA 带形不再随保温时间的延长而变化的反应条

件为佳，作为正式限制性内切酶酶切反应的条件。

3. DNA 电泳

参见实验 12 相关内容，选用宽厚的上样梳。上样包括 B、E、H 酶切管的基因组 DNA，探针模板 DNA 或者 BamH I 酶切重组质粒 DNA，以及 DNA 分子质量标准物。

4. DNA 转移前电泳胶的处理

待 DNA 电泳完毕，将琼脂糖凝胶块浸泡入 10 倍体积的 0.25 mol/L HCl 中振摇至溴酚蓝色带转变为黄色，再继续振摇 10 min；然后弃去 0.25 mol/L HCl 液体，加入 10 倍体积的变性液，振摇 20 min，换一次变性液再振摇 20 min；去变性液，加入 5 倍体积中和液，振摇 20 min；然后换一次中和液再振摇 20 min。0.25 mol/L HCl 的作用是使 DNA 分子中的部分核苷酸残基发生脱嘌呤反应，导致随之而来的碱变性处理过程中在脱嘌呤部位核苷酸链的断裂，成为较小分子质量的 DNA，便于随后的 DNA 转移。因此，对于目标 DNA 片段分子质量较小（<4 kb）的情况，0.25 mol/L HCl 处理可以省略。

5. 转膜

取一塑料盘，将 DNA 电泳胶模板反扣其中；加入 100～250 mL 的 20×SSC 溶液；裁取 4 张滤纸，宽度与胶模板宽度相同，长度比胶模板长度长 10～20 cm，于 20×SSC 溶液中浸透，铺在胶模上，两端浸入盘中的液体中，纸层间存留的气泡，必须用玻管滚动驱除；将胶块反扣平铺在滤纸上，胶块与滤纸之间不可留有任何气泡。避免夹留气泡的措施是，在铺每层滤纸或者胶块之前，先添加足量的 20×SSC 液体。

剪取一张硝酸纤维素膜，长度和宽度均比胶块多出 6～10 mm。先将其漂在水面上，待水浸透硝酸纤维素膜，看不到任何白色斑点时，再将其浸入水中，取出后立即转浸入 20×SSC 溶液中，然后将其覆盖在琼脂糖凝胶块上，每边超出胶块 3～5 mm，硝酸纤维素膜与胶块之间不可留有气泡，在覆盖硝酸纤维素膜之前，多加一些 20×SSC 溶液在胶上，覆盖应从一侧向对侧进行，如夹有气泡，可重新覆盖或用玻管滚动驱除气泡。

在硝酸纤维素膜上逐层加 4 层用 20×SSC 液体浸透的滤纸（大小与胶块相同），注意层间不可留有气泡。然后用保鲜膜将无滤纸覆盖的硝酸纤维素膜部分覆盖上，在滤纸覆盖的部分上面，加上一叠约 15 cm 高的吸水纸，上压 200 g 左右的重物，静置过夜进行 DNA 的虹吸转移。

6. 转印硝酸纤维素膜的干燥

DNA 转印完毕，取下硝酸纤维素膜，用圆珠笔标记含 DNA 面和上样方位，在 2×SSC 溶液中漂洗一下，于滤纸上晾干，再于 80℃烘烤 60～120 min 后，立即用于杂交或封存于塑料袋中 4℃保存备用。

7. 探针标记

探针的非放射性同位素标记法无放射性污染问题，无半衰期问题，使用方便，而且其检测灵敏度也在不断得到提高。本实验选用的探针标记试剂盒，采用随机引物标记方法标记探针。其中应用了生物素标记的随机八聚核苷酸作为引物，并且在 DNA 合成反应底物中添加了生物素标记的脱氧三磷酸尿苷对 DNA 探针进行标记，可用酶标亲和素或酶标链亲和素进行检测。为提高标记效率，该试剂盒中提供的 DNA 聚合酶为去除 3′-外切酶活性的 Klenow 酶。

（1）取一支 1.5 mL 的离心管，加入约 100 ng 的模板 DNA，再加蒸馏水至 17 μL。沸水浴中加热 5 min，然后立即移入冰水浴中静置 5 min，4℃离心 1 min 收集冷凝水。转置冰水浴中，逐一加入以下试剂：5 μL 5×标记缓冲液和 2.5 μL dNTP，然后混合；再加入 0.5 μL Klenow 酶，混匀，置 37℃保温 0.5～20 h。用此试剂盒，在可能的情况下应该将反应时间延长，以利于探针合成量的提高，最高探针合成量可以达到模板量的 10 倍。

（2）待探针合成完毕，加入 2 μL 0.5 mol/L 的 EDTA，再加入 2.5 μL 的 4 mol/L LiCl 和 75 μL 的无水乙醇，混合后-70℃放置 30 min，或者-20℃过夜保存。于 4℃离心 10 min，去上清液，再用 70%的乙醇洗一遍沉淀，干燥后将沉淀溶解于 20 μL TE 缓冲液，置-20℃保存备用。

8. 预杂交

将干燥的转印膜漂浮在 6×SSC 液面上，待转印膜完全被 6×SSC 液浸透后，将转印膜浸泡于其中，再取出封入杂交袋中（杂交袋可以用干净厚实的塑料薄膜或者保鲜袋制作。如取一塑料密实袋，将其 3 个侧边剪开，展开后放入转印膜，用封口机封好，封口时在转印膜与密实袋的 3 个侧边之间留有一 2～3 mm 的空隙，余下的一个侧边留一个 2～3 cm 长的空隙），在留有较长空隙的一侧剪开一角；然后将封装的转印膜平放在桌面上，用吸水纸挤压密实袋，从开口处去除多余的 6×SSC 液，用移液器加入预杂交液（按每平方厘米膜面积加 0.1～0.2 mL 预杂交液），尽量驱净气泡，热压封闭杂交袋后置 42℃保温 1h。

9. 杂交

取标记好的探针，再加水至 50 μL，于沸水浴中加热 5 min，再立即转移入冰水浴冷却 5 min 以上。将经预保温杂交袋的留有较长空隙一侧的另一角剪开，用可调移液器加入变性处理过的标记探针（移液器吸头尖没入预杂交液，吹吸数次），然后驱除气泡，用封口机封口；反复颠倒杂交袋，使探针与杂交液充分混合，置 42℃保温过夜。

10. 漂洗

准备一个盘子，加入 100～200 mL 的 2×SSC-0.1% SDS；取出杂交袋，剪去 3 个边，揭开塑料薄膜，用镊子快速取出硝酸纤维素转印膜，立即转移入 2×SSC-0.1% SDS 中，轻轻振摇漂洗 5 min，换 2×SSC-0.1% SDS 再漂洗 5 min，然后用 0.2×SSC-0.1% SDS 中，50℃漂洗 15 min。

11. 显示

漂洗完毕，将转印膜于 50 mL 的 TBS 中振摇 5 min 后，移入 10 mL 封闭液中，37℃振摇 30～60 min 进行封闭，去除封闭液，直接加入 10 mL 的 TBS，然后按酶标链亲和素提供者指定比例加入辣根过氧化物酶酶标链亲和素，一般加入量为（1∶200）～（1∶1000）（即每毫升 TBS 中加入 1～5 μL 酶标链亲和素），25℃振摇保温 30～60 min。

保温完毕，将硝酸纤维素转印膜于 25 mL 的漂洗液中振摇 5 min；换两次漂洗液，每次振摇 5 min；最后倾去漂洗液后，加入显色液进行显色，轻轻振摇至显色深度不再增加；倾去显色液，加入水漂洗两遍终止显色，将转印膜移到滤纸上干燥保存或照相或者扫描记录结果。

【实验结果】

1. 观察电泳胶照相结果，比较酶切基因组 DNA 与 DNA 分子质量标准物的显示差异，请分析造成这种差异的可能原因。

2. 将 DNA 电泳胶照相结果与转印膜杂交显示结果进行比较，参照显示区带的分子质量，对结果进行解释。

3. 结合理论知识和本实验的具体条件，分析转印杂交膜基因组 DNA 不显示区带的可能原因，问题应该怎样解决？

【注意事项】

1. DNA 印迹分析的 DNA 电泳条件与一般检测性 DNA 电泳条件不同，在时间条件允许的情况下，DNA 应该在 4℃，低电压，对电极液进行循环的条件下进行。这样可以获得最佳的带形和分辨率。

2. 0.25 mol/L HCl 处理 DNA 胶的时间不可太长，处理时间太长，导致胶中 DNA 片段过短，对后面的杂交检测不利。

3. 制备的基因组 DNA 的分子质量一般较大，不易在短时间内充分溶解，影响 DNA 浓度定量和取样的准确性。因此，在做 DNA 浓度定量测定之前，最好先用移液器反复吹吸，帮助溶解，再于 4℃放置过夜使 DNA 充分溶解。

【思考题】

1. 什么是基因组 DNA？列出你所知道的与其相对应的其他类型的 DNA？
2. 基因组 DNA 限制性内切酶酶切完全的指标是什么？
3. 比较 Southern blotting 和 Western blotting 的异同点。
4. 列出你所知道的所有探针标记方法。它们在模板的处理和酶的应用上各有什么特点？本实验中应用了哪一种探针标记方法？
5. 本实验中两次封闭各起什么作用？

（曹西南　狄　勇）

实验 19　小鼠脑组织总 RNA 提取与 RT-PCR 获取真核基因片段

【实验目的】

1. 掌握动物组织 RNA 提取的基本原理方法和 RNA 质量分析的原理。
2. 掌握 RT-PCR 获取真核基因片段的原理和方法。

【实验原理】

生物体内，尤其是高等生物体内，组织细胞的组成是多种多样的，其形态和功能各异,其细胞内 RNA 的组成也必然是千差万别。此外,同一种细胞处于不同的生理、病理条件下,受到不同的环境变化刺激后,相关的细胞内 RNA 组成也会发生或大或小的变化,这种变化可以是数量上的,也可以是质量上的,更多的是二者兼而有之。总 RNA(total RNA)包括细胞内的 rRNA、tRNA 和 mRNA 等所有 RNA,而绝大多数 RNA 分析针对 mRNA 进行。因为 mRNA 的质和量的差异可以反映细胞功能形态状态的差异,而 rRNA 和 tRNA 在不同细胞内和处于不同生理病理状态下,其组成在质上都完全相同,仅会有量的差别。以往 RNA 分析主要采用 RNA 印迹分析(Northern blotting)和斑点杂交分析等方法,今年来则多用 RT-PCR 技术这种更加简捷的方法,从 RNA 模板通过逆转录获取与之序列互补的 DNA,再经过 PCR 扩增,获取相应基因 DNA 片段,用于基因的克隆、序列分析、基因的表达、探针的制备、基因功能及作用的研究等,是分子生物学的常用方法。RT-PCR 是目前实验室获取真核基因片段的主要手段,而且广泛用于微量 RNA 的定性定量,大大地提高了 RNA 的检测灵敏度。尤其是荧光实时 RT-PCR 技术的应用,使组织细胞内 RNA 组成上的差异、变化的定性定量分析和检测更加简便、快捷和准确。

对 RNA 进行分析,一般需要先分离纯化 RNA。首先,对 RNA 的分离纯化需要注意材料的来源差异,如植物、动物、微生物等会有所不同。其次,一个生物体内的 RNA 组成具有时空上的差异,尤其是 mRNA,以获取真核基因片段为目的的研究,还必须注意获取组织部位和时机。此外,RNA 的分离纯化分为总 RNA 和 mRNA 分离纯化两类,总 RNA 的分离纯化易于 mRNA 的分离纯化,而 mRNA 分离纯化一般是建立在总 RNA 的分离纯化基础上进行的。需要注意的是,虽然绝大部分 RNA 分析研究是针对 mRNA 进行的,由于核酸分析研究技术中往往应用了选择性极高的分子杂交技术,利用了待检测核酸的核苷酸序列的高度特异性,因而无须对 RNA 进行精细分离,在大多数情况下,只要对总 RNA 进行分离纯化,采用总 RNA 即可满足一般实验需要。

RNA 的提取是 RNA 分析和 cDNA 合成的前提。由于 RNA 酶的活性发挥不需要任何辅助因子,而且 RNA 酶变性失活后极易复性恢复酶活性。因此,在提取、保存、使用 RNA 的过程中,必须时刻注意防止 RNA 酶再污染的问题,一般采取预防为主的措施。在 RNA 提取过程中,最需要注意的问题是快速灭活去除样品的内源性 RNA 酶,同时注意防止外源性 RNA 酶对 RNA 样品和试剂的再污染。为提取完整的全长 RNA 分子,所有提取过程中与样品直接进行接触的器材和试剂都必须进行去除 RNA 酶活性处理,并且戴手套进行操作。此外,在操作方面需要注意快捷,尤其要缩短从处死动物到 RNA 提取开始这段时间,以便减少内源性 RNA 酶对 RNA 的降解作用。去除试剂中的 RNA 酶的主要方法是使用一种高反应性烷化剂焦碳酸二乙酯(DEPC)处理水和试剂,需要注意的是 DEPC 不适用于含氨基的试剂,如分子生物学实验中常用的缓冲剂 Tris。去除器材和容器上 RNA 酶的方法依器材和容器的性质而异,耐高温的(如玻璃、金属)可高温烘烤(160℃以上,数小时);塑料制品可用氯仿等试剂处理;有机玻璃制品可用 3%的过氧化氢进行浸泡处理。提取 RNA 的步骤主要是首先使破碎的细胞核组织中的内源性 RNA 酶失活并予以去除,然后沉淀纯化核酸,再去除 DNA 得到纯化的总 RNA。

RNA 的定量类似 DNA 的定量方法。较大量的 RNA 可以用紫外分光光度分析法进行定量，微量的 RNA 含量可以通过与已知量标准 RNA 对照电泳比色，经比较分析进行半定量。RNA 的质量分析，一般可以用紫外分光光度分析法比较 RNA 在 260 nm 和 280 nm 波长的 A 比值；判断总 RNA 的完整性，必须进行 RNA 琼脂糖凝胶电泳，以 rRNA 区带完整性来决定。

目前，国内外广泛应用的 RNA 提取方法是异硫氰酸胍一步分离法。其先以含强蛋白质变性剂异硫氰酸胍和高浓度的还原剂巯基乙醇的试剂使 RNA 酶失活，再用苯酚/氯仿抽提使蛋白质变性沉淀去除蛋白质（包括 RNA 酶）和 DNA，然后加异丙醇沉淀核酸，最后用 DNA 酶去除残留的微量 DNA。

【实验器材与试剂】

1. 实验器材

剪刀、镊子、培养皿、烧杯、小塑料平皿、玻璃匀浆器、台式高速离心机、振荡器、移液器及吸头、PCR 仪、烤箱、电泳电源、微波炉、紫外透射仪、紫外分光光度计、电泳仪（如果无专用于 RNA 的核酸平板电泳仪，可以先用 3% 的过氧化氢浸泡电泳槽、核酸胶模和上样梳数小时，然后去除 3% 的过氧化氢，用少量 DEPC 处理过的水涮一下即可使用）。

移液器吸头和离心管的 DEPC 处理：量取 1000 mL 蒸馏水，加入 1 mL 10% 的 DEPC 液，将吸头和离心管浸入 DEPC 水中，37℃过夜保温。第二天去除 DEPC 水（保留 DEPC 的水，高压消毒后用于配制 RNA 电泳电极液），移液器吸头和离心管于 121℃高压消毒 15～20 min，破坏残留的 DEPC，最后于烤箱中 80～100℃烤干备用。

2. 试剂

（1）DEPC 处理的蒸馏水：将 DEPC 按 1∶10 溶于无水乙醇，配成 DEPC 液；然后按 1∶1000 量取 1000 mL 蒸馏水，加入 1 mL DEPC 液，37℃过夜保温，再经过高压消毒去除残留的 DEPC。

（2）变性液：4 mol/L 异硫氰酸胍、0.5% N-十二烷基肌氨酸、0.1 mol/L 巯基乙醇、25 mmol/L 柠檬酸钠，pH 7.0（配制：向 250 g 异硫氰酸胍固体中加入 293 mL 水，17.6 mL 的 0.75 mol/L 柠檬酸钠，pH 7.0，26.4 mL 10% N-十二烷基肌氨酸，60℃加热搅拌，至异硫氰酸胍完全溶解，临用前每 50 mL 加巯基乙醇 0.35 mL 混匀即可）。

（3）DEPC 处理的 75% 乙醇：向 25 mL DEPC 处理的蒸馏水中加入 75% 乙醇。

（4）TE 缓冲液、10×MOPS 缓冲液、EB 液（参见附录二）。

（5）RNAiso 试剂、琼脂糖、甲醛、氯仿、异丙醇、0.5% SDS（用经过 DEPC 处理的水配制）。

（6）RNA 电泳上样液：2% SDS、2% 巯基乙醇、25% 甘油、0.1% 溴酚蓝。

（7）一步法 RT-PCR 制备试剂盒。

（8）引物（此引物用于克隆小鼠蛋白激酶 C 的 epsilon 亚型催化功能域基因片段）。

5′引物：5′-CGCGGATCCATTTGACAACCGAGGAGAGGA-3′。

3′引物：5′-CGCGGATCCTCAGGGCATCAGGTCTTCAC-3′。

（9）琼脂糖凝胶 DNA 纯化试剂盒：溶胶液、离心柱、套管、清洗液、洗脱液。

【时间安排】

第一天：①小鼠脑总 RNA 提取，RNA 含量的紫外分光光度计测定；②一步法 RT-PCR 制备 cDNA；③甲醛变性琼脂糖凝胶电泳鉴定 RNA 制品质量。

第二天：①RT-PCR 产物琼脂糖凝胶电泳；②凝胶 DNA 纯化试剂盒纯化 RT-PCR 产物。

【实验步骤】

1. 小鼠脑组织总 RNA 提取

（1）取一直径 9~10 cm 的培养皿，放入一些碎冰，再取一小塑料平皿置于冰上待用。

（2）取小鼠，剪颈部，待小鼠血液流尽，剪下小鼠头，用剪刀沿小鼠枕骨断开小鼠颈椎，露出枕骨大孔，然后从枕骨大孔分别向两侧剪开小鼠颅骨，用镊子小心向上掰开顶骨，取出暴露的大脑。

（3）立即取半个小鼠脑组织，置入小塑料平皿中，加入 2 mL 的 RNAiso 试剂，用剪刀快速将脑组织剪碎至 1~1.5 mm^3 大小，然后移入玻璃匀浆器中，立即在冰浴中上下研磨 10 次进行匀浆，然后把匀浆液转移入一支 7 mL 离心管中，室温静置 5 min。

（4）加入 0.4 mL 氯仿，盖紧管口，用力颠倒离心管 3~5 次进行混合，室温静置 5 min 后，于 12 000 r/min 4℃离心 10 min。用 200 μL 移液器将上层水相分别转移入两支 1.5 mL 离心管，每支 600 μL；再各加入 600 μL 异丙醇，颠倒混匀后冰上静置 5~10 min，15 000 r/min 离心 5 min；用 200 μL 移液器将上清液去净后，加入 1 mL DEPC 处理过的 75%乙醇，振荡片刻，再于 15 000 r/min 离心 5 min；再次去净上清液，敞口室温静置 5~15 min，待 RNA 沉淀略干，每管中加入 DEPC 处理过的蒸馏水 100 μL 溶解 RNA，合并两管 RNA 溶液，置–70~–20℃保存备用。

2. 提取 RNA 浓度测定

取两只石英比色杯，一只加入 1000 μL TE 缓冲液（空白管），另一只（样品管）加入 980 μL TE 缓冲液，再加入 20 μL RNA 液，混匀后置紫外分光光度计中，分别测定其在 260 nm 和 280 nm 的吸光度，计算出二者的比值及提取 RNA 原液中 RNA 的浓度。

3. RNA 变性琼脂糖凝胶电泳

RNA 变性琼脂糖凝胶电泳一般用于 Northern blotting 和制备的 RNA 样品质量（完整度）分析。

（1）琼脂糖胶模的准备：先将胶模的两端用胶带封闭，置入电泳槽，放入水平仪调水平，再插入上样梳。

（2）配制琼脂糖胶液：称取 0.8 g 琼脂糖放入一个 250 mL 三角烧瓶，加入 10 mL 10×MOPS 溶液和 74 mL 蒸馏水；盖上一烧杯，置微波炉中加热 1 min 溶化琼脂糖，取出后立即摇匀，待其冷却至 50℃左右；加入 16 mL 甲醛（注意：高温下甲醛易挥发，防止口、鼻吸入气化甲醛），摇匀，再加 5 μL 溴化乙锭（10 mg/mL）或 SYBR Green I，摇匀，注入胶模。

（3）RNA 电泳样品准备：向一支 1.5 mL 离心管中加入 20 μL RNA 电泳上样液和 20 μg

RNA（根据测定浓度取体积），加入 DEPC 处理的蒸馏水至 40 μL，混匀。

（4）配制电泳电极液 100 mL：量取 10 mL 10×MOPS 溶液和 8 mL 甲醛，再加蒸馏水至 100 mL 混匀即可。

（5）电泳：从电泳槽中取出胶模，去除封闭用胶带后放回电泳槽；加电极液至没过胶面 2～3 mm，然后拔出上样梳；用移液器将样品加入上样井中；负极接上样井端，正极接另一端，加 80 V 电压（对应于 7.5 cm 长的凝胶）电泳 50 min。至溴酚蓝色带迁移至胶块长度的 3/4 时，关闭电源；戴手套取出胶模，置于紫外透射仪上观察 28 S 和 18 S 核糖体 RNA 分子区带的带形和亮度比例。照相保存结果。

4. RT-PCR 获取真核基因片段

RT-PCR 采用一步法 RT-PCR 反应试剂盒，减少操作步骤，节省时间。一步法 RT-PCR 反应以成对的特异引物，在同一试管中连续完成逆转录和 PCR 两步反应，最长可以扩增获取长达 5 kb 的 cDNA 片段。

（1）先根据制备的 RNA 浓度，计算出小鼠总 RNA 取用体积 x，再据此计算出 RNase Free ddH$_2$O 的取用体积（23–x）。

（2）取一支 200 μL 薄壁反应管，按表 2-2 分别加入以下反应组分。

表 2-2　RT-PCR 反应组分

试剂	体积
10×一步 RT-PCR 缓冲溶液/μL	5
MgCl$_2$/μL	10
dNTP 混合液（10 mmol/L）/μL	5
5′引物（10 pmol/μL）/μL	2
3′引物（10 pmol/μL）/μL	2
去 RNA 酶蒸馏水/μL	23–x
用调至 30 μL 刻度的移液器上下抽吸 2 遍进行混匀，然后再加入下列组分	
RNA 酶抑制剂（40 U/μL）/μL	1
AMV 逆转录酶 XL（5 U/μL）/μL	1
AMV-Optimized *Taq*（5 U/μL）/μL	1
总 RNA 样品（5 μg）/μL	x

再用调至 30 μL 刻度的移液器上下抽吸 3 遍进行混匀，如 PCR 仪无热盖功能，加入 30 μL 液体石蜡覆盖液面。于 50℃保温 30～60 min，再移入 PCR 仪中 94℃预变性 2 min；94℃变性 30 s，55℃退火 30 s，72℃延伸 180 s（扩增片段长 1.2 kb），进行 25～30 个循环。

5. RT-PCR 产物的 DNA 电泳检测和纯化

DNA 的琼脂糖凝胶电泳纯化方法是目前对不同大小 DNA 片段进行分离的主要方法。其主要包括两个步骤：第一步通过琼脂糖凝胶电泳将不同大小的 DNA 分子分离开来，然后将含目的 DNA 的凝胶切下；第二步再将胶中的 DNA 抽提纯化出来。目前第二步多采用操作简便的硅胶层析过滤柱方法。

（1）DNA 琼脂糖凝胶电泳：参照实验 12。电泳完毕，取出电泳胶，于紫外分光光度计上观察 RT-PCR 结果，并照相记录结果。

（2）取一支 1.5 mL 离心管称重记录（毫克数），切下含所需 DNA 区带的胶块移入其中（尽量去除不含 DNA 的胶块），再次称重，两次称重数值相减得到胶块的质量（毫克数）。

（3）按胶块质量加入 3 倍体积的溶胶液（即 1 mg 胶，加 3 μL 溶胶液），置 50～60℃加热 10 min，每隔 2 min 颠倒混合一次。

（4）将溶化的胶液移入硅胶层析过滤柱（将此柱预先套入一只 2 mL 离心管），于室温 10 000 r/min 离心 1 min。

（5）去除套管中的滤液，将硅胶层析过滤柱放回套管，加入 750 μL 清洗液，静置 2～5 min，离心 1 min。

（6）去除套管中的滤液，将硅胶层析过滤柱放回套管，15 000 r/min 离心 1 min。

（7）将硅胶层析过滤柱放入一支新 1.5 mL 离心管，向硅胶层析过滤柱的中心加入 30 μL TE 缓冲液（60℃预热 10 min），静置 1 min，15 000 r/min 离心 1 min，去除硅胶层析过滤柱，将 1.5 mL 离心管置–20℃保存备用，该管中的液体含纯化的 DNA。DNA 浓度可以通过微量 DNA 电泳定量方法确定。

【实验结果】

1. 根据 RNA 溶液在 260 nm 和 280 nm 波长的吸光度，计算出二者的比值，说明提取 RNA 的纯度。根据 RNA 溶液在 260 nm 波长的吸光度计算提取 RNA 原液中 RNA 的浓度。
2. 依据 RNA 变性琼脂糖凝胶电泳胶块紫外检测结果（照相结果），分析 RNA 的完整度。
3. 依据 RT-PCR 产物的 DNA 电泳结果分析 RT-PCR 实验的成败及可能的原因。

【思考题】

1. RT-PCR 中的逆转录（RT）步骤起什么作用？哪一个引物在其中起作用？为什么？
2. RT-PCR 中的 PCR 步骤起什么作用？为什么？
3. 一般提取纯化 RNA 是为了分析利用其中的 mRNA，而利用总 RNA 变性凝胶电泳检查提取纯化的 RNA 完整度，观察的是 rRNA，为什么？

（曹西南　狄　勇）

实验 20　pMD19-*G6PD* 重组子的蓝白斑筛选及酶切鉴定

一、pMD19-*G6PD* 重组子的蓝白斑筛选

【实验目的】

1. 掌握蓝白斑筛选阳性重组子的原理。
2. 熟悉感受态大肠杆菌制备的原理。

【实验原理】

1. pMD19-*G6PD* 重组子的构建

此重组子的构建过程为：从云南省德宏州梁河县居住的阿昌族人群中采集血样，分离得到总 RNA，经 RT-PCR 获得人 *G6PD* 基因的 cDNA（1548 bp），与 pMD19-T 载体连接后形成重组子 pMD19-*G6PD*，其分子质量大小为 4254 bp。

2. 感受态细菌的制备

大肠杆菌经处理后，能容纳外源 DNA 的进入，处于这一状态的细胞称为感受态细胞（competent cell）。制备感受态细胞的基本过程如下：将处于对数生长期的细菌悬浮于冰冷的 $CaCl_2$ 溶液中，细胞在冰浴一段时间后膨胀成球形，细胞膜的通透性增加，细胞就具备了感受态特性。此时加入外源 DNA，经 42℃短暂热处理后，外源 DNA 进入感受态细胞。

3. α-互补的原理

某些载体上带有 β-半乳糖苷酶基因（*lac Z*）的调控序列和 β-半乳糖苷酶 N 端编码序列。这个编码区中存在一个多克隆位点，可供外源 DNA 片段的插入。E. coli DH5α 菌株带有 β-半乳糖苷酶 C 端序列的编码信息。在各自独立的情况下，载体和 E. coli DH5α 编码的 β-半乳糖苷酶的片段都没有酶活性。当它们同时存在时，可形成具有酶活性的蛋白质。这样，宿主细胞中有缺陷的 β-半乳糖苷酶与带有 *lac Z* 基因的质粒之间实现了互补，称为 α-互补。由 α-互补产生的 Lac^+ 细菌较易识别，在 IPTG 诱导下，能催化底物 X-Gal（5-溴-4-氯-3-吲哚-β-D-半乳糖苷）生成蓝色代谢产物，从而在培养基上形成蓝色菌落。当外源片段插入到多克隆位点上后会导致读码框改变，所表达的蛋白质失活，失去 α-互补能力，在同样条件下含重组质粒的转化子在培养基上只能形成白色菌落。因此，α-互补又称为蓝白斑筛选。

【实验器材与试剂】

1. 主要设备

台式高速离心机、恒温水浴箱、恒温培养箱、移液器等。

2. 试剂

（1）Competent Cell Preparation Kit（含 Solution A 和 Solution B）；pMD®19-T Simple Vector。

（2）20 mg/mL X-Gal、1 mol/L IPTG、Amp、LB 培养液、SOC 培养基（参见附录二）。

【实验步骤】

1. 感受态细胞的制备方法

1）菌种纯化

（1）用接种针挑取大肠杆菌（–70℃甘油保存菌），在 LB 平板上分级划线，以能够出现单菌落为宜。

（2）将上述划线的平板培养基倒置于恒温培养箱中 37℃过夜培养。

2）菌体培养

（1）在划线平板培养基上挑取单菌落，接种到 20 mL LB 培养液中。

（2）37℃振荡（约 120 r/min）培养，测定，当 A_{600} 达 0.35～0.5 时（约培养 5 h）放置于冰上停止培养，备用（如果 A_{600} 超出此范围将不能保证感受态细胞的转化效率）。

3）感受态细胞的制备

（1）取上述菌体培养液 1 mL 于 1.5 mL 离心管中。

（2）4℃，4000 r/min，离心 5 min，弃上清液（注意：尽量除尽上清液）。

（3）在每个离心管中加入 100 μL 冰中预冷的 Solution A，轻轻弹动离心管使沉淀悬浮，禁止剧烈振荡。

（4）4℃，4000 r/min，离心 5 min，弃上清液（注意：尽量除尽上清液）。

（5）在每个离心管中加入 100 μL 冰中预冷的 Solution B，轻轻弹动离心管使沉淀悬浮，禁止剧烈振荡。感受态细胞制作完成。

本感受态细胞可以直接用于 DNA 的转化实验，也可以于 –80℃ 中保存，以备以后使用。在 –80℃ 保存时，可以有效保存一年以上，但不能反复冻融，一旦融解后，不能再进行 –80℃ 保存。

2. 质粒转化

（1）取质粒样品 0.1～10 ng（3～10 μL）加入至 100 μL E. coli DH5α 感受态细胞中，轻轻混匀，冰中放置 30 min。

（2）42℃加热 45 s 后，再在冰中放置 1～2 min。

（3）加入 890 μL SOC 培养液（37℃预温），37℃振荡培养 60 min。

（4）将转化菌液均匀涂布在含有 X-Gal、IPTG、Amp 的 LB 平板上，37℃温箱中过夜培养。

【实验结果】

第二天，取出培养皿，观察计数白色、蓝色菌落。

【注意事项】

1. 制作感受态细胞时应使用专用的玻璃器皿或塑料容器。清洗这些玻璃器皿或塑料容器时应尽量洗净。

2. 制作感受态细胞时使用的菌种，不应使用 4℃ 或常温保存的传代细菌。应使用 –70℃ 保存的菌种，在 LB/抗生素平板培养基上分级划线培养后，挑取单菌落。使用这种菌种制作的感受态细胞，能提高转化效率。

3. 用于制备感受态的大肠杆菌应为处于对数生长期的细胞，培养过程中注意监测 A_{600}，当 A_{600} 达 0.35～0.5 时，放置于冰上停止培养。

4. 用于感受态细胞制备的菌体培养停止后要立即处理，不要将培养液长时间室温放置，在冰中放置时也不要时间过长。

5. 感受态细胞的制备操作过程中，离心后弃上清液时要尽量弃尽，否则会降低感受态细胞的转化效率。

6. 悬浮沉淀时要用手指轻轻弹动离心管壁，禁止剧烈振荡操作。
7. 转化时质粒 DNA 的体积不能超过 10 μL，否则会影响转化效率。

【思考题】

1. 阳性重组子筛选和鉴定的方法有哪些？
2. 蓝白斑筛选实验中，蓝色菌落和白色菌落分别含有什么样的质粒 DNA？为什么？

二、pMD19-G6PD 重组子的酶切鉴定

【实验目的】

1. 掌握质粒 DNA 小量快速提取法。
2. 了解 DNA 限制性内切酶酶切鉴定原理。

【实验原理】

质粒提取及酶切鉴定的相关原理参照实验 12。

【实验器材与试剂】

参照实验 12。

【实验步骤】

1. 培养细菌

取出前一实验的转化平板，挑取蓝色和白色单菌落分别置于 2 支含有 3 mL Amp 的 LB 培养液的试管中过夜培养。

2. 细菌中质粒 DNA 的快速提取

（1）取两支 1.5 mL 离心管，分别标记为 "A" 和 "B"，取蓝色菌落培养菌液 1.4 mL 置于 A 管中，取白色菌落培养菌液 1.4 mL 置于 B 管中，10 000 r/min 离心 1 min，弃上清液。各加入 150 μL 的溶液 I，充分混悬细菌，在室温下放置 10 min。

（2）各加入 200 μL 新配制的溶液 II。加盖，颠倒 5 次使之混匀。冰上放置 5 min。

（3）各加 150 μL 冷却的溶液 III，加盖后颠倒 5 次混匀，冰上放置 15 min。10 000 r/min 离心 5 min，上清液移入另一离心管中。

（4）向上清液中各加入等体积苯酚/氯仿，振荡混匀，10 000 r/min 离心 2 min，将上清液转移至新的离心管中。

（5）向上清液中各加入等体积无水乙醇，混匀，室温放置 2 min。离心 5 min，倒去上清乙醇溶液，将离心管倒扣在吸水纸上，吸干液体。

（6）各加入 1 mL 70%乙醇，振荡并离心，弃上清液，晾干，加入 20 μL 的 TE 缓冲液，使 DNA 完全溶解，得质粒 A 和质粒 B 待用。

3. 质粒 DNA 的限制性内切酶酶切

取洁净消毒 1.5 mL 离心管 2 支，分别标记为 "A" 和 "B"，按表 2-3 操作。

表 2-3 质粒 DNA 的限制性内切酶酶切（20 μL 反应体系）

试剂	A	B
质粒 A/μL	x（≤1 μg）	—
质粒 B/μL	—	x（≤1 μg）
10×酶切缓冲液/μL	2	2
Nde I /μL	1	1
Xho I /μL	1	1
蒸馏水/μL	(16–x)	(16–x)

置于 37℃水浴中，酶解 1 h，反应终止后，各酶切样品于冰箱中贮存备用。

4. DNA 琼脂糖凝胶电泳

电泳操作参照实验 12。

【实验结果】

在波长为 254 nm 的紫外灯下，观察 DNA 条带，分析质粒 A 和质粒 B 哪个是空载体？哪个是重组体？

（杨银峰）

实验 21 pThioHis（A）-*G6PD* 重组表达质粒的鉴定

【实验目的】

1. 掌握重组表达质粒鉴定的原理和方法。
2. 了解真核表达系统选择原则和 pThioHis(A)-*G6PD* 的构建过程。

【实验原理】

据 pThioHis 质粒的物理图谱（图 2-1）和 pThioHis(A)-*G6PD* 重组质粒的构建过程（图 2-2），首先从表达菌株 DF213 中提取质粒 DNA。其次，选用 *Nde* I 和 *Xho* I 酶切质粒 DNA，琼脂糖凝胶电泳分离酶切产物，观察是否有目的片段人 *G6PD* 基因的 cDNA（1640 bp）；也可经 PCR 从质粒 DNA 扩增 *G6PD* 基因的 cDNA，再经琼脂糖凝胶电泳确定目的条带。最后，回收琼脂糖凝胶中的目的片段，经纯化后测序；或者纯化 PCR 产物后测序。实验中以 pThioHis 质粒作为阴性对照，必须确认克隆基因的序列后再进行后续的诱导表达及表达蛋白分析。

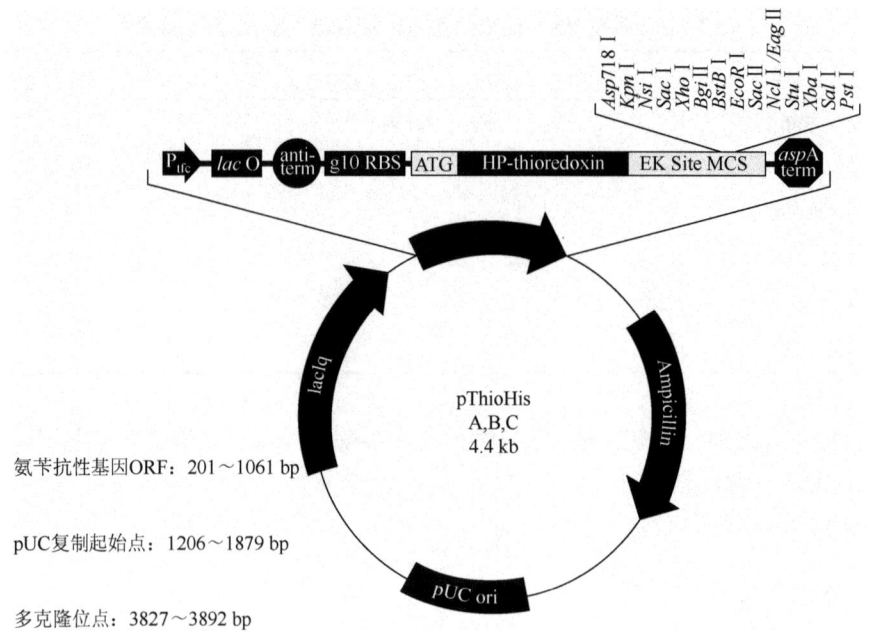

图 2-1　pThioHis 质粒的物理图谱

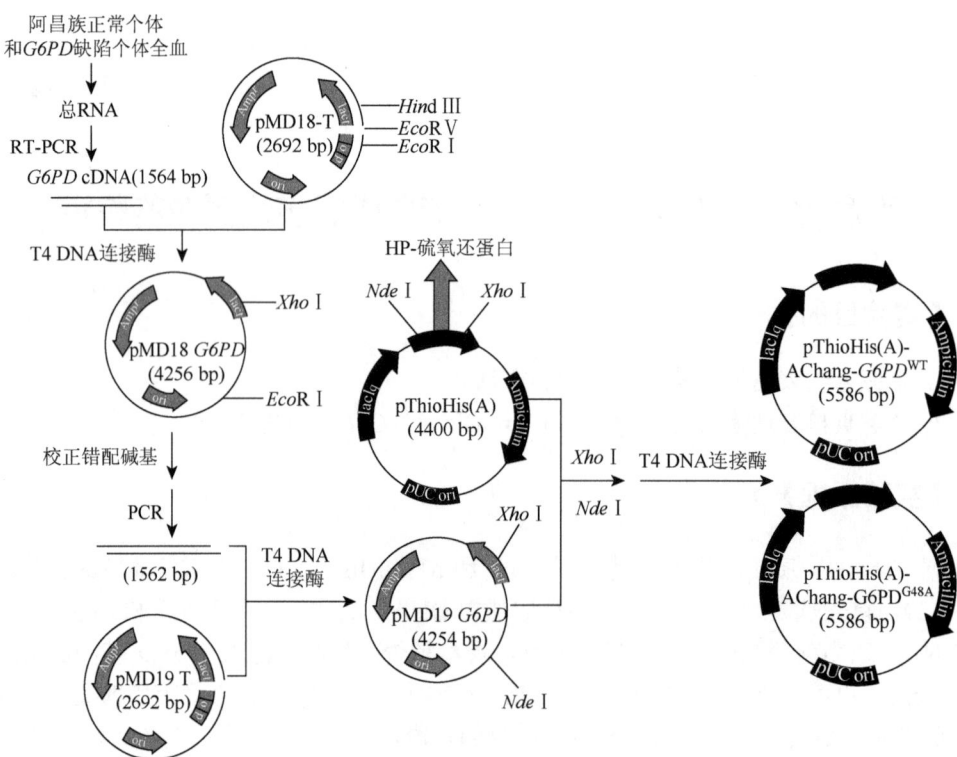

图 2-2　pThioHis（A）-G6PD 重组质粒的构建

【实验器材与试剂】

1. 实验器材

台式高速离心机（16 000 r/min）、PCR 仪、紫外检测仪、电泳仪、恒温水浴箱、37℃恒温摇床、水平电泳槽、离心管、移液器等。

2. 试剂

（1）质粒提取试剂：溶液Ⅰ、溶液Ⅱ、溶液Ⅲ；苯酚/氯仿；pH 8.0 TE 缓冲液；EB 染色液；TAE 电泳缓冲液（参见附录二）。

（2）*Nde*Ⅰ和 *Xho*Ⅰ及其缓冲液。

（3）*G6PD* 扩增引物及 PCR 扩增试剂盒。

【实验步骤】

1. 培养细菌

将 pThioHis 载体及转化了 pThioHis（A）-*G6PD*^{WT} 和 pThioHis（A）-*G6PD*^{M} 的 DF213 大肠杆菌于培养液中过夜培养，分别标注菌液 A、菌液 B 和菌液 C。

2. 质粒 DNA 的快速提取

（1）取液体培养菌液 1.5 mL 置小离心管中，10 000 r/min 离心 1 min，去掉上清液。加入 150 μL 溶液Ⅰ，充分混悬细菌，在室温下放置 10 min。

（2）加入 200 μL 新配制的溶液Ⅱ。加盖，颠倒 5 次使之混匀。冰上放置 5 min。

（3）加 150 μL 预冷的溶液Ⅲ，加盖后颠倒 5 次混匀，冰上放置 15 min。10 000 r/min 离心 5 min，上清液倒入另一离心管中。

（4）向上清液中加入等体积苯酚/氯仿，振荡混匀，10 000 r/min 离心 2 min，将上清液转移至新的离心管中。

（5）向上清液中加入等体积无水乙醇，混匀，室温放置 2 min。离心 5 min，倒去上清乙醇溶液，将离心管倒扣在吸水纸上，吸干液体。

（6）加 1 mL 70%乙醇，振荡并离心，倒去上清液，晾干，加入 20 μL TE 缓冲液，使 DNA 完全溶解，待用。

3. 质粒 DNA 的限制性内切酶酶切或者 PCR 扩增 *G6PD* 的 cDNA

（1）质粒 DNA 的限制性内切酶酶切：取洁净消毒的 1.5 mL 离心管 1 支，按待酶切的样品数量+1 的量，配制 2×酶切反应混合液。如待酶切的样品有 9 个，则据表 2-4 配制 10 个样品的 2×酶切反应混合液。

表 2-4　2×酶切反应混合液的配制（*n*=10）

试剂	体积
*Nde*Ⅰ/μL	20（20 U）
*Xho*Ⅰ/μL	20（20 U）
10×酶切缓冲液（含 BSA）/μL	20
蒸馏水/μL	40

然后，取 1.5 mL 的离心管，标记后各自加入相应的质粒 DNA 样品 10 μL，再各加入 10 μL 2×酶反应混合液，混匀后置于 37℃水浴中，酶解 1～3 h。反应终止后，各酶切样品于冰箱中贮存备用。

（2）PCR 扩增 *G6PD* 的 cDNA：设置 20 μL PCR 体系，其中含有 10 pmol/L *G6PD* 基因正反向引物各 1 μL、*Taq* DNA 聚合酶 0.5 U、2.5 mmol/L dNTP 4 μL、DNA 模板 1 μL 和有 Mg^{2+} 的缓冲溶液 4 μL，扩增条件为：95℃ 5 min→95℃ 10 s，55℃ 10 s，72℃ 1 min→72℃ 8 min。

4. DNA 琼脂糖凝胶电泳

（1）制备 0.8%的琼脂糖凝胶。

（2）加样：分别取质粒 DNA 10 μL（按由左到右顺序：质粒 A→质粒 A-酶切→质粒 B→质粒 B-酶切→质粒 C→质粒 C-酶切→DNA marker，各样品中加入 SYBR Green I 2 μL 和 6× 上样缓冲液 2 μL（DNA marker 除外），用移液器混合后取 10 μL 分别加入凝胶样品小槽内。

（3）电泳：加完样品后立即通电。样品进胶前，应使电流控制在 20 mA，样品进胶后电压控制在 60～80 V，电流为 40～50 mA。当指示剂色带移动至距离胶板 1～2 cm 处，停止电泳。

（4）将电泳后的胶块在紫外透射仪下（254 nm）观察琼脂糖凝胶中的 DNA 条带。分析比较各样品 DNA 条带的差异，区分阳性和阴性重组质粒。

5. 目的 DNA 的回收纯化和测序

参考实验 19 中 DNA 的琼脂糖凝胶硅胶层析过滤柱方法，纯化后的目的片段即可外送公司测序，进一步明确目的基因序列和是否可用于表达研究。

【注意事项】

苯酚/氯仿抽提蛋白质后，在转移上清液时避免界面蛋白质的污染。

【思考题】

1. 据质粒酶切后的电泳结果，或者据 PCR 产物的电泳鉴定图，参考图 2-2 重组质粒的构建过程，判断质粒 A、质粒 B 和质粒 C 中，何为重组质粒？为什么？

2. 分析本实验中 DF213 的基因组 DNA 是如何去除的。

3. 从实验结果分析质粒 DNA 的构型。

（朱月春）

实验 22　G6PD 重组酶的诱导表达、分离及比活性测定

【实验目的】

1. 掌握原核表达蛋白诱导与鉴定的原理和方法。

2. 了解原核表达蛋白纯化的方法。

【实验原理】

影响 E. coli 中蛋白质表达量的因素除载体启动子结构以外，还有质粒拷贝数、质粒稳定性和宿主菌的生长状态等因素。本实验所用载体为 pThioHis（A），含有 Lactose Operon 调控序列，可用异丙基硫代半乳糖苷（isopropyl-beta-D-thiogalactopyranoside，IPTG）诱导 *G6PD* 基因表达。IPTG 可与乳糖操纵子的阻遏蛋白结合并使其空间构象改变，四聚体解聚成单体，失去与操纵子特异性紧密结合的能力，从而解除了阻遏蛋白的作用，使 *G6PD* 基因得以转录而表达。此外，IPTG 是一种作用极强的诱导剂，不被细菌代谢而十分稳定。

SDS-PAGE 分离蛋白质时，因样品和凝胶中加入了还原剂和 SDS，蛋白质分子被解聚成线状，所带负电荷远大于原蛋白质的电荷量，故蛋白质亚基的电泳迁移率主要取决于亚基分子质量大小，而与不同分子间的电荷差异和结构差异无关。

G6PD 比活性（U/mg 蛋白质）定义为每毫克总蛋白在 25℃的环境中每分钟产生 1 μmol 的 NADPH 为 1 单位。

【实验器材与试剂】

1. 实验器材

台式高速离心机（16 000 r/min）、可见紫外分光光度计、电泳计、恒温水浴箱、电泳槽、离心管、移液器等。

2. 试剂

（1）TB 培养基、100 μg/mL Amp、1 mmol/L IPTG、1.0 mg/mL 蛋白质标准溶液、2×SDS 上样缓冲液、分离胶缓冲液、压缩胶缓冲液、30%丙烯酰胺胶液、10%过硫酸铵（APS）、SDS-PAGE 电极缓冲液、考马斯亮蓝 R-250 染色液（参见附录二）。

（2）BugBuster Protein Extraction Reagent。

（3）TEMED、0.5 mol/L Tris-HCl MgCl$_2$（pH 8.0）、2 mmol/L NADP$^+$、6 mmol/L G6P-Na$_2$。

（4）考马斯亮蓝脱色液。

【实验步骤】

1. 样品制备

（1）细菌接种：5 mL TB 液体培养基中加入 10 μL Amp（100 μg/mL），从 *G6PD*^{WT} 和 *G6PD*^{M} 转化 DF213 的 TB 固体培养基平板上挑取单菌落接种入 TB 液体培养基中；另外，以空菌 DF213 和空质粒 pThioHis（A）作为对照，37℃，180 r/min 摇床培养约 7 h。

（2）将上述培养的菌液按照 1∶50 接种入 200 mL 新鲜的 TB 液体培养基中（含 Amp 40 μg），37℃继续培养约 2 h。

（3）加入 200 μL IPTG（终浓度为 1 mmol/L）（IPTG 贮存浓度为 1 mol/L）诱导 G6PD 表达 6～9 h。

(4) 分别取菌液 4 mL 于 5 mL 离心管中,10 000 r/min 离心 2 min,弃上清液,重复此操作一次。

(5) 于上述菌体中加入 BugBuster Protein Extraction Reagent 800 μL,室温振摇孵育 30 min 后,12 000 r/min 离心 15 min,获澄清的上清液冻存,用作后续实验的待测样品。

2. 样品蛋白质测定

(1) 蛋白质标准曲线制作:取 1.0 mg/mL 蛋白质标准溶液,制备系列稀释液,使其浓度分别为 1000 μg/mL、500 μg/mL、250 μg/mL、125 μg/mL、62.5 μg/mL。按表 2-5 操作。

表 2-5 蛋白质标准系列稀释混合液的配制

试剂	空白管	1	2	3	4	5
各蛋白质标准稀释液/mL	—	0.1	0.1	0.1	0.1	0.1
0.9% NaCl/mL	0.1	—	—	—	—	—
染色液/mL	5.0	5.0	5.0	5.0	5.0	5.0
蛋白质含量/(μg/mL)	0	62.5	125	250	500	1 000

摇匀各管,室温静置 3 min,以空白管调节"零"点和 100%的透光率,于可见紫外分光光度计波长 595 nm 测定吸光度,以各管吸光度为纵坐标,各蛋白质标准浓度(μg/mL)为横坐标作图得标准曲线。

(2) 样品总蛋白测定:取样品 0.1 mL,用 0.9% NaCl 溶液稀释 2~4 倍,混匀。按表 2-6 操作。

表 2-6 样品总蛋白测定体系的配制

试剂	空白管	DF213-$G6PD^{WT}$	DF213-$G6PD^{M}$	DF213	pThioHis(A)
稀释样品/mL	—	0.1	0.1	0.1	0.1
0.9% NaCl/mL	0.1	—	—	—	—
染色液/mL	5.0	5.0	5.0	5.0	5.0

混匀,静置 3 min,以空白管调零,于 595 nm 波长下比色,读取吸光度,查标准曲线,求得稀释样品蛋白质浓度,故:未知样品蛋白质浓度(μg/mL)=稀释样品浓度×稀释倍数。

3. SDS-PAGE

(1) 胶模准备与灌胶:取胶模玻璃板,大小各一;将大玻璃板放在电泳仪配套的固定架上,左右两边各放一塑料垫条,然后放入小玻璃板,底部对齐,斜对角固定螺丝,将此装置固定于电泳仪专门的制胶装置上,加水检查胶模不漏水,按表 2-7 配制分离胶。

表 2-7　SDS-PAGE 分离胶和压缩胶的配制

加入物	分离胶	压缩胶
蒸馏水/mL	1.9	1.4
30%丙烯酰胺胶液/mL	1.7	0.33
1.5 mol/L Tris（pH 8.8）/mL	1.3	—
1.0 mol/L Tris（pH 6.8）/mL	—	0.25
10% SDS/μL	50	20
10% APS/μL	50	20
TEMED/μL	2	1
总体积/mL	5.0	2.0

立即混匀分离胶溶液，灌入胶模，至距胶顶部约 1.5 cm，徐徐加入 1 mL 蒸馏水覆盖胶顶，以便凝固后分离胶液面成一水平线，一般需 25～40 min 分离胶即可凝固。

待分离胶凝固后，将上层水相倒出，用滤纸吸干。然后按表 2-7 配制压缩胶，充分混匀压缩胶溶液，立即灌入胶模至距胶顶约 0.3 cm，缓慢插入上样梳，勿留任何气泡于胶液中，室温放置约 30 min 压缩胶即可凝固。

（2）样品准备：分别取 30～40 μg 的总蛋白，加入相同体积的 2×SDS 凝胶加样缓冲液，混匀后，100℃加热 5 min，冰浴冷却后准备上样。

（3）装配：待胶凝固后，将带有胶模的固定架取下，固定于电泳架上，如果只有一块胶模，需将电泳架另一面装上不带胶模的固定架（如果有两块胶模，电泳架另一面同样方法固定胶模），以形成电泳内液环境，与外液不相通；放入电泳槽中，加入新鲜配制的 1×电极缓冲液（内液需没过小玻璃板上缘 0.5 cm），轻轻竖直向上拔出上样梳，用电泳缓冲液冲洗上样井，排除残留的未聚合的凝胶。

（4）上样：向上样井中顺序加入相应的样品 DF213-*G6PD*^{WT}、DF213-*G6PD*^{M}、DF213 和 pThioHis（A）和蛋白质的分子质量标准物 15 μL（上样时枪头尖斜顶住上样井的大玻璃板面，缓缓注入样品液）。

（5）电泳：将电泳电源与电泳仪用导线相连，注意正、负极（红色连接红色，黑色连接黑色），电压 75 V，待溴酚蓝进入分离胶后，将电压升至 125 V 继续电泳，溴酚蓝至胶底部时，电泳结束。

（6）考马斯亮蓝染色：电泳结束后，断开电源，将带有胶模的固定架取下，轻轻取出胶模玻璃板，去除两边的塑料垫条，用一塑料垫条轻轻撬开两块玻璃板取下凝胶（注意：戴手套，以免污染凝胶），放入一干净的平皿中，加入约 15 mL 的考马斯亮蓝 R-250 染色液，置于摇床上，振摇染色约 30 min。

（7）脱色：染色结束后，倾去染色液，加入约 15 mL 脱色液，置于摇床上，振摇脱色约 1.5 h，至凝胶背景接近无色，照相保存结果（此期间可更换新鲜的脱色液，以加快脱色）。

（8）干胶制作：取一大玻璃板，裁取两张比玻璃板长出 5～6 cm 和宽出 5～6 cm 的玻璃纸，浸泡入蒸馏水中约 10 min，然后于玻璃板上铺一张浸泡过的玻璃纸，将胶块置于中间；再覆盖上一张浸泡过的玻璃纸，注意勿在胶块与玻璃纸之间留存气泡，最后将每边长出的玻璃纸翻向玻璃板下方折叠，四周用夹子夹紧，胶面向上放置过夜干燥保存。

4. G6PD 重组酶比活性测定

取 5 支试管，按表 2-8 配制 G6PD 重组酶比活性测定体系。

表 2-8　G6PD 重组酶比活性测定体系的配制

试剂	空白管	DF213-$G6PD^{WT}$	DF213-$G6PD^M$	DF213	pThioHis（A）
蒸馏水/μL	990	990	990	990	990
Tris-HCl $MgCl_2$/μL	150	150	150	150	150
6 mmol/L G6P-Na_2/μL	150	150	150	150	150
2 mmol/L $NADP^+$/μL	150	150	150	150	150
混匀，于恒温水循环（25℃）紫外分光光度计样品池中预热 10 min					
样品/μL	60	60	60	60	60

混匀，1 min 后开始测 340 nm 吸光度（A_{340}），每 2 min 记录 A_{340} 一次，至 10 min 止，比较每 2 min A_{340} 的变化情况，若相近，表明酶促反应平稳。以 10 min A_{340} 的变化（ΔA_{340}）计算 NADPH 产量。由于 NADPH 在 340 nm 处光径 1 cm 时其微摩尔吸光系数（ε）为 6.220，故 10 min 内 NADPH 产量计算法为

$$NADPH 产量（\mu moL）=\Delta A_{340}/6.22$$

G6PD 比活性[μmoL/（min·mg）]=NADPH 产量（μmoL）/总蛋白（mg）

【注意事项】

1. 样品制备好应尽快测活性，如果不能及时完成需-20℃冻存。
2. 总蛋白定量用玻璃比色杯，而 G6PD 比活性测定用石英比色杯。

【思考题】

1. 如何判断诱导的目的蛋白 G6PD 有表达及表达量的多少？
2. 请设计实验探讨 IPTG 诱导时间和浓度对 G6PD 比活性的影响。
3. 本实验中浓缩胶起什么作用？

（朱月春）

实验 23　ATP、ADP 和 NADPH 对 G6PD 酶促反应的影响

【实验目的】

1. 掌握双倒数法测定酶 K_m 和 V_m。

2. 熟悉酶促反应动力学的影响因素及其机制，学会通过酶促反应实验判断抑制类型。

【实验原理】

根据酶与底物形成中间产物的学说，可以得到表示酶促反应速度与底物浓度之间相互关系的方程式，即酶学上著名的米氏方程。

$$V = \frac{V_m \cdot [S]}{K_m + [S]}$$

式中，[S]为底物浓度；V 为反应速度；V_m 为最大反应速度；K_m 为米氏常数。

由米氏方程可以推出 K_m 等于反应速度达到最大反应速度一半时的底物浓度，其单位就是浓度单位（mol/L 或 nmol/L）。K_m 是酶的特性常数，与酶的结构、底物有关，而与酶的浓度无关。当同一种酶能够作用于几种不同的底物时，K_m 往往可以反映出酶与各种底物亲和力的强弱。K_m 越大，说明酶与底物的亲和力越弱；反之，K_m 越小，说明酶与底物的亲和力越强，K_m 最小的底物就是酶的最适底物。

测定 K_m 和 V_m 是酶学工作的基本内容之一，一般通过作图法求得。作图方法很多，其共同特点是先将米氏方程变换成直线方程，然后通过作图法求得。本实验通过最常用的林-贝（Lineweaver-Burk）作图法，即双倒数作图法。测定 G6PD 以 G6P 为底物的 K_m 和 V_m，这个方法是先将米氏方程两边同时取倒数，整理后得到。

$$\frac{1}{V} = \frac{K_m}{V_m} \times \frac{1}{[S]} + \frac{1}{V_m}$$

然后以 1/[S]对 1/V 作图，可得到一条直线。这条直线在横轴上的截距为$-1/K_m$，在纵轴上的截距为 1/V_m，由此即可求得 K_m 和 V_m（图 2-3）。

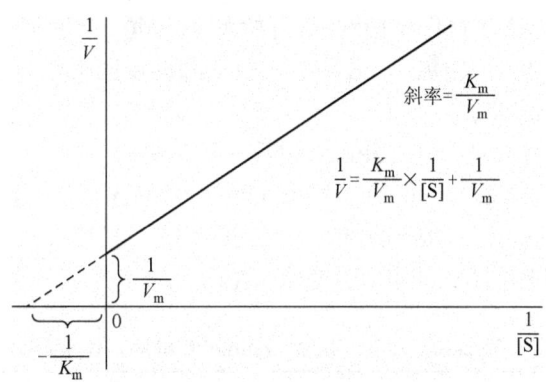

图 2-3 双倒数作图法测定 K_m 和 V_m

此外，本实验通过测定 ATP、ADP 及 NADPH 对 G6PD 催化底物 G6P 的 K_m 和 V_m，根据双倒数作图所得直线及 K_m 和 V_m 的变化规律可确定抑制反应的类型。

【实验器材与试剂】

1. 实验器材

恒温水循环紫外分光光度计、坐标纸和直尺等。

2. 试剂

（1）0.5 mol/L Tris-HCl MgCl$_2$ 缓冲液（pH 8.0）、2 mmol/L NADP$^+$、6 mmol/L G6P-Na$_2$。

（2）0.1 mol/L ATP 溶液、0.5 mol/L ADP 溶液、0.1 mol/L NADPH 溶液。

【实验步骤】

1. 样品

实验 22（G6PD 重组酶的诱导表达、分离及比活性测定）中 G6PD 比活性最高和诱导表达的 G6PD 蛋白量最多的样品为本实验的测定样品。

2. G6P 的 K_m 和 V_m 测定

取 6 支 1.5 mL 的离心管，选择 NADP$^+$ 浓度（终浓度为 0.2 mmol/L）不变，G6P 浓度分别选择 0.03 mmol/L、0.06 mmol/L、0.09 mmol/L、0.12 mmol/L、0.18 mmol/L，按表 2-9 操作。

表 2-9　G6PD 对 G6P 的 K_m 和 V_m 测定体系的配制

试剂	G6P/（mmol/L）					
	0.03	0.03	0.06	0.09	0.12	0.18
蒸馏水/μL	1192.5	1132.5	1125	1117.5	1110	1095
Tris-HCl MgCl$_2$ 缓冲液/μL	150	150	150	150	150	150
6 mmol/L G6P-Na$_2$/μL	7.5	7.5	15	22.5	30	45
2 mmol/L NADP$^+$/μL	150	150	150	150	150	150
	混匀，于 25℃ 的恒温水循环紫外分光光度计样品池中预热 10 min					
样品	0	60	60	60	60	60

混匀，1 min 后以无样品管作空白对照，开始测 A_{340}，每 2 min 记录 A_{340} 一次，至 10 min 止，比较每 2 min A_{340} 的变化情况，若相近，表明酶促反应平稳。以 10 min A_{340} 的变化（ΔA_{340}）计算 NADPH 产量。

3. ATP、ADP 和 NADPH 对 G6PD 酶促反应的影响

（1）ATP 浓度分别选择 8 mmol/L、12 mmol/L、16 mmol/L，每个 ATP 浓度下，G6P 浓度分别选择 0.03 mmol/L、0.06 mmol/L、0.09 mmol/L，按表 2-10～表 2-12 操作，以无样品管作空白对照，测定 10 min A_{340} 的变化（ΔA_{340}）。

表 2-10　ATP 浓度为 8 mmol/L 的测定体系配制

试剂	G6P/（mmol/L）			
	0.03	0.03	0.06	0.09
蒸馏水/μL	1072.5	1012.5	1005.0	997.5
Tris-HCl MgCl$_2$ 缓冲液/μL	150	150	150	150
6 mmol/L G6P-Na$_2$/μL	7.5	7.5	15	22.5
2 mmol/L NADP$^+$/μL	150	150	150	150
0.1 mol/L ATP 溶液/μL	120	120	120	120
	混匀，于 25℃ 的恒温水循环紫外分光光度计样品池中预热 10 min			
样品/μL	0	60	60	60

表 2-11 ATP 浓度为 12 mmol/L 的测定体系配制

试剂	G6P/（mmol/L）			
	0.03	0.03	0.06	0.09
蒸馏水/μL	1012.5	952.5	945.0	937.5
Tris-HCl MgCl$_2$ 缓冲液/μL	150	150	150	150
6 mmol/L G6P-Na$_2$/μL	7.5	7.5	15	22.5
2 mmol/L NADP$^+$/μL	150	150	150	150
0.1 mol/L ATP 溶液/μL	180	180	180	180
	混匀，于 25℃的恒温水循环紫外分光光度计样品池中预热 10 min			
样品/μL	0	60	60	60

表 2-12 ATP 浓度为 16 mmol/L 的测定体系配制

试剂	G6P/（mmol/L）			
	0.03	0.03	0.06	0.09
蒸馏水/μL	952.5	892.5	885.0	877.5
Tris-HCl MgCl$_2$ 缓冲液/μL	150	150	150	150
6 mmol/L G6P-Na$_2$/μL	7.5	7.5	15	22.5
2 mmol/L NADP$^+$/μL	150	150	150	150
0.1 mol/L ATP 溶液/μL	240	240	240	240
	混匀，于 25℃的恒温水循环紫外分光光度计样品池中预热 10 min			
样品/μL	0	60	60	60

（2）ADP 浓度分别选择 2 mmol/L、8 mmol/L、12 mmol/L，每个 ADP 浓度下，G6P 浓度分别选择 0.03 mmol/L、0.06 mmol/L、0.09 mmol/L，按表 2-13～表 2-15 操作，以无样品管作空白对照，测定 10 min A_{340} 的变化（ΔA_{340}）。

表 2-13 ADP 浓度为 2 mmol/L 的测定体系配制

试剂	G6P/（mmol/L）			
	0.03	0.03	0.06	0.09
蒸馏水/μL	1186.5	1126.5	1119	1115.5
Tris-HCl MgCl$_2$ 缓冲液/μL	150	150	150	150
6 mmol/L G6P-Na$_2$/μL	7.5	7.5	15	22.5
2 mmol/L NADP$^+$/μL	150	150	150	150
0.5 mol/L ADP 溶液/μL	6	6	6	6
	混匀，于 25℃的恒温水循环紫外分光光度计样品池中预热 10 min			
样品/μL	0	60	60	60

表 2-14　ADP 浓度为 8 mmol/L 的测定体系配制

试剂	G6P/（mmol/L）			
	0.03	0.03	0.06	0.09
蒸馏水/μL	1168.5	1108.5	1101	1093.5
Tris-HCl MgCl$_2$ 缓冲液/μL	150	150	150	150
6 mmol/L G6P-Na$_2$/μL	7.5	7.5	15	22.5
2 mmol/L NADP$^+$/μL	150	150	150	150
0.5 mol/L ADP 溶液/μL	24	24	24	24
混匀，于 25℃的恒温水循环紫外分光光度计样品池中预热 10 min				
样品/μL	0	60	60	60

表 2-15　ADP 浓度为 12 mmol/L 的测定体系配制

试剂	G6P/（mmol/L）			
	0.03	0.03	0.06	0.09
蒸馏水/μL	1156.5	1096.5	1089	1081.5
Tris-HCl MgCl$_2$ 缓冲液/μL	150	150	150	150
6 mmol/L G6P-Na$_2$/μL	7.5	7.5	15	22.5
2 mmol/L NADP$^+$/μL	150	150	150	150
0.5 mol/L ADP 溶液/μL	36	36	36	36
混匀，于 25℃的恒温水循环紫外分光光度计样品池中预热 10 min				
样品/μL	0	60	60	60

（3）NADPH 浓度分别选择 0.5 mmol/L、1.0 mmol/L、1.5 mmol/L，每个 NADPH 浓度下，G6P 浓度分别选择 0.03 mmol/L、0.06 mmol/L、0.09 mmol/L，按表 2-16～表 2-18 操作，以无样品管作空白对照，测定 10 min A_{340} 的变化（ΔA_{340}）。

表 2-16　NADPH 浓度为 0.5 mmol/L 的测定体系配制

试剂	G6P/（mmol/L）			
	0.03	0.03	0.06	0.09
蒸馏水/μL	1185	1125	1117.5	1110
Tris-HCl MgCl$_2$ 缓冲液/μL	150	150	150	150
6 mmol/L G6P-Na$_2$/μL	7.5	7.5	15	22.5
2 mmol/L NADP$^+$/μL	150	150	150	150
0.1 mol/L NADPH 溶液/μL	7.5	7.5	7.5	7.5
混匀，于 25℃的恒温水循环紫外分光光度计样品池中预热 10 min				
样品/μL	0	60	60	60

表 2-17　NADPH 浓度为 1.0 mmol/L 的测定体系配制

试剂	G6P/（mmol/L）			
	0.03	0.03	0.06	0.09
蒸馏水/μL	1177.5	1117.5	1110	1102.5
Tris-HCl MgCl$_2$ 缓冲液/μL	150	150	150	150
6 mmol/L G6P-Na$_2$/μL	7.5	7.5	15	22.5
2 mmol/L NADP$^+$/μL	150	150	150	150
0.1 mol/L NADPH 溶液/μL	15	15	15	15
	混匀，于 25℃的恒温水循环紫外分光光度计样品池中预热 10 min			
样品/μL	0	60	60	60

表 2-18　NADPH 浓度为 1.5 mmol/L 的测定体系配制

试剂	G6P/（mmol/L）			
	0.03	0.03	0.06	0.09
蒸馏水/μL	1170	1110	1102.5	1095
Tris-HCl MgCl$_2$ 缓冲液/μL	150	150	150	150
6 mmol/L G6P-Na$_2$/μL	7.5	7.5	15	22.5
2 mmol/L NADP$^+$/μL	150	150	150	150
0.1 mol/L NADPH 溶液/μL	22.5	22.5	22.5	22.5
	混匀，于 25℃的恒温水循环紫外分光光度计样品池中预热 10 min			
样品/μL	0	60	60	60

【实验结果】

1. G6P 的 K_m 和 V_m 的确定

由于 NADPH 在 340 nm 处，光径 1 cm 时其微摩尔吸光系数（ε）为 6.220，故 10 min 内 NADPH 产量为

$$\text{NADPH 产量（μmoL）} = \Delta A_{340}/6.22$$

G6PD 比活性 [μmoL/（min·mg）] =NADPH 产量（μmoL）/总蛋白（mg）

最后以 1/G6P 为横坐标、1/G6PD 活性为纵坐标作图，即可得出 K_m 和 V_m。

2. ATP、ADP 和 NADPH 对 G6PD 酶抑制类型的判断

分别计算各管的 NADPH 产量和 G6PD 比活性，以 5 个 1/G6P 为横坐标、4 个 ATP 浓度（0 mmol/L、8 mmol/L、12 mmol/L、16 mmol/L）对应的 1/G6PD 活性为纵坐标作图，观察 4 条直线及 K_m 和 V_m 的变化规律，判断 ATP 对 G6PD 的抑制类型。同法作图以判断 ADP 和 NADPH 对 G6PD 的抑制类型。

【注意事项】

1. 样品应避免反复解冻，在测定过程中应保存样品在冰浴中。

2. 各管的 ΔA_{340} 测定过程中要注意混匀、保温和定时。

【思考题】

1. 判断 ATP、ADP 或 NADPH 对 G6PD 活性抑制的反应类型，确定 ATP、ADP 或 NADPH 是 G6PD 的竞争性还是非竞争性抑制剂，为什么？
2. 影响酶促反应的因素有哪些？请设计实验测定 G6PD 对 NADP$^+$ 的 K_m 和 V_m。

（朱月春　杨银峰）

实验 24　小鼠 PKCε 基因的克隆、鉴定及其 6His 融合蛋白的大肠杆菌表达和纯化

【实验目的】

1. 掌握真核基因原核表达的基本原则和方法。
2. 了解蛋白质亲和层析纯化的基本原理和方法。

【实验原理】

基因克隆指获取基因，经过重组 DNA 技术将其重组入适当的载体，转入宿主体内，再经过相应的筛选扩增，获得纯化宿主株，从而利于基因的使用和保存。本实验用载体（p6His-GFP）是以大肠杆菌表达载体 pUC18 为基础，引入了便于重组克隆筛选的绿色荧光蛋白基因，又在起始密码子后添加了利于表达融合蛋白亲和纯化的 6 个组氨酸编码。本实验的基因取自实验 19 经 RT-PCR 获得小鼠 PKCε 基因片段。

【实验器材与试剂】

1. 实验器材

菌种（XL1-blue）、移液器、吸头、1.5 mL 离心管（必须是透紫外线的）、掌上离心机、DNA 电泳设备、恒温水浴箱、已灭菌细菌培养皿、细菌培养管、恒温摇床、温箱、酒精灯、接种环、冰浴、紫外检测仪、振荡器、塑料盘、手套、摇床、照相设备、紫外灯等。

2. 试剂

（1）载体质粒 DNA（p6His-GFP）、蒸馏水、10×限制性内切酶酶切缓冲液、10×连接反应缓冲液、氨苄西林、四环素、无水乙醇、70%乙醇、His*Bind Resin、DNA 分子质量标准物、3 mol/L NaAc（pH 5.4）、感受态细菌制备液。

（2）酶：限制性内切酶 BamH I、Hind III、T4 DNA 连接酶、牛小肠碱性磷酸酶（CIAP）。

（3）SOB 培养基、苯酚/氯仿、10×电泳 DNA 上样缓冲液、1×SDS PAGE 电泳上样缓冲液（参见附录二）。

（4）感受态制备试剂盒。

（5）4×SDS 电泳上样缓冲液：8% SDS、4%巯基乙醇（或二硫苏糖醇 0.4 mol/L）、40%甘油、0.1%溴酚蓝、0.25 mol/L Tris，pH 6.8。

（6）MA 培养基制备：含 1.5%琼脂的 MA 培养液高压消毒；待其冷却至50℃左右时，加入四环素至 10 μg/mL，然后在无菌条件下，将含 1.5%琼脂的 MA 培养液注入培养皿，盖上盖，水平放置，待冷凝后使用或倒置保存。

（7）含四环素及氨苄西林的 MA 培养皿制备：方法同上，在含 1.5%琼脂的 MA 培养液冷却至 50℃左右时，加入四环素至 10 μg/mL 和氨苄西林至 100 μg/mL，立即注入培养皿中，待琼脂冷凝后使用或倒置保存。

（8）MA 培养液 1 L：5 g NaCl、10 g 胰蛋白胨、5 g 酵母提取物、10 g $MgSO_4 \cdot 7H_2O$ 溶于 1 L 蒸馏水中，高压消毒。

（9）质粒提取液：2.5 mol/L LiCl、4% Triton X-100、62.5 mmol/L EDTA、50 mmol/L Tris，pH 8.0。

（10）含 RNase A 的 TE 缓冲液：加 RNase A 入 TE 缓冲液，至 20 μg/mL。

（11）细菌裂解液：20%蔗糖、1 mmol/L EDTA、2 mg/ml 溶菌酶（临用前加入）、30 mmol/L Tris，pH 8.0。

（12）Charge buffer：50 mmol/L $NiSO_4$。

（13）Wash buffer：10 mmol/L 咪唑、20 mmol/L Tris-HCl，pH 7.9。

（14）Elute buffer：0.5 mol/L 咪唑、20 mmol/L Tris-HCl，pH 7.9。

（15）固定液：40%无水乙醇、10%乙酸，临用前配制。

（16）致敏液（或敏化液）：30%无水乙醇、6.8%无水乙酸钠、0.2%硫代硫酸钠、0.125%戊二醛，临用前配制。

（17）硝酸银溶液：0.25%硝酸银、0.015%甲醛（临用前加入，每升加 37%甲醛溶液 400 μL）。

（18）显色液：2.5%碳酸钠、0.0074%甲醛（临用前加入，每升加 37%甲醛溶液 200 μL）。

（19）终止液：1.5% Na_2EDTA。

【时间安排】

前期准备：感受态细菌制备包括菌种划盘培养，感受态细菌过夜液态培养，由教师提前完成。

第一天：①载体和纯化 RT-PCR 产物的限制性内切酶酶切，乙醇沉淀纯化，连接反应；②感受态细菌的培养与制备，感受态细菌的转化；③连接产物的 DNA 琼脂糖凝胶电泳检查。

第二天：挑选转化菌做过夜细菌培养。

第三天：①小量质粒 DNA 提取；②克隆的重组 DNA 限制性内切酶酶切鉴定；③选定克隆的菌液的离心处理与冻存。

第四天：①SDS-PAGE 胶的制备；②His*Bind Resin 亲和纯化表达的 6x-His 融合蛋白；③电泳样品制备，SDS 电泳。

第五天：①SDS-PAGE 胶的银染色显示，凝胶的干燥保存；②未知蛋白质分子质量的 SDS-PAGE 电泳确定方法；③结果分析。

【实验步骤】

1. DNA 的限制性内切酶酶切

用实验 19 经 RT-PCR 获得纯化小鼠 $PKC\varepsilon$ 基因片段溶液，加蒸馏水至 45 μL，加入 10×限制性内切酶酶切缓冲液 5 μL，混合后加入 0.5 μL 限制性内切酶 BamHⅠ，再次混匀，30℃保温 1～16 h。

取 1 μg 载体（p6His-GFP），加蒸馏水至 44 μL，再加入 10×限制性内切酶酶切缓冲液 5 μL，混合后加入 0.5 μL 限制性内切酶 BamHⅠ及 0.2 μL 的 CIAP，再次混匀，30℃保温 1～16 h。

2. DNA 的乙醇沉淀纯化

向以上 DNA 限制性内切酶酶切管中，各加入 2 μL 0.5 mol/L 的 EDTA，使 EDTA 终浓度超过 10 mmol/L，再加入等体积的苯酚/氯仿，于振荡器上剧烈振荡 10 s，然后 15 000 r/min 离心 5 min，将上层水相移入一支新离心管，再加入 5 μL 的 3 mol/L NaAc，混合后加入 120 μL 的无水乙醇，再次混合后于 15 000 r/min 离心 10 min；去上清液，加入 1 mL 75%乙醇，再次离心 1 min 后去净上清液，室温静置 5～15 min 使 DNA 干燥，然后加入适量体积的 TE 缓冲液或者蒸馏水溶解 DNA。

3. 连接反应

取一支 1.5 mL 离心管，加入 9 μL 酶切 PCR 产物，9 μL 酶切载体 DNA 和 2 μL 10×连接反应缓冲液，混匀后加入 1 U 的 T4 DNA 连接酶。再次混匀后 16℃保温 4 h 以上，然后 4℃保存。

4. 感受态细菌制备

（1）细菌划盘培养：取一含抗生素四环素的 MA 培养皿（10 μg/mL），将接种环于酒精灯上烧灼灭菌，冷却后沾取 XL1-blue 菌种于培养基上划线，然后将培养皿倒扣置 37℃温箱中过夜培养，第二天早上取出置室温待用。

（2）细菌过夜液态培养：第二天下午 5 点左右,取经过高压消毒的 SOB 培养液 10 mL，移入一个 100 mL 容积的三角烧瓶，加四环素至终浓度为 10 μg/mL；用 200 μL 移液器从培养皿上取一个菌落接种于其中，37℃ 230 r/min 振摇过夜。第三天，将 100 μL 过夜培养的菌液转移入 10 mL 含四环素的 SOB 培养液中，继续于 37℃ 230 r/min 振摇,培养 3～4 h，至菌液于 600 nm 波长 A 为 0.4～0.6（细菌的对数生长期）。

（3）感受态细菌制备：取两支 1.5 mL 离心管，分别标记为 1、2 号管，各加入 1.4 mL 培养细菌，冰浴中冷却 10 min 后于 4℃ 15 000 r/min 离心 1 min，去净上清液，加入 0.4 mL 感受态制备液 A，上下吹吸悬浮细菌，然后冰浴中静置 15 min；再于 4℃，15 000 r/min 离心 1 min，去净上清液，各加入 100 μL 感受态制备液 B，上下吹吸悬浮细菌，置冰浴中备用。

5. 感受态细菌的转化

（1）向感受态细菌管 1 中加入 5 μL 连接反应液（剩余的连接反应液可以用于 DNA 电泳分析连接反应效果），向感受态细菌管 2 中加入 1 ng 的载体质粒 DNA，混匀后置冰浴中静置 30～45 min；然后移入 42℃热休克处理 1.5 min；再移入冰浴中静置 2 min。

(2) 向各管中加入 900 μL SOC 培养液，颠倒混匀，置恒温摇床 70～80 r/min、37℃ 保温 45～60 min。

(3) 铺盘：对应于每一转化反应取两个含四环素 10 μg/mL 和氨苄西林 100 μg/mL 的 MA 培养皿，标记上组号和反应号，先将全部培养液转移入一个培养皿，然后使其均匀分布于全平皿，再倾斜吸出多余的菌液移入第二个平皿中，同样处理使菌液均匀分布于培养皿上。

(4) 过夜培养：将第一个培养皿倒扣，第二个培养皿正置，于 37℃温箱中过夜培养。第二天，取出培养皿挑选菌落进行培养、提取 DNA、筛选；或者用封口膜封住培养皿，倒置于 4℃保存（1～2 星期）。

(5) 计数 2 号感受态细菌管转化生成菌落数，计算转化效率。转化效率指 1 μg 质粒 DNA 转化细菌所能产生的菌落总数。转化效率的高低，主要反映了感受态菌制备效果的优劣，是影响细菌转化实验成败的主要因素之一。

6. 重组阳性细菌克隆的质粒 DNA 提取

(1) 细菌培养：取细菌培养管 10 支，标记为 1～10 号，各加入 3 mL 含四环素 10 μg/mL 和氨苄西林 100 μg/mL 的 MA 培养液；将转化细菌培养皿倒扣于紫外透射仪上，标记 3 个发绿色荧光的菌落和 7 个无绿色荧光的菌落；分别取标记好的单一菌落，接种入各管中，前 7 个管接种入无绿色荧光的菌落，后 3 个管接种入发绿色荧光的菌落，于 37℃ 230 r/min 振摇过夜培养。

(2) 质粒 DNA 提取：用质粒 DNA 一步快速提取方法，从大肠杆菌中提取质粒简便、快速、有效，不需要特殊试剂，非常适合一般实验室常规使用。

取 10 支 1.5 mL 离心管，标记为 1～10 号，从 1～10 号过夜细菌培养管中各取 1 mL 菌液移入相同编号的 1.5 mL 离心管中，15 000 r/min 离心 1 min，去净上清液。8～10 号管用紫外灯照射，选用发绿色荧光强的管作为后面实验的 8 号管（相应的细菌培养管也需要做相同的标记和留用）。

向各管中加入 100 μL 质粒提取液，于涡旋振荡器上振荡 10 s 以上，至细菌全部悬浮无块状物；再向各管中加入 100 μL 苯酚/氯仿，再于振荡器上振荡 10 s，15 000 r/min 离心 5 min。

另外取 8 个新的 1.5 mL 离心管，标记为 1～8 号；将以上各管中的上层水相移入对应的新管中（尽量避免取到中间相的沉淀物）；然后向各管中加入 200 μL 无水乙醇，混匀后 15 000 r/min 离心 10 min；去净上清液，加入 300 μL 75%乙醇，再于 15 000 r/min 离心 1 min，去净上清液；敞口放置 10 min 左右干燥沉淀。加入 20 μL 含 RNase A 的 TE 缓冲液，振荡溶解 DNA，立即使用或置 4℃保存。

7. 重组质粒 DNA 的限制性内切酶酶切电泳鉴定

(1) 重组质粒 DNA 的限制性内切酶酶切：取一支 1.5 mL 离心管，按待进行酶切的样品数量+1 的量，配制 2×酶反应混合液。7 个克隆+1 个载体对照+1=9 份。每管的反应体积 20 μL，每管加提取的 DNA 液 10 μL，需要 2×酶反应混合液 10 μL。

配制 2×酶反应混合液如下。

10×*Hin*d Ⅲ酶切缓冲液	2×9=18（μL）
灭菌的蒸馏水	8×9=72（μL）

混匀后，加入 2 μL *Hin*d Ⅲ，混匀

取 8 支 1.5 mL 的离心管，标记为 1～8 号，各加入 10 μL 的 2×酶反应混合液，再分别取相同编号管的 DNA 样品 10 μL 加入各管，上下抽吸 3 次混匀，置 37℃保温 60 min。反应完毕后各加入 3 μL 10×DNA 上样缓冲液，混匀。

（2）DNA 琼脂糖凝胶电泳鉴定重组质粒。

上样顺序：1～8 号经限制性内切酶酶切的提取质粒 DNA，10 μL DNA 分子质量标准物。电泳完毕，取出 DNA 电泳胶，置紫外透射仪上观察各个电泳道显示的 DNA 区带，分析确定正确重组的菌落。

8. 6His 融合蛋白的分离纯化

重组蛋白中成串组氨酸残基（一般 6 个组氨酸残基相连）可以与金属镍螯合物特异结合，这一特性目前常常被用来进行重组蛋白的纯化。

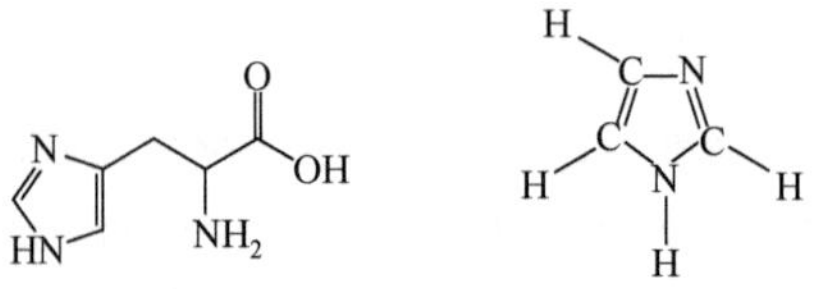

组氨酸（histidine）　　咪唑（imidazole）

此类蛋白质纯化技术属于固化金属离子亲和层析（immobilized-meatal affinity chromatography，IMAC），利用组氨酸残基中所含的串联咪唑基团与固化金属离子可以螯合形成配位键的特性纯化重组蛋白，先通过固化于基质（常用为琼脂糖）的金属离子及其载体与带有 6His 标签重组蛋白结合，无 6His 标签的蛋白质理论上不与之结合，经洗脱液洗脱非特异性亲和蛋白质后，再用高浓度咪唑溶液将带有 6His 标签重组蛋白从其结合的基质上洗脱下来，达到分离、纯化重组蛋白的目的（图 2-4）。

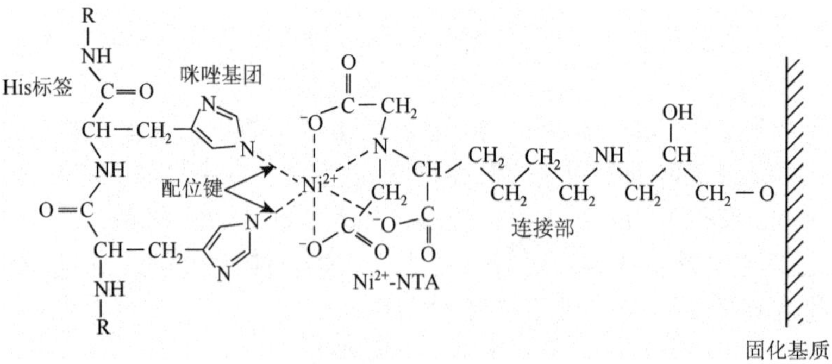

图 2-4　6His 标签重组蛋白与 Ni^{2+}-NTA 树脂结合示意图

本实验在 RT-PCR 反应的引物中加入了 6 个组氨酸编码的 DNA 序列，使表达的目的蛋白 PKCε 带上 6 个组氨酸的氨基酸序列，可以用金属镍（钴、锌等）离子螯合物树脂珠对这种融合蛋白进行亲和分离纯化；另外商品化质粒如 pQ、pET 系列质粒载体上已

含 6His 标签，无需在 PCR 引物设计时加入 6His 编码序列，直接将目的基因接入即可，并且此类载体在 6His 标签和目的蛋白之间还设计了凝血酶酶切位点，可用于纯化重组蛋白后用凝血酶切除 6His 标签。

原核表达重组蛋白纯化，根据重组蛋白变性与否可分为非变性纯化（native conditions）和变性纯化（denaturing conditions）；按操作的方法可分为批纯化（batch purification）和柱纯化（column purification）。本次纯化原核表达重组 PKCε 实验采用非变性、小量纯化的方法进行操作。

（1）重组蛋白的诱导表达：挑取阳性克隆菌落于 10 mL 含氨苄西林 LB 培养基中，150～200 r/min，37℃过夜培养；次日，取 5 mL 菌液转移至 100 mL 新鲜的含氨苄西林 LB 培养基中继续以相同条件培养，剩余菌液取 1 mL 至一洁净离心管中，标记为：未诱导，置 4℃冰箱保存备用。用于扩大培养的细菌，一般 1 h 后可生长至 A_{600} 为 0.5～0.6，此时加入诱导剂 IPTG 至终浓度 1 mmol/L，继续培养 4～5 h。

（2）细菌裂解液制备：取 1.5 mL 经 IPTG 诱导细菌培养液至一洁净 EP 管中，标记为：诱导，10 000 r/min 离心 1 min，弃培养基，0.5 mL Wash buffer 重悬细菌，10 000 r/min 离心 1 min，弃上清液（彻底去除培养基）；裂解细菌可用细菌裂解液或超声波破碎，此处采用细菌裂解液，加 0.5 mL 细菌裂解液，用移液器反复吹打细菌沉淀使之充分悬浮于裂解液中，室温放置 10 min 后于 4℃，15 000 r/min 离心 10 min，将上清液转移至另一洁净 EP 管中仍标记为：诱导。所得上清液即细菌总蛋白溶液，从"诱导"管取 50 μL 至另一洁净 EP 管中标记为 2 号样品，作为蛋白质定量和电泳样品，剩余约 400 μL 将用于重组蛋白的纯化；前述（1）中标记为"未诱导"管操作与此相同，标记为：1 号样品。

（3）His*Bind Resin 预处理：临用前，取 1 支新的 1.5 mL 离心管，将 His*Bind Resin 瓶轻轻振摇悬浮 His*Bind Resin 颗粒，将一个 200 μL 移液吸头尖剪去 0.5 cm，向上述管子中各移入 100 μL 的 His*Bind Resin 悬液，3000 r/min 离心 1 min，吸去上清液。柱体积：50 μL。

按以下条件进行清洗、上载镍离子、平衡，每次进行 His*Bind Resin 悬浮，放置 2 min，离心去上清液：250 μL 蒸馏水清洗，2 次；250 μL Charge buffer 上载镍离子，2 次；250 μL Binding buffer 平衡，2 次（注意：每次去除上清液时，需要使用 200 μL 移液器操作，并且小心避免吸走 His*Bind Resin 颗粒）。如果所购买 His*Bind Resin 为已经与镍离子螯合则无需上述操作，只需 250 μL Binding buffer 平衡两次即可。

（4）6His 融合蛋白的纯化

将步骤（3）中平衡好的 His*Bind Resin 颗粒小心转移至内管，然后将内管放入收集管，5000 r/min 离心 1 min，弃收集管内液体；向 His*Bind Resin 沉淀（内管）加 200 μL Wash buffer，5000 r/min 离心 1 min，清洗 2 遍；将操作（2）中所得"诱导"管样品转移至内管中，盖紧盖子，室温下颠倒混匀 10 min，让 His*Bind Resin 充分与目的蛋白结合；组装好套管，5000 r/min 离心 1 min，将收集管内液体（穿柱液）转移至另一洁净离心管中，标记为：3 号样品。向内管加 500 μL Wash buffer，颠倒混匀管内 His*Bind Resin 1 min，5000 r/min 离心 1 min；将收集管内液体（第一次洗脱非特异亲和蛋白）转移至另一洁净离心管中，标记为：4 号样品。再重复该操作两次，所得液体依次标记为：5 号

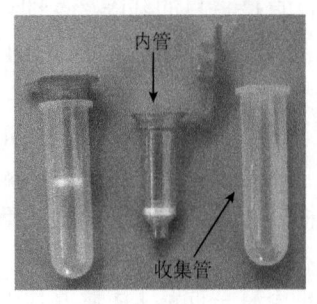

图 2-5 小量重组蛋白纯化用离心套管

样品,6 号样品。向内管加 50 μL Elute buffer 颠倒混匀管内 His*Bind Resin 2 min,将内管放入另一洁净 1.5 mL 离心管内,室温 5 000 r/min 离心 1 min,所得洗脱液体即纯化的重组蛋白,标记为:7 号样品(图 2-5)。

9. SDS-PAGE 分析蛋白质的表达和纯化

(1)定量:取 1 号样品和 2 号样品依实验 2 中考马斯亮蓝法测定两样品的蛋白质含量。

(2)制胶:压缩胶 5%、分离胶 10%,请参照实验 25。

(3)电泳样品制备:1 号样品和 2 号样品,小胶取 40 μg,大胶取 100 μg,根据样品体积加入相应的 4× SDS-PAGE 上样缓冲液,3~7 号样品取样量与 2 号样品等体积,与 SDS-PAGE 上样缓冲液混匀后沸水浴加热 10 min。

例如,如果 2 号样品测得浓度为 4 μg/μL,则 40 μg 的 2 号样品应取 10 μL,SDS-PAGE 上样缓冲液的加入量约为 3.5 μL,3~7 号样品取样量均为 10 μL,SDS-PAGE 上样缓冲液的加入量也均为 3.5 μL。

(4)上样及电泳:从 1~7 号依次上样及 5~10 μL 蛋白质分子质量标准物进行上样和电泳。记录样品顺序,以 46 V(16 cm 长的 10%胶)电压电泳过夜。

10. 表达纯化蛋白质的电泳胶银染色显示

注意:进行任何操作时,手都不可以触及胶面,必须戴手套,只能接触凝胶溴酚蓝前沿部分,避免手指纹污染蛋白质胶面,同时尽量避免操作不当致凝胶破损。

(1)固定:待电泳完毕,关闭电源,断开连接导线;倾去电极液,小心剥胶,尽量保证分离胶的完整,在盛胶器物内加 50 mL 双蒸水快速漂洗 30 s,加入 5 倍体积以上的银染固定液(Silver staining fixing solution)振摇 30 min,速度以胶块略微浮起为好。

(2)致敏:去除固定液,用 5 倍体积的致敏液(Sensitizing solution)浸泡凝胶,振摇 30 min。

(3)漂洗:去除致敏液,加入 5 倍体积的双蒸水,振摇 5 min,去除液体后重复漂洗 2 次。

(4)染色:去除双蒸水,加入 5 倍体积银染液(Silver solution),振摇 20 min,注意避光,此步骤操作过程中应尽量避免皮肤接触硝酸银溶液,如不慎有硝酸银溶液溅洒到皮肤上应立刻用自来水冲洗。

(5)显色:加入 5 倍体积显色液(Developing solution),振摇 3~5 min 至胶块中色带清楚,而背景略呈淡黄色。

(6)终止:立即倾去显色液体,加入 5 倍体积 Stopping solution 终止反应。照相、扫描或干胶保存结果。

【注意事项】

1. 为缩短实验用时,DNA 限制性内切酶酶切步骤和连接反应步骤应该采用快速反应体系，如 Fermenta 公司的 FastDigest 限制性内切酶酶切体系，TaKaRa 公司的 MightySupermix 连接反应体系。

2. 在重组蛋白纯化过程中，阳性克隆细菌的扩大培养、IPTG 诱导重组蛋白表达、细菌总蛋白溶液的制备及 His*Bind Resin 预处理需由实验室老师提前准备完成。

3. 感受态细菌制备的细菌培养需时长，需要有教师事先准备。

【实验结果】

1. 分析连接反应效果。
2. 分析转化效率。
3. 根据载体 DNA 和克隆基因片段中已知限制性内切酶酶切位点的位置，分析限制性内切酶酶切质粒 DNA 电泳结果中，几号克隆是正向重组克隆，几号克隆是反向重组克隆。
4. 根据银染结果，比较说明亲和层析纯化蛋白质的效率。

【思考题】

1. 重组转化菌的筛选方法有哪些？本实验中应用了哪些方法？
2. 用限制性内切酶酶切筛选正确重组转化菌时，选用酶的原则是什么？
3. 为什么要做一个载体转化效率实验？如果感受态细菌的转化效率低，会给重组 DNA 带来什么后果？为什么？
4. 为什么亲和纯化方法的效率高？以 6His 融合蛋白的纯化来说明其基本过程。
5. 什么是荧光？什么是荧光化合物的激发波长？什么是荧光化合物的发射波长？了解荧光化合物的激发波长和发射波长，在荧光化合物的检测中有何重要性？

（曹西南　狄　勇）

实验 25　SDS-PAGE 测定蛋白质的表观分子量

【实验目的】

1. 掌握 SDS-PAGE 技术分析蛋白质的基本原理和方法。
2. 掌握 SDS-PAGE 测定蛋白质表观分子量（appearance molecular weight）的原理和方法。
3. 了解 SDS-PAGE 在生物医学研究中的应用情况。

【实验原理】

SDS-PAGE 为 sodium dodecyl sulfate-polyacrylamide gel electrophoresis 的英文缩写，中文全称为 SDS-聚丙烯酰胺凝胶电泳，是目前各生物医学实验室研究蛋白质最为常用的技术手段之一。SDS-PAGE 技术常用于对生物样品中蛋白质的组成进行定性、定量分析，蛋白质表观分子量测定，以及作为蛋白质印迹分析和蛋白质双向电泳分析的实验步骤之一。

电泳分离方法是利用带电荷的颗粒在电场中会向其所带电荷相反的电极端泳动，而荷电颗粒在电场中泳动的快慢与颗粒的大小、所带电荷的多少（两者综合成为质荷比）及颗粒的形状有关，从而实现将在这 3 个方面存在差异的不同带电颗粒分离开来的目的。

在蛋白质 SDS-聚丙烯酰胺凝胶电泳中，以带强负电荷的蛋白质变性剂 SDS 分子与蛋白质分子结合，使所有蛋白质分子发生变性失去原有的固有立体结构，变为线性分子，消除了不同蛋白质分子之间的立体结构的差异。同时 SDS 与蛋白质分子的结合是成比例的，使不同的蛋白质分子都带几乎相同比例的负电荷，具有相同的质荷比。这样，当这些不同的蛋白质分子在自由电场中由负极端向正极端泳动时，泳动速度相同。而具有网眼结构的聚丙烯酰胺凝胶具有分子筛作用，使较小的蛋白质分子易于通过（泳动快），而较大的蛋白质分子不易通过（泳动慢）。产生的综合效果是 SDS-聚丙烯酰胺凝胶电泳可以将不同分子质量大小的蛋白质分子按蛋白质的分子质量大小分离开。蛋白质分子在 SDS-PAGE 中泳动的快慢（迁移率）与其分子质量的对数值成反比，因此 SDS-PAGE 又常常被用来测定未知蛋白质分子的表观分子量。蛋白质分子的表观分子量是蛋白质的一个特征性数值，如大家熟知的一种抑癌基因蛋白质 P53，P53 表示该蛋白质的表观分子量为 53 kDa（kilo Dalton）。尤其在一个蛋白质的功能特性尚未确定时，把表观分子量作为其名称，在科技文献中非常普遍。

不连续缓冲体系 SDS-聚丙烯酰胺凝胶电泳是 SDS-聚丙烯酰胺凝胶电泳众多方法中的一种，由于其电极液和凝胶缓冲体系的组成成分和 pH 存在差异的特点，对电泳时在电泳胶中形成的蛋白质区带具有压缩作用，极大提高了蛋白质凝胶电泳的分辨率，而且电泳的分辨率受样品电泳体积影响较小，因而应用最为广泛。因此，本实验采用不连续缓冲体系 SDS-聚丙烯酰胺凝胶电泳方法。

蛋白质 SDS-聚丙烯酰胺凝胶电泳可以用于蛋白质的定性定量分析、蛋白质的纯度分析、蛋白质的检测分析，以及作为蛋白质的分离纯化方法，酶活性分析（如胶内激酶活性分析），分子生物学的经典方法——蛋白质印迹分析（Western blotting）的第一步骤，目前蛋白质组学研究常用方法——双向电泳的第二步骤等。

【实验器材与试剂】

1. 实验器材

成套垂直板电泳装置、电泳电源、移液器、电动摇床、染色脱色塑料盒、水浴箱等。

2. 试剂

（1）分离胶缓冲液、压缩胶缓冲液、40%丙烯酰胺胶液、10%过硫酸铵、1×SDS-PAGE 电泳上样缓冲液、SDS-PAGE 电极缓冲液、0.1%考马斯亮蓝 R-250 染色液（参见附录二）。

（2）TEMED（N, N, N', N'-tetraMethyl ethylene diamine，N, N, N', N'-四甲基乙二胺，丙烯酰胺聚合催化剂）、蛋白质分子质量标准物、凡士林。

（3）固定液：25%异丙醇、10%乙酸。

（4）脱色液：25%乙醇、10%乙酸。

【实验步骤】

1. 胶模准备

取胶模玻璃板，长短各一；长玻板平置桌面，左右和底部各放一塑料垫条（为防止胶液泄漏，可以在塑料垫条的两面都涂上一层薄薄的凡士林）；然后盖上有耳短玻板，底部对齐，左右和底部3侧用夹子夹紧，直立于桌面上。

2. 配分离胶与压缩胶

取一个200~250 mL烧杯，按表2-19配分离胶。

表2-19　SDS-PAGE分离胶和压缩胶的配制

试剂	分离胶（10%）	压缩胶（5%）
蒸馏水/mL	19.6	5.0
40%丙烯酰胺胶液/mL	10	1.0
分离胶缓冲液（pH 8.8）/mL	10	—
压缩胶缓冲液（pH 6.8）/mL	—	2.0
10%过硫酸铵/μL	400	80
TEMED/μL	20	8
总体积（大约）/mL	40	8

立即混匀分离胶溶液，灌入胶模，距胶膜顶部约1.5 cm，徐徐加入1 mL蒸馏水覆盖胶顶，等待胶液聚合。

待分离胶与其上覆盖的水层之间的分界线由清晰逐渐变为模糊和消失，当这个分界线又重新出现后，表明胶已经聚合，可以倾去上层水，用滤纸吸干。然后取一个100 mL烧杯按表2-19配制压缩胶，立即摇匀，灌入胶模至距胶顶约0.5 cm；徐徐插入上样梳，勿留任何气泡于胶液中，如果胶液面未达短玻板的上缘时，需要添加压缩胶液至满；放置1 h以上等待压缩胶聚合。

3. 样品准备

取含250 μg蛋白质样品转移入1.5 mL离心管中，分别加1×SDS电泳上样缓冲液至250 μL，混匀；置37℃保温1 h，或者于95℃加热15 min，15 000 r/min离心5 min备用。

4. 电泳装置装配

待胶凝聚合后，先去除夹在胶模底部的夹子和塑料垫条，然后再去除夹在胶模两边的其余夹子；将电泳仪的下槽中注满电极液，将胶模的有耳短玻板面向电泳仪中的支架，插入电泳仪下槽；用大夹子将胶模上部与支架夹紧，如果发现凝胶的底部玻璃板之间有气泡，可以用注射器吸满电极液，快速注入凝胶的底部，将气泡驱除；向电泳仪上槽中加入电极液，至没过短玻板上缘1 cm；用记号笔在上样梳的齿端标记上样井的位置，然后垂直向上缓缓拔出上样梳，如上样井壁有歪斜情况，可用拉直的回行针理直。观察上槽液是否有泄漏发生，如有泄漏发生务必要采取措施解决，只有当泄漏问题解决之后方可上样，否则电泳会在上槽电极液低于胶模的短玻板上缘时自行停止。

5. 上样

视凝胶厚度和上样井宽度，向上样井中顺序加入适当体积的样品，上样时吸头尖斜顶住上样井的长玻板面，徐徐注入样品液及蛋白质分子质量标准物 5~20 μL。

6. 电泳

将电泳电源与电泳仪用导线相连，负极接上槽，正极接下槽；按 3 V/cm 加电压过夜电泳。

7. 固定漂洗

一般待蛋白质电泳进行到溴酚蓝带迁移至距离胶底 0.5~1 cm 处，关闭电泳电源，断开连接导线；倾去电极液，卸下胶模，将短玻板面向下平置于实验台面，用不锈钢压舌板插入两玻板之间，轻轻撬起上面的玻板，用滤纸或者吸水纸贴于压缩胶上片刻，然后揭去滤纸或者吸水纸及粘在其上的压缩胶，取下分离胶胶块浸泡于 5~10 倍体积固定液中，放置于电动摇床上振摇 30~60 min。

8. 染色

弃去固定液，加入 5 倍体积的染色液，于摇床上振摇 2~16 h。

9. 脱色

倾去染色液，加入 5 倍体积脱色液，于摇床上振摇至背景的蓝色脱净，一般需要每 3~4 h 换脱色液一次，换脱色液 2~3 次。

【实验结果】

1. 测量蛋白质区带迁移距离

将脱色完毕的胶转移平铺于玻璃板上，玻璃板下面放一直尺，测量记录电泳指示剂溴酚蓝前缘、分子质量标准物中各个蛋白质分子区带，以及待测的各个分子质量蛋白质区带与分离胶顶部的距离，精确到毫米。

2. 计算各蛋白质区带的电泳迁移率

一个蛋白质的电泳迁移率等于该蛋白质的电泳迁移距离与电泳指示剂溴酚蓝前缘迁移距离之比（迁移率=蛋白质电泳迁移距离/溴酚蓝电泳迁移距离）。

3. 作分子质量标准曲线图

以迁移率为横坐标，蛋白质分子区带的分子质量的对数值为纵坐标，在坐标纸上标注；根据已知分子质量大小的分子质量标准物中各个蛋白质分子区带的迁移率和其分子质量的对数值，标记点位，作标准曲线图。

4. 确定待测蛋白质的表观分子量

根据待测的各个分子质量蛋白质区带的电泳迁移率，分别从标准曲线图上求出其相应的分子质量对数值，再将对数值经过反对数处理换算为相应的分子质量值。

通过 SDS-聚丙烯酰胺凝胶电泳确定的蛋白质分子质量一般称为表观分子量，就是看上去近似的分子质量，这是许多蛋白质，尤其是真核生物的蛋白质在体内合成后会出现一些化学修饰，如肽链的剪切，蛋白质分子的磷酸化、糖基化、酰化等，改变了蛋白质分子的迁移率，使根据 SDS-聚丙烯酰胺凝胶电泳确定的蛋白质分子质量与其原来应有的蛋白质多肽的分子质量发生了较大的改变，因而称其为表观分子量。

【注意事项】

1. 选用适合的聚丙烯酰胺凝胶的胶浓度。最常用的聚丙烯酰胺凝胶的胶浓度是 10%，适合于分离分析分子质量在 16~70 kDa 的蛋白质分子；5%浓度的聚丙烯酰胺凝胶适合于分离分析分子质量在 60~200 kDa 的蛋白质分子；15%的胶适合于分离分析分子质量为 12~45 kDa 的蛋白质分子。有时为了在各个分子质量范围同时获得良好的蛋白质分离分析效果，可以采用连续的浓度梯度聚丙烯酰胺凝胶。

2. 聚丙烯酰胺凝胶胶液的配制量一般可以根据胶的大小和数量，成比例缩小或者扩大取量。

3. 一般聚丙烯酰胺凝胶的聚合现象应该在加入 TEMED 后的 15 min 内出现，凝胶的使用应该在凝胶出现聚合现象后的 1 h 以后，否则聚丙烯酰胺凝胶对蛋白质的分离分辨效果会降低。聚丙烯酰胺凝胶聚合过慢的原因有胶液陈旧、漏加成分、室温过低等，需要注意预防解决。

4. 聚丙烯酰胺凝胶未聚合之前发生胶液泄漏是学生实验中的常见问题，一旦发生必须重做，既延长实验时间又浪费试剂，而且未聚合的丙烯酰胺具有神经毒作用，可以通过消化道和皮肤被吸收，需要防止其与皮肤的直接接触。胶液泄漏的原因可能是 3 条垫条厚度不一致，玻板不平整或者不干净，夹子未夹在垫条位置等。一般情况下，可以通过事先在垫条上涂抹一定量的凡士林来防止胶液的泄漏。

5. 进行蛋白质的电泳分析时，一般除了各个实验样品和对照外，还必须使用蛋白质分子质量标准物。蛋白质分子质量标准物可以从生物试剂公司购到，一般各个公司都提供多种类型的蛋白质分子质量标准物，可以根据待分离分析的蛋白质分子质量大小来选用。现在许多公司还能提供预染蛋白质分子质量标准物（prestained protein molecular weight standard）和生物素标记的蛋白质分子质量标准物，这两类蛋白质分子质量标准物特别适合于蛋白质印迹分析。

（曹西南）

实验 26　小鼠血清 IgG 的 Western blotting 分析

【实验目的】

1. 掌握蛋白质印迹分析的基本原理和方法。
2. 掌握一抗和二抗选用的原则。

【实验原理】

蛋白质印迹分析（Western blotting）是分子生物学常用技术。蛋白质印迹分析的基本过程为：先将制备好的供比较的蛋白质样品，经过 SDS-聚丙烯酰胺电泳按分子大小分离（参见实验 25），再将电泳胶中分离的蛋白质电泳转印到硝酸纤维素膜（nitrocellulose filter membrane，NC）或聚二氟乙烯膜（polyvinylene difluoride，PVDF）上，蛋白质在转印膜上的分布，与其在电泳胶中的分布一致，最后使抗待检测目标蛋白质的抗体（一抗）与膜上的目标蛋白质通过抗原抗体特异反应结合，经过显示比较，确定待检测目标蛋白质的有无和量上的差异。

蛋白质印迹分析的显示方法主要有放射性同位素标记显示法（如利用 ^{125}I 标记的抗体进行检测，通过放射自显影显示），酶标呈色反应显示法（多用辣根过氧化物酶和碱性磷酸酶标记的抗体进行检测，再通过辣根过氧化物酶和碱性磷酸酶催化的呈色反应进行显示），以及酶标增强化学发光反应显示法（同样多为辣根过氧化物酶和碱性磷酸酶标记的抗体进行检测，再通过辣根过氧化物酶和碱性磷酸酶催化的化学发光反应，用 X 线片进行显示）。酶标增强化学发光反应显示法的检测灵敏度，比相应的化学呈色显示高数个数量级，与放射自显影方法相比，省时而且无放射性污染问题，现为国内外实验室的首选常规蛋白质印迹分析显示方法。标记可直接标记第一抗体（抗待测目标蛋白质的抗体），为了方便，多采用标记第二抗体（抗第一抗体的抗体）的方法，这样可以大大减少标记工作量，又可以减少珍贵的第一抗体在标记过程中不可避免的损失。而且，目前可以方便地从各生物试剂公司买到各种标记好的第二抗体。

蛋白质印迹分析现已扩展为所谓的配体印迹分析，利用任何可以与蛋白质进行结合的配体进行蛋白质多肽的检测或者配体的检测，可以用于蛋白质多肽与其配体相互作用的研究。例如，用标记的 DNA 可以检测能与其结合的蛋白质多肽是否存在，用标记的特定植物凝集素可以检测含特定糖基的糖蛋白。反过来，用标记的能与特定的 DNA 序列结合的蛋白质多肽或其抗体可以检测含该特异序列的 DNA。总之，只要存在特定的蛋白质多肽与配体的结合特性，就可以被利用来进行相互检测，而不是仅仅限于抗原抗体反应的利用。一般而言，蛋白质印迹分析方法只可以用于检测分析已知的蛋白质多肽。近年来新出现的覆盖（overlay）技术，在蛋白质印迹分析方法的基础上，以已知的蛋白质检测可以与之相结合的蛋白质多肽，使该方法扩展应用于检测一些未知的蛋白质多肽。

【实验器材与试剂】

1. 实验器材

垂直板电泳装置、电泳电源、移液器及吸头、刀片、1.5 mL 离心管、烧杯、量筒、吸量管、上样梳、手套、95℃加热器或水浴箱、金属压舌板、电动摇床、染色脱色塑料盒、30~37℃水浴箱或温箱、成套电转移装置、转移用大电流电源、滤纸、硝酸纤维素膜、塑料盘、剪刀、电动摇床、染色脱色塑料盒、镊子等。

2. 试剂

（1）分离胶缓冲液、压缩胶缓冲液、40%丙烯酰胺胶液、4×SDS 电泳上样缓冲液、10%过硫酸铵、SDS-PAGE 电泳电极液、TBS 缓冲液（参见附录二）。

（2）转移电泳缓冲液（5 L）：12.1 g Tris、56.25 g 甘氨酸、1000 mL 甲醇，加蒸馏水至 5 L（4℃预冷）。

（3）丽春红染液：0.2%丽春红、1%乙酸。

（4）封闭液：0.9% NaCl、0.05% Tween-20、5%脱脂奶粉、10 mmol/L Tris-HCl，pH 7.5。

（5）漂洗液：150 mmol/L NaCl、3 mmol/L EDTA、0.05% Tween-20、50 mmol/L Tris-HCl，pH 7.5。

（6）显色液（临用前配制）：量取 30 mg 氯萘酚，溶入 10 mL 甲醇，再加入 50 mL TBS 立即混匀，加入 20 μL 过氧化氢立即使用。

（7）其他：预染蛋白质分子质量标准物（预染蛋白 marker）、凡士林、小鼠血清和一种其他动物血清、抗小鼠 IgG 抗体、相应的辣根过氧化物酶标记第二抗体、TEMED。

【时间安排】

第一天：①SDS-PAGE 胶制备；②血清蛋白含量测定和蛋白质电泳样品制备；③SDS-电泳。

第二天：①转移操作与转移电泳、转印膜上蛋白质的丽春红染色显示；②蛋白质胶的考马斯亮蓝染色、脱色；③转印膜封闭处理，加一抗过夜温浴。

第三天：①转印膜漂洗，与酶标二抗温浴；②转印膜漂洗、显示；③结果分析。

【实验步骤】

1. SDS-PAGE 电泳

（1）制胶：参照实验 25 相关内容进行凝胶制备，压缩胶 5%，分离胶 10%。

（2）制样：样品采用小鼠血清和一种其他动物（牛或兔）血清，取适量血清采用实验 2 中考马斯亮蓝染色法（Bradford method）进行血清蛋白浓度测定。按测定血清浓度（哺乳动物血清浓度一般为：30～55 μg/μL），准备两支 1.5 mL 离心管，小胶上样取 50 μg 和 10 μg，由于血清蛋白浓度较高，为了保证取样准确可用生理盐水或 PBS 将血清稀释 10 倍以上。

例如，测得小鼠血清蛋白含量为 40 μg/μL，50 μg 样品管需取小鼠血清 1.25 μL，10 μg 样品管取小鼠血清 0.25 μL，体积量小取样时误差较大，如将该血清稀释 10 倍则浓度变为 4 μg/μL，则 50 μg 样品管需取稀释后的小鼠血清 12.5 μL，10 μg 样品管取小鼠血清 2.5 μL，再向 10 μg 样品管内补加生理盐水或 PBS 10 μL，使两样品管等体积，再向每个样品管内加 5 μL 4×SDS-PAGE 电泳上样缓冲液，此法制备样品可确保两个样品中盐离子的浓度相等，电泳过程中可避免泳道与泳道之间由于盐离子浓度不同而导致的电泳条带宽、窄不一，盖紧管盖于 95℃加热 10 min。

大胶的上样量为 250 μg 和 50 μg，参照动物血清（牛或兔）的上样量同样为：小胶 50 μg 和 10 μg，大胶 250 μg 和 50 μg，制样方法同上。

（3）上样：将制备好的蛋白质样品用移液器全部加入凝胶上样井中，上样的顺序以小胶为例：小鼠 50 μg 样品、小鼠 10 μg 样品、参照动物 50 μg 样品、参照动物 10 μg 样品。留出一上样井加蛋白质分子质量标准物。大胶和小胶各上样两块胶，电泳完毕后，一块用于转膜印迹检查，另一块用于考马斯亮蓝染色观察所有蛋白质条带。

2. 电转移

目前实验室中常用的为湿转法和半干转移法两种。

1）湿转法（图 2-6）

（1）准备两个可以容纳转移夹的塑料盘，盛上电转移缓冲液，然后按顺序浸入多孔垫网（敲击驱除兜入其中的任何气泡），浸泡两张转膜专用滤纸或普通滤纸 5 层左右（与垫网同大）和硝酸纤维素膜。

图 2-6　湿转电泳槽

（2）剥胶和切胶：凝胶剥出后浸泡于转膜缓冲液中切胶，根据预染蛋白 marker 切取凝胶。

（3）组装转膜架子：在转移夹的其中一边依次铺上转膜滤网、转膜滤纸、硝酸纤维素膜、凝胶、转膜滤纸、转膜滤网，合上转膜夹子，组装成"三明治"样结构，组装过程注意赶走每一层之间的气泡，硝酸纤维素膜对正极，凝胶对负极，放入转膜支架（图 2-7）。

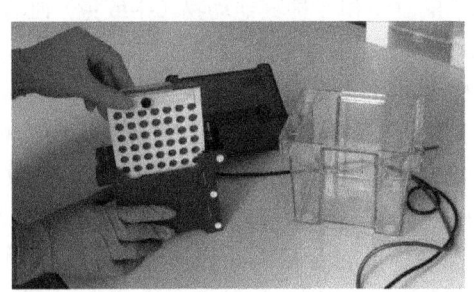

图 2-7　湿转电泳槽夹子组装

（4）电泳转膜：将转膜支架放入转膜槽中，加入转膜液至淹没转膜滤纸，通电，设恒流，输出电流为：100 mA，视目的蛋白分子质量大小，通电 1～2 h（图 2-8）。

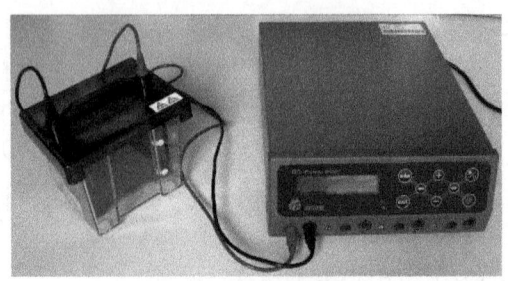

图 2-8　湿转转膜装置

2）半干转移法（图 2-9）

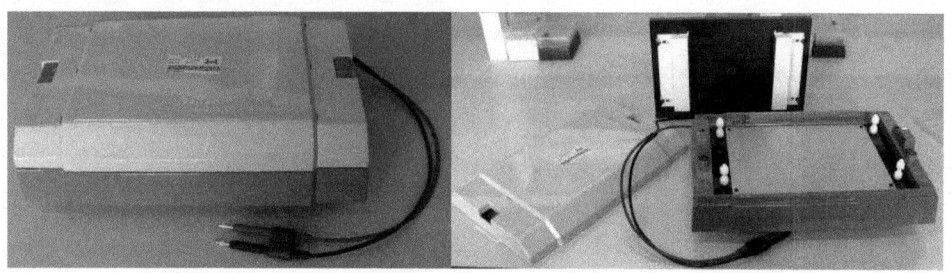

图 2-9　半干转移电泳装置

（1）准备两个洁净塑料盘或直径 18 cm 的大培养皿，以少量转膜缓冲液浸泡转膜滤纸和硝酸纤维素膜。

（2）剥胶与切胶：与湿转法相同。

（3）组装半干转膜仪：打开转膜仪盖子，取预先浸泡的转膜滤纸（湿润但无转膜液滴出）铺于转膜仪上，用粗玻棒或刻度吸量管在转膜滤纸上擀压赶走气泡，再依次铺上浸泡好的硝酸纤维素膜、凝胶、转膜滤纸，每步均需赶走气泡。小心盖上转膜仪负极盖子（下方为光亮金属面），固定好 4 个边角，再盖上转膜仪塑料盖子（图 2-10）。

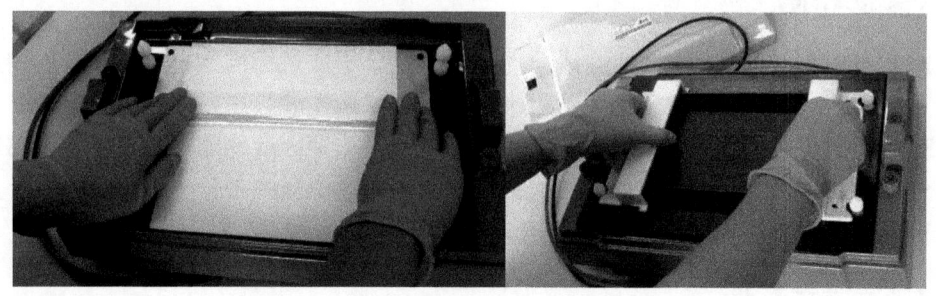

图 2-10　半干转移电泳装置的组装

（4）电泳转膜：通电，设恒压为 15～25 V，视目的蛋白分子质量大小，通电 0.5～1 h。

3. 凝胶考马斯亮蓝染色

另一块凝胶剥下后，用蒸馏水稍作漂洗，弃蒸馏水，以考马斯亮蓝 R-250 染色观察电泳条带。

4. 蛋白转印膜的丽春红染色显示

转移电泳完毕，断电，取出并拆开转移电泳夹。取出转印膜放入适合的塑料盒中，在蛋白转印膜上含蛋白质面用圆珠笔做方位标记。加入 20 mL 蒸馏水漂洗以便去除微小的凝胶颗粒，倾去蒸馏水。再加 10 mL 丽春红染液，快速振摇染色 1 min；用蒸馏水漂洗至背景近白色（漂洗应该少量多次），每次使用 30～40 mL 蒸馏水；通过照相或者将蛋白转印膜夹入透明塑料薄膜于扫描仪上扫描记录蛋白质电泳结果；继续用蒸馏水漂洗至色带消失（如果电泳过程中使用的是预染蛋白 marker，此步骤可以省略）。

5. 免疫反应

将蛋白转印膜浸入漂洗缓冲液中漂洗 2 min，去除漂洗液；加入封闭液，以液体展开后刚刚没过膜表面为益，或按每平方厘米蛋白转印膜面积加 0.3 mL 封闭液的比例加入封闭液，于室温下振摇 30～60 min；按抗体提供者说明加入适量抗体（本实验用抗小鼠 IgG 抗体），一般加入量为（1∶200）～（1∶1000）（即每毫升封闭液中加入 1～5 μL 的抗体），也可以更换新的封闭液后再加抗体，于 37℃恒温振摇 1～2 h 或 4℃振摇过夜；如果需要使用第二抗体（大多数情况如此），去除含第一抗体的封闭液，用漂洗液漂洗蛋白转印膜 3 遍，每遍加 20～30 mL 漂洗液，振摇 5 min。再加入原体积的封闭液和抗第一抗体的酶标第二抗体（本实验采用辣根过氧化物酶标记第二抗体），酶标抗体的加入量遵照抗体提供者说明执行，一般加入量为（1∶200）～（1∶1000），于 25～37℃振摇保温 1～2 h。

6. 显色检测

根据酶标抗体标记用酶选用适当的显示方法，本实验采用辣根过氧化物酶标记第二抗体，相应地可采用氯萘酚呈色显示方法。倾去含酶标抗体的封闭液，用 TBS 漂洗蛋白转印膜 3 遍，每次振摇漂洗 5 min；最后倾去 TBS 液后，加入显色液进行显色，轻轻振摇至显色深度不再增加；倾去显色液，加入水漂洗两遍终止显色，将转印膜移到滤纸上干燥保存或照相或扫描记录结果。

【实验结果】

1. 根据转印膜的丽春红染色结果，对照蛋白质分子质量标准物电泳道中各蛋白质区带的分子质量，估计记录血清的电泳道中蛋白质含量最多的蛋白质区带分子质量。
2. 根据转印膜的免疫检测结果，对照蛋白质分子质量标准物的电泳道中各蛋白质区带的分子质量，估计记录血清的电泳道中显色最深的蛋白质区带分子质量。
3. 比较以上结果，结合蛋白质印迹分析原理，对实验结果进行解释说明。

【注意事项】

1. 抗体的选用问题

利用蛋白质印迹分析方法进行蛋白质分析的先决条件是必须有抗待检测的目标蛋白的特异抗体。由于在蛋白质印迹分析的实验过程中，蛋白质已经发生了变性，因而应该首先选用的抗目标蛋白的抗体应该是识别蛋白质分子中特异的连续的氨基酸序列的抗体，而非识别蛋白质特定三级体结构的抗体。对于易于复性的蛋白质也可以选用识别蛋白质特定三级体结构的抗体。

抗体有单克隆抗体（monoclonal antibody）和多克隆抗体（polyclonal antibody）之分，一般单克隆抗体的特异性比多克隆抗体的特异性高，但是单克隆抗体的检测灵敏度一般低于多克隆抗体。单克隆抗体一般通过杂交瘤技术筛选而来，种属来源几乎均为小鼠，有的经过纯化，有的直接以腹水液的形式提供。多克隆抗体来源于抗血清，种属来源多为兔，有的经过纯化处理，有的直接以血清的形式提供。

在选用抗体时还必须注意，抗体是使用哪一个种属的蛋白质或者多肽片段作为抗原获得的，是否能够识别其他种属来源的同一种蛋白质并与其结合。为了解这一问题，首先应该向提供抗体的厂家了解情况，其次是查文献了解是否有其他人成功应用的范例，再就是检索序列资料数据库，比较不同种属来源的相同种类蛋白质的相关多肽片段的氨基酸序列的相似程度。如果对某一抗体的不同种属的适用性情况无法了解，那就别无选择，须要先少量购买一些抗体，做一个预实验来确定该抗体的适用性。

选择抗体还需要注意的一点是，一般的抗目标蛋白抗体的种属来源应该与待分析蛋白质样品的种属来源不同。否则在应用二抗检测进行显示时，极易受蛋白质样品中存在的 IgG 干扰，影响结果的解释，尤其对微量蛋白质的检测极为不利，应该注意尽量避免这种情况的出现。

第二抗体的选择主要是针对第一抗体的种属来源和检测显示手段这两方面进行的，一般不需要再考虑其他方面。

2. 过夜温浴的注意事项

如果需要过夜、长时间抗体温浴，需要防止杂菌大量繁殖。一般可以于 4℃进行温浴，如果没有 4℃温浴条件，可以在温浴液中加入防腐剂。对于待用辣根过氧化物酶标记二抗进行检测时，可以在温浴液中加防腐剂硫柳汞至终浓度为 0.05%。

【思考题】

1. 一般科研工作实践中，转印膜都需要进行染色和记录结果，并且与最终的 Western blotting 结果进行对照。你认为这有必要吗？为什么？

2. 蛋白质印迹分析能否用于直接检测未知蛋白质？为什么？

3. 如果某一蛋白质的存在量足以用染色法直接显示，是否仍然会有必要应用操作较为烦琐的蛋白质印迹实验？为什么？

附：增强的化学发光显示方法

用增强的化学发光显示方法（enhanced chemiluminescence，ECL）进行酶标免疫检测比常用的呈色显示方法的检测灵敏度高 100~1000 倍甚至以上，现在国内外实验室已经将增强的化学发光显示方法作为蛋白质印迹分析的常规检测方法使用。此处介绍的增强的化学发光显示方法的所用试剂可以在市场上买到自行配制，与市场上可以购买到的成品增强的化学发光显示试剂相比，灵敏度上稍逊一筹，但是费用极为低廉，适合于一般实验室采用。但是须要注意，使用增强的化学发光显示方法的先决条件之一是需要有暗室可用。

【实验器材与试剂】

1. 实验器材

暗室、塑料盘、X 线片曝光盒、透明塑料薄膜、滤纸、镊子、暗室安全红灯、剪刀、X 线片、显影液、定影液等。

2. 试剂

（1）漂洗液：150 mmol/L NaCl、3 mmol/L EDTA、0.05% Tween-20、50 mmol/L Tris-HCl，pH 7.5。

(2）鲁米诺液：0.2 mmol/L 鲁米诺（luminol）、50 mmol/L 甘氨酸、0.1 mol/L NaOH，pH 10.6。

（3）对碘苯酚液：0.4 mol/L 的对碘苯酚。

（4）发光液（需要临用前配制）：18 mL 鲁米诺液中加入 6 μL 30%过氧化氢，摇匀后再加入 180 μL 对碘苯酚液，立即摇匀使用。

【实验步骤】

（1）免疫反应完毕，用漂洗液漂洗转印膜 3 遍，每遍振摇 5 min；在暗室中，用镊子取出转印膜，夹在两层滤纸之间短时干燥后，立即浸入发光液中浸泡数分钟，然后取出夹在透明塑料膜中，用吸水纸挤压吸去溢出的液体，再将其有蛋白质面向上移入 X 线片曝光盒内。以后的步骤必须在黑暗的条件下进行（可以打开暗室安全红灯）。

（2）在黑暗的条件下，取出 3 张裁剪适当大小的 X 线片，将其逐一覆盖于转印膜上，分别曝光 1 min、5 min、30 min。

（3）曝过光的 X 线片按常规先浸入显影液中显影 5 min，不断振摇；然后将 X 线片移入水中漂洗 1 min；再转移入定影液中进行定影 5~10 min，需要不时地振摇；定影完毕（可以在有光的条件下进行），将 X 线片移入水池中用自来水进行流洗漂洗，然后悬挂干燥，分析结果。

（曹西南　狄　勇）

实验 27　血红蛋白的等电聚焦分离及其等电点测定

【实验目的】

1. 掌握等电聚焦技术用于分离、纯化、鉴定蛋白质的原理。
2. 学习等电聚焦技术及蛋白质等电点的测定方法。

【实验原理】

等电聚焦电泳技术建立于 20 世纪 60 年代，目前其对蛋白质等电点的确定可以精确至 0.001 pH 单位，被广泛应用于蛋白质的分离、纯化、鉴定，等电点的测定，蛋白质修饰等方面的研究。

在等电聚焦电泳中，向凝胶中加入大量的、等电点各不相同的小分子载体两性电解质。在电场作用下，这些载体两性电解质向其所带电荷相反的电极泳动，直到各自的等电点位置才停止。于是在凝胶中形成一个从高到低的 pH 梯度。蛋白质是两性电解质，在偏离其等电点的 pH 环境中带电荷，在电场作用下可向其所带电荷相反的电极泳动，当蛋白质迁移到与其等电点相当的 pH 位置，其所带电荷数为零，不再移动而形成不同的蛋白质区带。由此，等电聚焦电泳可基于蛋白质等电点的差别分离蛋白质，并用于蛋白质的纯化、等电点确定及蛋白质的鉴定。

【实验器材与试剂】

1. 实验器材

等电聚焦电泳装置（包括电泳用玻璃管、稳流稳压电源）、移液器、封口膜（parafilm）、玻璃长吸管、50 mL 玻璃烧杯、玻璃试管、TB 注射器、刻度尺、刀片、坐标纸、多孔反应板、pH 计、微波炉、1.5 mL 离心管等。

2. 试剂

（1）40%载体两性电解质（ampholine）（pH 3～10）。

（2）40%丙烯酰胺胶液、Bradford 试剂、10%过硫酸铵（新配制）、Sephadex G-25、TEMED、0.9% NaCl、10%三氯乙酸（m/V 新配制）、0.01 mol/L 磷酸、0.02 mol/L NaOH（新配制）、CCl_4。

（3）脱色液：冰醋酸/甲醇/蒸馏水（1∶4.5∶5，$V/V/V$）。

（4）考马斯亮蓝 R-250 染色液（参见附录二）。

【实验步骤】

1. 等电聚焦凝胶制备

取电泳用玻璃管 2 支，用 1.5 cm×1.5 cm 封口膜封堵玻璃管下端，并将其垂直放置备用。取 50 mL 玻璃烧杯一只，按表 2-20 所示，加入下列成分。

表 2-20　等电聚焦凝胶制备

试剂（药品）	加入量
尿素/g	4.2
40%丙烯酰胺胶液/mL	1.25
40%载体两性电解质/mL	0.625
蒸馏水/mL	5.0
10%过硫酸铵/mL	0.1

轻摇混匀，将烧杯置入干燥器中，抽负压排气。

取出烧杯，加入 5 μL TEMED，混匀，立即用玻璃长吸管吸取凝胶液，垂直插入以上准备好的玻璃管底部，慢慢加入凝胶液，同时徐徐提升吸管，将凝胶液灌至离管口 2 cm 处即可（在加入凝胶液的整个过程中，要避免在管中留下气泡），接着用 TB 注射器在凝胶液表面轻轻加一层蒸馏水覆盖胶面，3～5 mm 厚（加蒸馏水是为了使凝胶聚合后的表面平整，并能使凝胶与空气隔绝，这一步很重要，它将直接影响分辨率与带形），室温静置，观察凝胶聚合情况（至少 1 h）。凝胶聚合时，在水和胶的交界处出现一条清晰的折光线，这时继续聚合 30 min 左右即可。

2. 血红蛋白液制备

取草酸盐抗凝全血 0.2 mL，4000 r/min 离心 3 min，吸弃上层血浆，加入 5 倍体积的预冷生理盐水，混匀后 4000 r/min 离心 3 min，弃去上清液，重复洗 2 次。最后一次弃上清液后，在红细胞上加等体积蒸馏水，振摇。再加 1/4 体积 CCl_4，用力振摇 3 min，4000 r/min 离心 3 min。吸取上层澄清的血红蛋白液备用。此溶液中 Hb 浓度约为 10%（置 4℃暂存，一周用完）。

3. 脱盐

（1）脱盐柱的准备：称取 5 g Sephadex G-25，加入蒸馏水 100 mL，搅拌均匀，置室温溶胀 6 h，或沸水浴溶胀 2 h，一般采用后一种方法（沸水浴溶胀不但节省时间，还可以杀灭凝胶中污染的细菌并排出网眼中气体）。用倾泻法除去上层漂浮的细碎 Sephadex G-25，重复 2～3 次。操作中避免剧烈搅拌，防止破坏其交联结构。取 3 mL 亲和层析柱空柱，将随空柱配备的过滤膜水平置入柱子底部，垂直放置好。先加入 1/3 柱体积蒸馏水，接着将溶胀好的 Sephadex G-25 边搅匀边连续装入柱内，同时打开柱子下口慢速流出蒸馏水，使 Sephadex G-25 在柱内自然沉降达 2.0 ml 体积即可。柱内 Sephadex G-25 必须均匀，不能有气泡或明显条纹，否则必须倒出重装。装好后，用蒸馏水平衡 2～3 h 即可加入样品进行分离。

（2）血红蛋白液脱盐：取脱盐柱一支，垂直放置。准备 4 支 1.5 mL 离心管，分别标记为 1～4 号。

将 1 号管置于脱盐柱下端，向柱内加入 0.5 mL 血红蛋白液，待其全部进入柱后，移开 1 号管，将 2 号管置于脱盐柱下端，向柱内加入 0.5 mL 蒸馏水，待全部蒸馏水进入柱后，移开 2 号管，将 3 号管置于脱盐柱下端，同上操作至 4 号管。

从以上 4 管中，每管取出 20 μL，顺序加入多孔板中，向各孔中加入 200 μL Bradford 试剂，取呈蓝色的管作为"蛋白样品"管。

4. 等电聚焦电泳样品的制备

取 1.5 mL 离心管 1 支，加入脱盐的"蛋白样品"380 μL，再加入 20 μL 40%的载体两性电解质，混匀即可。

5. 电泳

向下槽加入 0.01 mol/L 的磷酸。去除玻璃管底部的封口胶，同时用滤纸轻轻吸去上端的蒸馏水，然后插入电泳槽孔，下端浸入 0.01 mol/L 的磷酸电泳液中，用 TB 注射器驱除玻璃管底部的气泡。上槽加入 0.02 mol/L 的 NaOH，浸没玻璃管上端，同样用注射器驱除玻璃管中的气泡。用微量移液器向各管加入"等电聚焦电泳样品"20 μL（缓缓注入，避免产生气泡，避免与电极液混合）；上槽接负极，下槽接正极，设定为恒电流，每管 1 mA，通电电泳。电泳至电压升至 400 V 后，改设定为恒电压 400 V，继续电泳 2～16 h。

6. pH 梯度的确定

电泳完毕，断开电源，取出玻璃管；弃除底部封口膜，将 TB 注射器吸满蒸馏水，配上穿刺针头，紧贴管壁，插入凝胶管内，缓缓推动注射器，使胶条脱出玻璃管，将其放置玻璃板上，测量其总长度，精确到毫米。准备 25 支 15 mm×150 mm 的玻璃试管，依次编号后各加入新煮沸过的蒸馏水 5 mL。用刀片将胶条从酸性端开始顺序切为 0.5 cm 长的小段，依次放入以上准备好的试管中，将试管置于微波炉中加热 1 min，取出冷却至室温，从酸性端（1号管）开始，逐一测定每管液体的pH，并记录。

7. 染色

用同样方法使另一支玻璃管中的胶条脱出，移入平皿中，向其中加入20 mL 10%三氯乙酸，固定1 h以上。弃除三氯乙酸固定液，加入考马斯亮蓝R-250染色液进行染色。染色液所需量按单支凝胶灌制所需量，分别为5∶1加入。染色1 h，弃除染色液，加入适量脱色液，使凝胶条浸泡其中，30 min后更换，连换2次，第三次放置室温过夜。脱色至背景无色透明，可用密度扫描仪对各区带进行定量扫描。

【实验结果】

绘制pH梯度图、确定等电聚焦电泳样品中主要蛋白质的等电点，以胶条长度为横坐标、各管的pH为纵坐标，制作pH梯度图。测量染色胶条中主要蛋白质的位置，从pH梯度图上找出相应等电点。

【注意事项】

1. 所有试剂配制用水均为重蒸馏水。
2. 波浪形条带的出现，常常是由于样品中盐浓度过高。
3. 蛋白质条带丢失或过淡，可能是由于蛋白质分子质量过低（<10 kDa）或蛋白质在固定中未被变性，增加三氯乙酸浓度即可。

【思考题】

1. 聚丙烯酰胺凝胶等电聚焦电泳法测定蛋白质等电点的原理是什么？
2. 聚丙烯酰胺凝胶等电聚焦电泳法测定蛋白质等电点操作时应注意的问题主要有哪些？

（童淑芬）

实验28 醋酸纤维薄膜电泳技术分离乳酸脱氢酶同工酶

【实验目的】

1. 掌握等电聚焦电泳技术的基本原理。
2. 了解乳酸脱氢酶的同工酶谱分析的意义。

【实验原理】

乳酸脱氢酶（lactate dehydrogenase，LDH）是糖无氧分解中催化乳酸和丙酮酸相互转变的酶，存在于微生物、植物、动物和人体所有组织细胞中，其结构为四聚体，由两种亚基构成，即骨骼肌型（M型）和心肌型（H型），同时它又是同工酶，具有5种形式，分别为 LDH$_1$（H$_4$）、LDH$_2$（H$_3$M）、LDH$_3$（H$_2$M$_2$）、LDH$_4$（HM$_3$）及 LDH$_5$（M$_4$）。LDH 为细胞内酶，其同工酶的分布有明显的组织特异性，人心肌、肾和红细胞中以 LDH$_1$ 和 LDH$_2$ 最多，骨骼肌和肝中以 LDH$_4$ 和 LDH$_5$ 最多，而肺、脾、胰、甲状腺、肾上腺和淋巴结等组织中以 LDH$_3$ 最多。所以可以根据其组织特异性来协助诊断相关疾病。

通常 LDH 同工酶分析可用醋酸纤维薄膜、聚丙烯酰胺凝胶、琼脂糖凝胶等作为支持物，通过电泳法将其分离出 5 种区带，根据其电泳迁移率的快慢，依次命名为 LDH$_1$、LDH$_2$、LDH$_3$、LDH$_4$、LDH$_5$。

本实验根据 LDH 的同工酶在电场中泳动迁移率的不同，以醋酸纤维薄膜作为支持物，在碱性的 pH 缓冲液中将其分离，电泳结束后，利用组织化学染色法，即将底物（乳酸、NAD$^+$）、中间受氢体甲基吩嗪甲硫酸盐（methyl phenazine methyl sulfate，PMS）、最终受氢体氧化型四氮唑蓝（nitroblue tetrazolium，NBT）一起保温，在 LDH 处可产生催化反应，最终生成紫蓝色的条带。通过区带扫描，可测定 LDH 各种同工酶所占的比例。

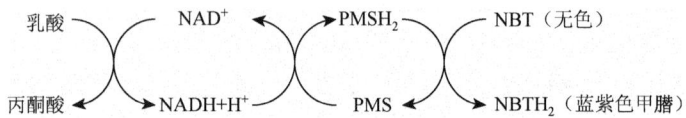

【实验器材与试剂】

1. 实验器材

电泳仪及电泳槽、离心机、酒精棉球及穿刺针、小试管、点样工具、染色用培养皿、醋酸纤维薄膜及吸水滤纸等。

2. 试剂

（1）0.9% NaCl 溶液、3%乙酸溶液（漂洗液）、巴比妥缓冲液（pH 8.6）。

（2）0.5 mol/L 乳酸钠 4 mL、0.4% NBT 12mL、0.1% PMS 4 mL 及 NAD$^+$ 40 mg，临用前混匀（避光）。

（3）电泳缓冲液（pH 8.6，0.07 mol/L，离子强度 0.06）：称取巴比妥钠 12.76 g、巴比妥 1.66 g，加 500 mL 蒸馏水，加热溶解。待冷至室温后，再加蒸馏水至 1000 mL。

【实验步骤】

1. 血清制备

取血液，静置或离心沉降血细胞后获得淡黄色血清。

2. 点样

预先将 2.5 cm×7.0 cm 的醋酸纤维薄膜条浸泡于 pH 8.6 的巴比妥缓冲液中，使之充分浸透（约 10 min），然后用滤纸轻压，吸去多余的缓冲液。用点样器在盛有血清的容器中蘸一下，使点样器的下端蘸上薄层血清，然后在醋酸纤维薄膜条的无光泽面上、距离膜端 1.5 cm 处，将点样器紧按在膜条点样线上。

3. 电泳

将点样后的膜条点样面朝下，点样端置于阴极，平放在电泳槽的纱布桥（或滤纸桥）。平衡 5 min 后通电，电压为 10 V/cm（120～160 V），电流为 1.2～1.5 mA，电泳时间为 60～90 min。

4. 染色

在电泳完成前 15 min 配制染色剂：0.5 mol/L 乳酸钠 4 mL、0.4% NBT 12 mL、0.1% PMS 4 mL 及 NAD^+ 40 mg，混匀（避光）。将另一条薄膜浸透染液后，移到一清洁玻片上（无光泽面朝上），断电，立即将电泳膜条取下，小心地迅速将无光泽面覆盖在染条上（避免起泡，勿移动），加压另一块玻片。将上述两块玻片置于平皿内，加盖，于 37℃ 水浴箱中保温 30 min，即可显出 3～5 条红色（或紫蓝色）区带（即 LDH 同工酶）。

5. 定量

用 10% 乙酸将两条薄膜漂洗 3 次，晾干后做薄层扫描（灰度值分析定量）或剪下区带浸入浸出液 2 mL 中，于 560 nm 处比色，求得相对含量。各部分吸光度之和：$T=L_1+L_2+L_3+L_4+L_5$，则 $LDH_1\%=L_1/T100$，以此类推计算各条带所占比例。

【实验结果】

在胶条中会显示 5 条区带，从正极端开始依次为 LDH_1、LDH_2、LDH_3、LDH_4 和 LDH_5。

【参考范围】

正常成人血清 LDH 参考值：100～300 U/L。

聚丙烯酰胺法：LDH_1，26.9%±0.4%；LDH_2，36.0%±0.5%；LDH_3，21.9%±0.4%；LDH_4，11.1%±0.4%；LDH_5，4.1%±0.3%。

醋酸纤维薄膜法：LDH_1，24%±3.4%；LDH_2，35%±4.4%；LDH_3，19%±27%；LDH_4，0±0.05%；LDH_5，0±0.02%。

健康成人血清 LDH 同工酶：$LDH_2>LDH_1>LDH_3>LDH_4>LDH_5$。

【临床意义】

由于 LDH 同工酶谱在组织器官分布的特异性，测定血清或血浆中 LDH 活性和 LDH 同工酶谱的变化，可反映相应组织器官的受损程度。在肝实质病变和骨骼肌疾病，如病毒性肝炎、肝硬化、原发性肝癌、肌萎缩时，LDH_5 活性明显升高；在心肌梗死 6 h，LDH_1 开始出现升高，24～48 h 达到高峰，$LDH_1>LDH_2$。因此，测定 LDH 的活性和 LDH 同工酶谱的变化，对相关疾病具有协助诊断和判断预后的参考价值。

【注意事项】

1. 染色膜与电泳薄膜覆盖时不应起泡，否则起泡处将看不到蓝紫色化合物。
2. 覆盖电泳薄膜时一次完成，一旦覆盖上后勿移动膜条，避免出现多余条带。

【思考题】

简述血清 LDH 同工酶谱分析的临床意义。

（狄　勇　李树德）

实验 29　血清蛋白的盐析及清蛋白/球蛋白的测定

【实验目的】

1. 掌握盐析法的原理和方法。
2. 了解血清蛋白定量测定的临床意义。

【实验原理】

正常人的血清总蛋白中清蛋白约占 60%以上，其余为球蛋白，两者比例为(1.5∶1)～(2.5∶1)。清蛋白在水中溶解性大于球蛋白，在血清中加入硫酸铵至半饱和时，球蛋白可被完全沉淀，而清蛋白保持溶解状态，依此可将清蛋白和球蛋白分离。通过考马斯亮蓝染色法测血清总蛋白及清蛋白的浓度。

正常血清中含有多种蛋白质，其总量为 6～8 g/mL。在某些病理情况下，如营养不良、肝疾患，可因蛋白质合成减少而降低；肾病综合征，由于蛋白质从尿中流失而降低；而在严重脱水情况下，由于血液浓缩可致测出结果增高。血清蛋白浓度升高不如其降低的临床意义大，而清蛋白/球蛋白的改变更具有临床意义。

【实验器材与试剂】

1. 实验器材

台式高速离心机、旋涡混匀器、冷藏箱、可见分光光度计等。

2. 试剂

（1）0.9% NaCl、饱和硫酸铵（pH 7.2）。

（2）蛋白质标准溶液（1 mg/mL）、考马斯亮蓝 G-250 试剂（参见附录二）。

【实验步骤】

1. 血清蛋白的盐析

（1）取 1.5 mL 离心管 1 支加入 0.5 mL 血清，再逐滴滴加饱和硫酸铵 0.5 mL，边加边混匀（观察现象）。

（2）室温静置 5 min 后，10 000 r/min 离心 2 min，将上清液小心移入另一支离心管内备用，此为盐析上清液。

2. 血清蛋白含量测定

1）标准曲线制作

（1）蛋白质标准溶液的倍比稀释。

取 4 支 1.5 mL 离心管，标记为 1~4 号，按表 2-21 加入试剂。

表 2-21 标准蛋白质溶液倍比稀释

试剂	1	2	3	4
0.9% NaCl/μL	200	200	200	—
标准蛋白质溶液（1 mg/mL）/μL	—	—	—	400
蛋白质终浓度/（mg/mL）	0.125	0.25	0.50	1

从 4 号管中取出 200 μL 至 3 号管中，混匀后再取 200 μL 至 2 号管中，依次稀释至 1 号管，此为倍比稀释。

（2）标准曲线的制作。取 5 支干净的大试管，标记 0~4 号，按表 2-22 加入试剂。

表 2-22 标准曲线的制作

试剂	空白管	1	2	3	4
0.9% NaCl/μL	100	—	—	—	—
对应加入倍比稀释的蛋白质标准液/μL	—	100	100	100	100
考马斯亮蓝 G-250 试剂/mL	3	3	3	3	3

充分混匀，放置 2 min 后开始测吸光度，波长 595 nm，以 0 号管为空白调零点，1 h 以内测完。记录各管测定的吸光度 A_{595}，作标准曲线。

2）血清中蛋白质浓度的测定

（1）血清样品的稀释：取 2 支 1.5 mL 离心管，标记为 1 号、2 号，按表 2-23 稀释。

表 2-23 血清样品的稀释

试剂	1	2
0.9% NaCl/μL	180	380
血清/μL	20	—

在 1 号管中加血清 20 μL 后混匀，然后取 20 μL 至 2 号管中混匀备用。2 号管最终稀释倍数：200。

（2）盐析上清（清蛋白）的稀释：取 2 支 1.5 mL 离心管，标记 3 号、4 号，按表 2-24 稀释。

表 2-24　盐析上清（清蛋白）的稀释

试剂	3	4
0.9% NaCl/μL	180	180
盐析上清/μL	20	—

在 3 号管中加盐析上清 20 μL 后混匀，然后取 20 μL 至 4 号管中混匀备用。4 号管最终稀释倍数：200。

（3）测定：取 2 支大试管，标记 5 号、6 号，按表 2-25 加入试剂。

表 2-25　血清中蛋白质浓度的测定

试剂	5	6
稀释血清（2 号管）/μL	100	—
稀释盐析上清（4 号管）/μL	—	100
考马斯亮蓝 G-250 试剂/mL	3	3

充分混匀，放置 2 min 后以标准曲线 0 号管作空白。在波长 595 nm 下比色，记录 A_{595}，并通过标准曲线查得待测样品中蛋白质含量。

【实验结果】

1. 以标准蛋白质（0~4 号管）终浓度为横坐标，相应的 A 为纵坐标，绘制标准曲线。
2. 根据测定管的 A，利用标准曲线在横坐标上找出其相应的浓度值（图示值）并带入下列公式计算待测的蛋白质浓度。

血清蛋白（总蛋白）浓度（mg/mL）=图示值×200（稀释倍数）
盐析上清（清蛋白）浓度（mg/mL）=图示值×200（稀释倍数）

3. 计算清蛋白/球蛋白。

$$\text{清蛋白/球蛋白} = \frac{\text{清蛋白浓度}}{\text{总蛋白浓度} - \text{清蛋白浓度}}$$

【注意事项】

1. 考马斯亮蓝 G-250 试剂必须贮存于棕色瓶内，此液可以长期使用，但如果变为蓝绿色，则不能使用。
2. 标准蛋白质溶液应新配制，现用现稀释，避免蛋白质降解。

【思考题】

蛋白质定量测定的方法有哪些？并简要说明其原理。

（李治纲）

实验 30　血清蛋白醋酸纤维薄膜电泳分离及定量测定

【实验目的】

1. 掌握醋酸纤维薄膜电泳分离血清蛋白并对蛋白质含量进行测定的原理和方法。
2. 了解分离及测定血清蛋白的临床意义。

【实验原理】

由于血清中各蛋白质的等电点（pI）不同，在同一 pH 溶液中所带电荷量有所差异，此外各蛋白质的分子质量与分子形状也不相同，因此在同一电场中的迁移率不同。一般来说，蛋白质分子所带净电荷越多、分子质量越小者，迁移率越快；反之，则越慢，故可将其进行分离。血清中各种蛋白质的等电点（pI）大都低于 7.0，在 pH 8.6 的缓冲液中，各种蛋白质均带负电，在电场中向正极移动。血清蛋白的等电点、分子质量及在总蛋白中所占比例见表 2-26。

表 2-26　血清蛋白等电点及分子质量

蛋白质名称	等电点（pI）	分子质量	占总蛋白的百分数/%
清蛋白	4.88	67 500	57.45~71.73
α_1-球蛋白	5.00	200 000	1.76~4.48
α_2-球蛋白	5.06	300 000	4.04~8.28
β-球蛋白	5.12	9 000~150 000	6.79~11.39
γ-球蛋白	6.85~7.50	156 000~300 000	11.18~22.97

根据上述原理可将血清蛋白分离为清蛋白、α_1-球蛋白、α_2-球蛋白、β-球蛋白及 γ-球蛋白 5 个区带。

蛋白质分离后，用染色剂染色（目前常用染料有氨基黑 10B、丽春红 S 等），在一定范围内，染料与蛋白质的结合与蛋白质的含量成正比，因此可将各蛋白质区带剪下，分别用 0.4 mol/L NaOH 溶液洗脱，进行比色测定其相对含量。也可以将染色后的薄膜经透明处理后直接用分光光度计扫描，即可计算出血清各蛋白质组分的相对百分数。

【实验器材与试剂】

1. 实验器材

醋酸纤维薄膜、常压电泳仪、电泳槽、可见分光光度计、37℃恒温水浴箱、点样器（可用盖玻片或 X 胶片）、点样板（载玻片）、染色皿 1 个、漂洗缸 2 个、钝头无齿镊、纱布、滤纸、剪子、吸管（或用移液器）等。

2. 试剂

(1) 巴比妥缓冲液（pH 8.6, 0.07 mol/L, 离子强度 0.06）：称取巴比妥钠 12.76 g、巴比妥 1.66 g, 加 500 mL 蒸馏水, 加热溶解。待冷至室温后, 再加蒸馏水至 1000 mL。

(2) 氨基黑 10B 染色液：称取氨基黑 10B 0.5 g, 加入冰醋酸 10 mL 及甲醇 50 mL, 混匀后加蒸馏水稀释至 100 mL。

(3) 漂洗液：取 95% 乙醇 45 mL, 加冰醋酸 5 mL, 混匀后, 用蒸馏水稀释至 100 mL。

(4) 洗脱液（0.4 mol/L NaOH）：称取 NaOH 16 g, 定容至 1000 mL。

【实验步骤】

1. 准备

(1) 醋酸纤维薄膜的准备：选择厚薄一致, 透水性能佳的醋酸纤维薄膜, 将薄膜无光泽面朝下, 漂浮于盛有巴比妥缓冲液的平皿中, 使之自然浸湿下沉, 待薄膜充分浸透后（20~30 min）备用。

(2) 电泳槽准备：将电泳槽置于水平台上, 两侧注入等量的电泳缓冲液, 使其在同一水平面, 液面与支架距离 2~2.5 cm, 支架间宽度调节在 5.5~6 cm, 在两边支架上垫上约与支架同宽同长的长滤纸条各 1 条（需用巴比妥缓冲液完全浸透）。再准备 2 块双层纱布或大小合适的双层滤纸用于搭桥。

2. 点样

(1) 选择膜条：用钝头无齿镊夹住膜条一角将浸泡好的醋酸纤维薄膜条（膜上没有白色斑纹, 浸透均匀）从巴比妥缓冲液中取出置于洁净滤纸中间, 用滤纸轻按吸去薄膜条上多余的缓冲液, 使薄膜条处于不干不湿状态为佳, 分辨出无光泽面后, 在其一端 1.5~2 cm 处迅速用铅笔轻划一横线作"点样线", 并在膜条另一端边缘进行标记。

(2) 取少量待测新鲜血清（未溶血）, 涂布于点样用载玻片上, 用点样器的一端均匀蘸取少许血清, 垂直印在醋酸纤维薄膜无光泽面"点样线"处, 待血清完全渗入薄膜后移开。

3. 电泳

(1) 将点样后的薄膜水平置于电泳槽支架两端, 无光泽面（即点样面）朝下, 点样端置于负极。膜条必须与两端支架上浸湿滤纸条贴紧, 使膜条绷直, 中间不下垂。若需电泳的膜条较多, 则膜条间距应有 1~3 mm。再用纱布将膜的两端与巴比妥缓冲液连通, 盖上盖子, 平衡 5~10 min。

(2) 将电泳槽的正极和负极分别与电泳仪的正极和负极连接, 打开电源, 调电压 90~110 V, 电流强度 0.4~0.6 mA/cm, 通电 1 h 左右。待电泳区带展开 3.5~4.0 cm, 即可关闭电源。

4. 染色

用镊子取出薄膜条, 直接浸于氨基黑 10B 染色液中染色 5 min。染色过程中不时轻轻晃动染色皿, 使染色充分。若需染色的薄膜条较多, 则要待一条薄膜完全浸入染色液后再放另一条薄膜, 避免彼此紧贴致染色不良。

5. 漂洗

准备 2 个漂洗缸, 装入漂洗液, 从染色液中取出薄膜条并尽量沥去染色液, 按顺序投入漂洗液中反复漂洗，直至背景无色为止。用滤纸吸干薄膜。

6. 定量

取 6 支试管，顺序编上号码，将各蛋白质区带仔细剪下，分别置于 1～5 号试管内，另于空白背景处剪下一条平均大小的膜条置于 0 号管中，在每个试管中加入 4 mL 洗脱液进行浸泡。室温下，浸泡 30～60 min；若 37℃水浴，则仅需 20 min，浸泡过程中不断摇动试管，使蓝色洗出。待各支试管内蓝色均完全洗出后，将各试管内的液体用可见分光光度计进行比色（若于 37℃水浴，脱色完毕后，需将试管拿出水浴箱在室温静置 5～10 min 后方可比色）。波长调至 620 nm，以 0 号试管内的洗出液调零，读取各管吸光度。若洗出液有浑浊或沉淀，以 4000 r/min 离心 10～20 min，再取上清液进行比色测定。

【实验结果】

比色测定结束后，各组分蛋白质的百分含量按下式计算。

$$各组分蛋白质百分含量 = \frac{A_X}{A_T} \times 100\%$$

式中，A_X 为各个组分蛋白质（清蛋白、α_1-球蛋白、α_2-球蛋白、β-球蛋白和 γ-球蛋白）吸光度；A_T 为各组分蛋白质的吸光度总和。

各组分蛋白质绝对浓度（g/L）=血清总蛋白（g/L）×各组分蛋白质百分浓度（%）

【临床意义】

1. 正常血清蛋白电泳一般可分为 5 条区带，即清蛋白、α_1-球蛋白、α_2-球蛋白、β-球蛋白和 γ-球蛋白。

2. 脐带血清、胎儿血清、部分原发性肝癌血清，在清蛋白与 α_1-球蛋白之间可增加一条甲胎蛋白带。

3. 急慢性肾炎、肾病综合征、肾衰竭时，清蛋白降低，α_1-球蛋白、α_2-球蛋白和 β-球蛋白升高。

4. 慢性活动性肝炎、肝硬化时，清蛋白降低，β-球蛋白、γ-球蛋白升高。

5. 急性炎症时，α_1-球蛋白、α_2-球蛋白升高；慢性炎症时，清蛋白降低，α_2-球蛋白、γ-球蛋白升高。

6. 红斑狼疮、类风湿关节炎时，清蛋白降低，γ-球蛋白显著升高。

7. 多发性骨髓瘤时，清蛋白降低，γ-球蛋白升高，于 β-球蛋白和 γ-球蛋白区带之间出现"M"带。

【注意事项】

1. 醋酸纤维薄膜的预处理。将膜条漂浮于电极缓冲液表面，如漂浮 15～30 s 后，膜片出现白斑点或条纹，提示膜片厚薄不匀，应舍去不用，以免造成电泳后区带扭曲、界线不清、背景脱色困难等结果。取膜时，为防止薄膜粘上指纹，应戴手套或用镊子。

2. 在通电状态下，不能直接接触槽内缓冲液或醋酸纤维薄膜，以防触电。

3. 缓冲液液面要保证一定高度，同时电泳槽两侧的液面应保持同一水平，否则样品通过薄膜时有虹吸现象,会影响蛋白质分子的泳动速度。

4. 电泳后区带应无拖尾,各区带明显分开,如果电泳图谱分离不清或不整齐,最常见操作方面的原因有:点样量过多;点样不均匀、不整齐,样品触及薄膜边缘;薄膜条过湿,样品扩散;薄膜条未完全浸透或温度过高导致局部干燥或水分蒸发;薄膜位置歪斜、弯曲,与电流方向不平行等。

5. 再次电泳时应交换电极使两侧电泳槽内缓冲液的正负离子相互交换,使缓冲液的 pH 维持在一定的水平。

6. 在洗脱比色定量过程中,洗脱液加入量的多少,应根据当时膜条上色带颜色深浅而定,计算时应考虑稀释倍数问题。

【思考题】

1. 记录醋酸纤维薄膜电泳的条带结果,分析各条带的差别。
2. 其他能分离血清蛋白的方法有哪些?

（李小洁）

实验 31　酶的特异性及温度、pH、激活剂、抑制剂对酶活性的影响

【实验目的】

1. 掌握温度、pH、激活剂、抑制剂对酶活性的影响。
2. 了解温度、pH、激活剂、抑制剂对酶活性影响的实验方法。

【实验原理】

酶对其所催化的底物具有较严格的选择性。利用淀粉被水解后产生的麦芽糖能与班氏试剂反应生成砖红色沉淀来说明淀粉被淀粉酶水解,而蔗糖不能被淀粉酶水解,其本身不具有还原性,故不与班氏试剂产生颜色反应,可证明酶的特异性。

酶是生物催化剂,温度对酶促反应速率具有双重影响。在过低的温度环境中,酶促反应速度降低,升温可以加快反应速率;最适温度时,酶促反应速率达最大值;若温度继续升高,酶蛋白变性的机会也增大,酶促反应速率反而下降。人体内大多数酶的最适温度在 37℃ 左右。

酶活性与其作用环境的 pH 密切相关。最适 pH 时,酶催化活性最高,溶液的 pH 高于或低于最适 pH 时,酶的活性降低,远离最适 pH 时,酶变性失活。不同的酶其最适 pH 不尽相同,动物体内大多数酶的最适 pH 接近中性。例如,唾液淀粉酶的最适 pH 为 6.8。

凡能使催化活性下降而不引起酶蛋白变性的物质统称为酶的抑制剂。使酶由无活性

变为有活性或使酶活性增加的物质称为酶的激活剂。对唾液淀粉酶而言，Cl^-对唾液淀粉酶的活性有激活作用，Cu^{2+}则对其有抑制作用。

本实验以唾液淀粉酶为例来观察温度对酶活性的影响。唾液淀粉酶催化溶液中的淀粉水解，当反应进行到某一特定时间段时，向溶液中加入碘液，利用碘与淀粉及其水解产物的颜色反应，通过对比各试管中溶液颜色的深浅来比较唾液淀粉酶在不同条件下催化淀粉水解速率的快慢，从而判断唾液淀粉酶活性的高低。

【实验试剂与器材】

1. 实验器材

恒温水浴箱、微量移液器、水浴锅、电磁炉等。

2. 试剂

1%淀粉溶液、1%蔗糖溶液、班氏试剂、0.2%淀粉溶液、0.3% NaCl、0.85% NaCl、1% $CuSO_4$、1% Na_2SO_4、碘液、pH 4.92 和 pH 6.81 及 pH 8.67 的 KH_2PO_4-Na_2HPO_4 缓冲液。

【实验步骤】

1. 稀释唾液的制备

在 Φ50 mm 漏斗上放一小块脱脂棉，漏斗下放一个 10 mL 量杯。作咀嚼动作刺激唾液分泌，将唾液经棉花粗略过滤后取 1 mL，加蒸馏水 9 mL，混匀备用。

2. 酶的特异性

（1）煮沸唾液的制备：取试管 1 支，加入稀释唾液 1 mL 后放入沸水浴中 5 min，使唾液淀粉酶变性失活。

（2）另取试管 3 支，编号后按表 2-27 加入试剂。

表 2-27 酶的特异性反应体系配制

试剂	1	2	3
pH 6.81 KH_2PO_4-Na_2HPO_4 缓冲液/mL	1.0	1.0	1.0
1% 淀粉溶液/mL	0.5	0.5	—
1% 蔗糖溶液/mL	—	—	0.5
稀释唾液/mL	0.5	—	0.5
煮沸唾液/mL	—	0.5	—

（3）将各管混匀后，先放入 37℃水浴中保温 10 min，然后向每支试管中各加入班氏试剂 1 mL，再将各管放入沸水浴中煮沸，观察结果并解释。

3. 温度对酶活性的影响

（1）取试管 3 支，编号后各加入稀释唾液 0.5 mL，分别放在沸水浴、温水浴、冰水浴中。

（2）另取试管 3 支，编号后按表 2-28 依次加入各种试剂。

表 2-28　温度对酶活性影响反应体系配制

试剂	1	2	3
0.2%淀粉溶液/mL	0.5	0.5	0.5
pH 6.81 KH$_2$PO$_4$-Na$_2$HPO$_4$ 缓冲液/mL	0.2	0.2	0.2
0.3% NaCl/mL	0.2	0.2	0.2

（3）混匀后，将 1~3 号试管分别置于沸水浴、温水浴（37℃）和冰浴中，5 min 后向各管加入第一步放置在对应水浴中的稀释唾液 0.2 mL，继续将试管在各自水浴中放置 10 min。

（4）分别从每管中取 0.1 mL 试液放在白瓷板凹孔中，加碘液 0.1 mL，观察颜色并记录之。

（5）再将 1、3 两管置 37℃水浴中 10 min 后，向各管中加碘液 0.1 mL，观察颜色变化并解释。

4. pH、激活剂、抑制剂对酶活性的影响

（1）取试管 8 支，编号，按表 2-29 加入试剂。

表 2-29　pH、激活剂、抑制剂对酶活性影响的反应体系配制

试剂	1	2	3	4	5	6	7	8
0.2%淀粉溶液/mL	1.0	1.0	1.0	1.0	1.0	1.0	1.0	1.0
pH 4.92 KH$_2$PO$_4$-Na$_2$HPO$_4$ 缓冲液/mL	—	0.8	—	—	—	—	—	—
pH 6.81 KH$_2$PO$_4$-Na$_2$HPO$_4$ 缓冲液/mL	0.8	—	0.8	—	—	—	—	—
pH 8.67 KH$_2$PO$_4$-Na$_2$HPO$_4$ 缓冲液/mL	—	—	—	0.8	—	—	—	—
0.85% NaCl/mL	—	—	—	—	0.8	—	—	—
1% CuSO$_4$/mL	—	—	—	—	—	0.8	—	—
1% Na$_2$SO$_4$/mL	—	—	—	—	—	—	0.8	—
蒸馏水/mL	0.2	—	—	—	—	—	—	0.8
稀释唾液/mL	—	0.2	0.2	0.2	0.2	0.2	0.2	0.2

（2）混匀后，同时置于 37℃水浴中保温，约 5 s 后由第 3 管取出 0.1 mL 放到白瓷反应板凹孔中，加碘液 0.1 mL，混匀，观察其颜色。以后每隔 10 s 再重取 0.1 mL 与碘反应，当与碘液呈浅棕色时，立即向每支试管内加碘液 0.1 mL，摇匀，观察颜色、解释结果。

【注意事项】

在"pH、激活剂、抑制剂对酶活性的影响"的操作时，要准确掌握加碘液的时间，否则无法观察到正确结果。

【思考题】

"pH、激活剂、抑制剂对酶活性的影响"中，设立第7、8管的意义何在？

(吴冠儒)

实验 32　小鼠肝细胞核的分离、纯化与鉴定

【实验目的】

1. 掌握细胞和细胞器分离的一般原理和意义，掌握肝细胞核分离的技术。
2. 熟悉细胞器纯度鉴定的标准。

【实验原理】

细胞核作为一个功能单位，完整地保存遗传物质，并指导 RNA 合成，进而表达出相应的蛋白质，在一定程度上细胞核控制着细胞的代谢、生长、分化和繁殖活动。因此，细胞核的分离是研究基因表达及细胞核形态结构的首要步骤。不同的细胞和细胞器大小不一，导致质量不同，不同的细胞和细胞器由于所含成分的差异，又导致密度的不同。因而，细胞和细胞器可以通过差速离心和密度离心的方法进行分离纯化。由于细胞核的密度较大，在高密度介质中，在高速离心条件下会先行沉降下来，从而达到与细胞质其他成分分开的目的。本实验中细胞核纯度的鉴定，使用光学显微镜进行形态观察和生物化学方法进行乳酸脱氢酶（LDH）活性的测定。该酶活性在纯细胞核制品中检查不出来。

【实验器材与试剂】

1. 实验器材

冷冻离心机、离心管、天平、普通光学显微镜、载玻片、盖玻片、匀浆器（10 mL 玻璃匀浆器）、玻璃平皿、玻璃试管、剪刀、100 目滤网或者双层尼龙纱布、分光光度计、比色杯等。

2. 试剂

（1）MA 液：0.25 mol/L 蔗糖、0.01 mol/L Tris-HCl（pH 8.0）、3 mmol/L $MgCl_2$、0.1 mmol/L 苯甲基磺酰氟（临用前加入），预冷。

（2）MB 液：0.25 mol/L 蔗糖、0.01 mol/L Tris-HCl（pH 8.0）、3 mmol/L $MgCl_2$、0.1 mmol/L 苯甲基磺酰氟（临用前加入）、0.1% Triton X-100，预冷。

（3）MC 液：2.0 mol/L 蔗糖、0.01 mol/L Tris-HCl（pH 8.0）、3 mmol/L $MgCl_2$，预冷。

（4）Bradford 试剂（参见附录二）。

（5）标准蛋白质溶液：先称取小牛血清清蛋白干粉，按大约 20 mg/mL 的浓度溶入

0.15 mol/L NaCl 中，取一定量用 0.15 mol/L NaCl 稀释 20 倍后，以 0.15 mol/L NaCl 为空白对照，测定该溶液在 280 nm 处的 A，再根据小牛血清清蛋白的标准消光系数（0.667A=1000 μg/mL），换算出溶液中小牛血清清蛋白的蛋白质实际浓度，最后将原小牛血清清蛋白溶液稀释为 10 mg/mL，分装后冻存备用。

（6）LDH 测定试剂盒。

【实验步骤】

1. 分离肝细胞

小鼠断头处死，取出肝称重，加入 5 倍体积（1 g 肝加 5 mL）的 MA 液；剪碎肝，转移入玻璃匀浆器，冰浴中上下匀浆 10 次左右，至无明显组织块；于 4℃，1000 g 离心 10 min，去上清液；用 5 倍体积的 MA 液悬浮沉淀细胞，经 100 目滤网或者双层尼龙纱布过滤；取 50 μL 细胞悬液，加 250 μL 台盼蓝细胞染液混合，显微镜下观察细胞的纯净程度；滤液于 1000 g/min 再次离心 10 min，弃上清液，留沉淀细胞。

2. 肝细胞核分离

用 7 倍体积的 MB 液混悬细胞沉淀，冰浴中静置 10~15 min；10 min 时取 50 μL 细胞悬液，加 250 μL 台盼蓝细胞染液混合，显微镜下观察细胞是否已经全部破裂（与步骤 1 的取样比较）；另取 0.5 mL 细胞悬液移入一只 1.5 mL 离心管（标为"细胞"），–20℃ 保存；将其余悬液 1000 g 离心 10 min，去上清液，沉淀即粗提的肝细胞核。

3. 肝细胞核的纯化

用两倍体积的 MC 液混悬粗提的肝细胞核，取 50 μL 细胞悬液，加 250 μL 台盼蓝细胞染液混合，显微镜下观察细胞核；取出 150 μL 移入一只 1.5 mL 离心管（标为"粗核"），–20℃ 保存；向上述标有"粗核"的离心管中加入相同体积的 MC 液，并将 MC 液混悬粗提的肝细胞核，18 000 r/min 离心 1 h；用吸管去除上清液，再用面巾纸擦净管壁，加入少量 MA 液洗沉淀表面两遍，加两倍体积的 MA 液悬浮细胞核，1000 g 离心 10 min，去上清液，沉淀为纯化的细胞核；再用两倍的 MA 液混悬细胞核，取 50 μL 细胞悬液，加 250 μL 台盼蓝细胞染液混合，显微镜下观察细胞核；其余的转移入离心管（标记为"纯核"），–20℃ 保存。

4. 蛋白质浓度测定

取 8 支玻璃试管，按表 2-30 加入各种试剂。

表 2-30　Bradford 法测定蛋白质浓度

试剂	1	2	3	4	5	细胞	粗核	纯核	空白
标准蛋白质溶液/μL	10	20	30	40	50	—	—	—	—
样品/μL	—	—	—	—	—	x	y	z	—
0.15 mol/L NaCl/μL	290	280	270	260	250	300–x	300–y	300–z	300

向每支试管中加入 Bradford 试剂 3 mL，立即混匀，放置 10 min 后，于分光光度计上 595 nm 比色测定 A；以 A 为纵坐标，标准蛋白质浓度为横坐标作图，再求出样品中蛋

白质的浓度。将余留样品用 MA 液调整蛋白质浓度为 100 μg/mL。

5. 细胞和细胞核样品 LDH 活性测定

取 8 支玻璃试管，分别标记为 1~8 号管，然后按表 2-31 加入试剂。

表 2-31　细胞和细胞核样品 LDH 活性测定

试剂	1 标准管	2 标准空白	3 细胞管	4 细胞空白	5 粗核管	6 粗核空白	7 纯核管	8 纯核空白
蒸馏水/mL	0.13	0.15	—	0.05	—	0.05	—	0.05
标准丙酮酸/mL	0.02	—	—	—	—	—	—	—
样品/mL	—	—	0.10	0.10	0.10	0.10	0.10	0.10
基质缓冲液/mL	0.25	0.25	0.25	0.25	0.25	0.25	0.25	0.25
辅酶Ⅰ溶液/mL	—	—	0.05	—	0.05	—	0.05	—
混匀，37℃水浴保温 15 min								
2,4-二硝基苯肼/mL	0.25	0.25	0.25	0.25	0.25	0.25	0.25	0.25
混匀，37℃水浴保温 15 min								
0.4 mol/L NaOH/mL	2.5	2.5	2.5	2.5	2.5	2.5	2.5	2.5

混匀，室温静置 3 min；以蒸馏水为空白，于 440 nm、1 cm 光径，测定各管的吸光度。

【实验结果】

按下列公式计算出各个样品中 LDH 活性。

$$LDH活性 = \frac{(测定管A - 测定空白管A)}{(标准管A - 标准空白管A)} \times 标准管浓度 / 蛋白质浓度 (2\ \mu mol/mL)$$

【注意事项】

1. 分离全过程最好是能在 0~4℃ 进行，如果使用非冷冻控温的离心机应注意使样品保持冷冻。
2. 尽可能充分破碎组织，缩短匀浆时间；整个分离过程不宜过长。
3. 注意掌握离心的时间及速度。

【思考题】

1. 要获得高纯化的细胞核，在提取、分离和活性鉴定的过程中应注意哪些问题？
2. 检测纯化产物的 LDH 活性有何意义？
3. 分析影响细胞核提取的主要因素。

（唐　璟）

实验 33　动脉硬化指数的计算

【实验目的】

1. 掌握血清 HDL-CH（高密度脂蛋白-胆固醇）、总胆固醇（TCH）测定的原理和方法。
2. 了解动脉硬化指数与血清 HDL-CH、TCH 的关系及其临床意义。

【实验原理】

动脉粥样硬化和冠心病的发生与血清的 HDL-CH 呈负相关，而与 LDL-CH、极低密度脂蛋白-胆固醇（VLDL-CH）呈正相关，因而测出 HDL-CH 和 TCH 即可计算动脉硬化指数。

本实验用磷钨酸和氯化镁将血清中的低密度脂蛋白（LDL）、VLDL、乳糜微粒（CM）沉淀除去，即可在上清液中得到 HDL-CH。HDL-CH 和 TCH 分别经乙酸乙酯和无水乙醇混合液提取，再与三氯化铁和浓硫酸作用生成紫红色化合物，与同样处理的胆固醇标准液比色定量。

【实验器材与试剂】

1. 实验器材

离心机、分光光度计等。

2. 试剂

（1）磷钨酸钠溶液：磷钨酸 4 g，加蒸馏水 70 mL，稍加热使之溶解，用 1 mol/L NaOH 调 pH 到 6 左右（大约消耗 NaOH 5.0 mL）。加蒸馏水至 500 mL。若产生浑浊，放置 2～3 天后，取上清液调 pH 至 6.0～6.5。

（2）0.1 mol/L 氯化镁溶液、浓硫酸。

（3）显色剂：溶解 0.7 g $FeCl_3 \cdot H_2O$ 于 100 mL 冰醋酸中。

（4）抽提剂：乙酸乙酯与无水乙醇等量混合。

（5）胆固醇标准液（0.2 mg/mL）：精确称取胆固醇 20 mg 置于 100 mL 容量瓶中，加抽提剂溶解并稀释至刻度。

【操作步骤】

（1）HDL-CH 管。吸取血清 0.5 mL（如用血浆则用 EDTA 抗凝）于离心管中，加入 0.25 mL 磷钨酸钠溶液，混合后再加 0.25 mL 氯化镁溶液，充分混匀，3500 r/min 离心 5 min。小心吸取上清液 0.4 mL 于标为 H 的离心管中，作为 HDL-CH 抽提管。

（2）TCH 管。离心管中加血清及蒸馏水各 0.2 mL，标为 T。

（3）向上述两管各加抽提液 2.0 mL，玻璃纸封口，充分振摇 5 min，3500 r/min 离心 5 min，转移上清液至新管，标记好备用。

（4）取试管3支，按表2-32操作。

表 2-32　胆固醇的测定

试剂	空白管（O）	标准管（S）	HDL-CH（H）	TCH（T）
蒸馏水/mL	0.1	0.1	—	—
抽提剂/mL	0.5	—	—	—
胆固醇标准液（0.2 mg/mL）/mL	—	0.5	—	—
HDL-CH 上清液/mL	—	—	0.6	—
TCH 上清液/mL	—	—	—	0.6

各管加入显色剂2.0 mL，混匀

各管沿管壁缓慢加入浓硫酸2.0 mL，小心混匀

放置10 min后比色，用空白管校正零点，于波长550 nm处读各管吸光度。

（5）计算。

A. HDL-CH：

$$\text{HDL-CH}(\text{mg}/100\ \text{mL}) = \frac{A_\text{H}}{A_\text{S}} \times 0.2 \times 0.5 \times \frac{1}{0.5 \times 0.4/1.0 \times 0.6/2.4} \times 100 = \frac{A_\text{H}}{A_\text{S}} \times 200$$

式中，A_H 为HDL-CH管的吸光度值，A_S 为标准管的吸光度值。

B. TCH：

$$\text{TCH}(\text{mg}/100\ \text{mL}) = \frac{A_\text{T}}{A_\text{S}} \times 0.2 \times 0.5 \times \frac{1}{0.2 \times 0.6/2.4} \times 100 = \frac{A_\text{T}}{A_\text{S}} \times 200$$

式中，A_T 为TCH管的吸光度值。

C. 动脉硬化指数：

$$\text{动脉硬化指数} = \frac{[\text{TCH}] - [\text{HDL-CH}]}{[\text{HDL-CH}]}$$

【参考范围】

1. [HDL-CH]正常值

（1）男性：41.1～62.3 mg/100 mL（1.06～1.61 mmol/L）。

（2）女性：41.7～67.3 mg/100 mL（1.08～1.74 mmol/L）。

（单位换算：mmol/L=mg/100 mL×0.0259）

2. 动脉硬化指数正常值

男性：3.54±0.71；女性：3.45±0.65。

动脉硬化指数升高，有发生心、脑血管病的可能。

【注意事项】

1. 加磷钨酸钠后需充分混匀再加氯化镁，否则，磷钨酸钠和氯化镁作用，形成稳定的复合物，镁离子浓度降低，使低密度脂蛋白和极低密度脂蛋白沉淀不完全，结果偏高。

2. 加显色剂后需充分混匀再沿管壁加浓硫酸，使3管散热情况相似。

【思考题】

1. 血浆脂蛋白的分类、组成特点及其生理功能。
2. 根据所学的理论知识分析：动脉粥样硬化和冠心病的发生与血清的 HDL-CH 呈负相关，而与 LDL-CH、VLDL-CH 呈正相关。

（杨银峰）

实验 34　糖的硅胶 G 薄层层析分析鉴定

【实验目的】

1. 掌握小分子有机化合物的硅胶薄层层析分析的原理和基本方法。
2. 了解小分子有机化合物显示技术。

【实验原理】

薄层层析（thin layer chromatography，TLC）是有机化学和生物化学的常用技术，多用于对小分子有机化合物进行分析，在生物化学中也用于大分子与小分子有机化合物的分离分析，具有微量、快捷、设备简单、费用低等优点，应用广泛。

薄层层析是将吸附剂或者支持剂均匀地平涂于玻璃板或者涤纶片基上，形成一个薄层作为固定相；再将待分析样品点加于吸附剂或者支持剂薄层上，选用对待分析物质合适的溶剂作为流动相，当流动相沿薄层移动时，带动待分析物质移动，不同的待分析物质分子结构有差异，特性不同，在固定相和流动相之间的分配率不同，导致不同的待分析物质分子的移动快慢有差异，从而得到分离。当层析分离完成后，可以选用适当的显示、检测方法对待分析物质进行定性、定量分析。

薄层层析结果的显示可以根据不同情况选用。

如果待分析物是放射性同位素标记，可以采用放射自显影技术显示，如果需要进一步的定量分析，还可以将显示斑点位置的物质取下，进行液体闪烁计数技术进行定量分析。

特异呈色显示是最为常用的薄层层析分析显示方法。特异呈色显示，该法采用可以与待分析物特异结合或者产生特异化学呈色反应的方法进行显示。本实验采用能够与糖发生特异呈色反应的苯胺-二苯胺-磷酸显示剂，对果汁、牛奶中糖进行检测分析。

如果待分析物尚无可用的特异呈色显示方法，可以选用荧光背景显示方法或者腐蚀碳化方法对待分析物进行检测分析。荧光背景显示方法的原理是在层析板的吸附剂或者支持剂中加有荧光物质，在层析完成后，用适当波长的光照射层析板，在无待分析物的位置有荧光，在有待分析物的位置荧光减弱，出现阴影。腐蚀碳化方法用于无机物为吸附剂或者支持剂时，使用硫酸等腐蚀剂，使待分析的有机物碳化，形成黑斑。

薄层层析原理与纸层析、柱层析相似，相比之下具有下列优点。

（1）观察结果、显示方便。可以采用荧光背景显示，支持物为无机物时，还可以采用腐蚀性显示剂进行显示。

（2）层析用时少。

（3）微量。可以分离显示低达 0.1 μg 至数十微克的样品，比纸层析灵敏度高 10~100 倍。如果铺层厚，也可以进行数百毫克样品的分离纯化。

本实验采用的硅胶 G 薄层层析对果汁和牛奶中的糖进行分析。小分子糖在硅胶 G 薄层上层析时其移动快慢与糖的分子质量和羟基数目有关，分子质量小和羟基数多的移动快。各种糖的移动速度从高到低顺序为：戊糖、己糖、双糖、三糖。层析完毕，用苯胺-二苯胺-磷酸显示剂进行糖的特异显示，不同的糖呈现不同的颜色（表 2-33），结合各种糖的迁移率和颜色特征，可以对样品中所含糖进行检测、鉴定。

表 2-33　糖的苯胺-二苯胺-磷酸显示颜色

糖的种类	葡萄糖	果糖	蔗糖	乳糖	蜜三糖
呈色	灰蓝绿色	棕红色	蓝褐色	天蓝色	蓝褐色

【实验器材与试剂】

1. 实验器材

硅胶 G 薄层层析板（20 cm×20 cm）、1.5 mL 离心管、移液器及吸头（点样用）、锥形头匀浆棒、铅笔（硬度：B）、直尺（长 20 cm 以上）、层析缸或者可密封塑料盒、喷雾器、口罩、通风橱、烤箱。

2. 试剂

（1）0.5%葡萄糖、0.5%核糖、0.5%果糖、1%蔗糖、1%乳糖，用 50%乙醇配。

（2）混合糖液 1：0.5%核糖、0.5%果糖、1%蔗糖，用 50%乙醇配制。

（3）混合糖液 2：0.5%葡萄糖、1%乳糖、1.5%蜜三糖，用 50%乙醇配制。

（4）展开剂：乙酸乙酯 600 mL、甲醇 150 mL、乙酸 150 mL、蒸馏水 100 mL，总体积 1000 mL；或氯仿/甲醇（60∶40，V/V）。

（5）苯胺-二苯胺-磷酸显示剂：1 g 二苯胺、1 mL 苯胺、5 mL 磷酸溶于 50 mL 丙酮。

（6）未知糖样品：果汁、鲜牛奶；20%三氯乙酸。

【实验步骤】

1. 样品制备

取一块适当大小的水果放入一支 1.5 mL 离心管，用配套的锥形匀浆棒研磨水果组织，压榨出果汁。取 200 μL 牛奶移入另一支 1.5 mL 离心管，再加入 100 μL 的 20%三氯乙酸，充分混合后作为处理牛奶样品。

2. 点样

取一块硅胶 G 薄层层析板，将吸附剂面向上平放在台面上。用铅笔在距离层析板下端 1.5 cm 处划一平行线（浅浅划线，不要划破硅胶层）；从平行线中位标记起点，再向两端每隔 1.6 cm 在线上标记一个点。用移液器逐一吸取各种已知糖液或样品 1.5 μL，使吸头垂直于层析板，定位于划线点位上方约 0.5 mm 处吹出液体点样于层析板上。点样顺序：蔗糖、果糖、核糖、混合糖液 1、果汁、牛奶、处理牛奶、混合糖液 2、葡萄糖、乳糖、蜜三糖。

3. 展层

向层析缸中加入展开剂，展开剂深度约 1 cm；待展开剂液面平静后，将层析板的点样端向下，平行插入展开剂中，立于层析缸中，密闭层析缸。静置 2 h 左右，待展开剂前沿上升至距离层析板上端 0.5~1 cm 处，取出层析板，立即标记展开剂前沿的位置。层析板吸附剂面向上平放在台面上，空气中晾至展开剂挥发干净。

4. 显色

佩戴口罩，将层析板斜立于通风橱中，用喷雾器将苯胺-二苯胺-磷酸显示剂均匀地喷在层析板上，至层析板均匀湿润但无液体流淌。层析板吸附剂面向上平放在台面上，待层析板干燥后，平置入 85℃ 烤箱内加热，一般 15~30 min 后色斑即会呈现。

【实验结果】

1. 测量各种糖的迁移距离：用直尺测量点样原点至各个色斑中心的距离（精确至毫米）进行记录，同时记录各个色斑的颜色。
2. 计算记录各个色斑的迁移率（R_f）。

$$色斑的迁移率 = \frac{色斑迁移距离}{葡萄糖色斑迁移距离}$$

3. 确定果汁和牛奶样品所含糖的种类：根据样品层析产生的色斑颜色和迁移率，对照已知糖产生色斑的颜色和迁移率，判断样品中所含糖的种类。

【注意事项】

1. 层析的展层过程必须保持层析缸密闭，否则展开剂挥发，停止迁移，导致层析终止，色斑叠压，无法获得待分析物正确的迁移数值。
2. 显示剂中含有致癌物质和腐蚀剂，因而进行相应的操作必须在通风橱中或者通风良好的地方进行，并且必须佩戴口罩避免有害气体的吸入。

【思考题】

1. 什么是有机化合物？一般生物体内都会存在哪些类型的小分子有机化合物？
2. 据你的生物化学知识，绝大多数生物体内都应该存在的糖有哪些？为什么？
3. 本实验的待测样品是果汁和牛奶，层析后的糖是否可以用荧光背景显示方法或者腐蚀碳化方法进行检测？为什么？
4. 经过层析显示，处理牛奶和牛奶原液样品的色斑分布有什么差别？试解释产生这种差别的成因。

（曹西南　狄　勇）

第三章 创新设计实验

本章实验是为适应实践教学改革而编写，包括创新性实验和实验设计。创新实验来源于教师的科研课题，虽然实验中所涉及的技术和理论不要求学生掌握，如 DNA 甲基化分析、捕获相互作用蛋白质、双向电泳等技术，但这些实验或技术已成为医学研究的重要手段。而基于云南各民族酒文化而设计的乙醛脱氢酶基因分析则是实验技术在生活中的应用。实验设计是基于临床病例，根据学生所学的理论知识和实验技术，结合文献信息，设计实验方案，解决或回答提出的科学问题。可见，本章内容为学生提供了有特色和多样性的实验教学平台和小组交流学习平台，是培养学生的自主学习能力、综合分析能力、解决实际问题能力和沟通交流能力的重要途径，有助于优秀本科生或研究生拓展相关知识和完成学位论文，也可作为教师和医师科研工作的参考资料。

实验 35　乙醛脱氢酶 2 基因型的检测

【实验目的】

1. 掌握利用聚合酶链反应-限制性片段长度多态性分析技术检测基因型的原理及方法。
2. 了解乙醇分解个体差异的原因及意义。

【实验原理】

乙醇作为饮料和调味剂广为人类所利用。在人体中乙醇的分解是通过乙醇脱氢酶（alcohol dehydrogenase，ADH）催化生成乙醛，乙醛再通过乙醛脱氢酶（aldehyde dehydrogenase，ALDH）继续脱氢（加氧）变成乙酸。乙酸可转变为乙酰 CoA 进入三羧酸循环代谢或者随尿液排出体外，所以 ADH 和 ALDH 的活性高低直接关系到乙醇的分解代谢。

东方有 30%～40% 的人 ALDH 基因有变异，该类人群饮酒后可能在体内产生乙醛堆积，并由此引起血管扩张、面部潮红、心动过速、脉搏加快等反应。ALDH 有多种同工酶，其中乙醛脱氢酶 2（ALDH2）是人体肝内乙醛代谢的最关键酶。ALDH2 基因定位于 12 号染色体 q24，其最主要突变方式为 12 外显子（exon 12）的 G1510A，即密码子由 GAA 变为 AAA，使得突变基因翻译出的蛋白质第 487 位的谷氨酸变为赖氨酸（E487K），由此造成 ALDH2 酶活性的丧失。*ALDH2* 的基因多态性包括正常纯合子、突变纯合子和两者的杂合子 3 型，在不同种族中分布存在差异。由于携带 *ALDH2* 基因的多态性，不同个体对乙醛的代谢显示出不同的活性，并与其对乙醇的耐受性及乙醇性疾病的发生存在一定联系。

聚合酶链反应-限制性片段长度多态性分析（polymerase chain reaction-restriction fragment length polymorphisms，PCR-RFLP）是一种传统的用来检测单核苷酸多态性的成熟技术。在本实验中，首先由 NCBI 数据库获取 *ALDH2* 12 外显子的序列 5′-CAAATTACAGGGTCAACTGCTATGATGTGTTTGGAGCCCAGTCACCCTTTGGTGGCTACAAGATGTCGGGGAGTGGCCGGGAGTTGGGCGAGTACGGGCTGCAGGCATACACT[G]AAGTGAAAACTGTGAGTGTGG-3′，序列长度为 135 bp，[G] 为第 487 密码子的碱基置换（G→A）。根据此序列设计上游引物 PF（5′-CAAATTACAGGGTCAACTGCT-3′）和下游引物 PR（5′-CCACACTCACAGTTTTC[T]CTT-3′）。其中下游引物 PR 中引入了限制性内切酶 *Mbo* Ⅱ 的识别位点（GAAG[A]NNNNNNNN↓），因此正常纯合子 *ALDH2* 的 PCR 产物可被 *Mbo* Ⅱ 酶切。采用从口腔黏膜细胞中提取的基因组 DNA 作为 PCR 模板，应用 PF 和 PR 进行 PCR 扩增，扩增产物经 *Mbo* Ⅱ 酶切，通过酶切产物电泳条带来确定 *ALDH2* 基因型。

【实验器材与试剂】

1. 实验器材

PCR 仪、水平式电泳装置、恒温浴槽、移液器、微波炉、紫外透射仪等。

2. 试剂

（1）PCR 试剂盒、限制性内切酶 *Mbo* Ⅱ、DNA marker。

（2）5×TAE 电泳缓冲液、10×电泳上样缓冲液、溴化乙锭（EB）溶液（参见附录二）。

（3）细胞基因组提取试剂盒。

（4）琼脂糖（电泳用级别即可）。

【实验步骤】

1. 从口腔黏膜细胞中提取基因组 DNA

（1）用清水清理口腔，用消毒棉签在口腔内壁刮取黏膜细胞 1 min。

（2）将棉签放入装有 500 μL 生理盐水的 1.5 mL 离心管内，上下抖动 30 次，尽量让细胞脱落。

（3）10 000 r/min 室温离心 1 min，小心吸去上清液，获得口腔黏膜细胞沉淀。

本实验使用离心柱型的 DNA 提取试剂盒提取基因组 DNA，其操作主要的大致步骤如下。

（4）在有细胞沉淀的离心管中加入细胞裂解缓冲液，溶解细胞。

（5）加入蛋白酶 K 和蛋白质沉淀试剂，充分反应后，加入无水乙醇摇匀，将所有溶液加入到吸附柱内，12 000 r/min 室温离心 1 min。

（6）加入清洗缓冲液离心清洗吸附柱，反复 2~3 次。

（7）将吸附柱放入一支新的离心管中，加入 TE 或蒸馏水 50～200 μL 离心洗脱基因组 DNA，获得 PCR 模板 DNA。

2. ALDH2 基因型的确定

（1）ALDH2 12 外显子的 PCR 反应按照试剂盒说明进行操作。PCR 反应条件为：98℃ 2 min→95℃ 30 s→57℃ 30 s→72℃ 30 s（35 个循环），72℃ 10 min。

（2）PCR 产物酶切：酶切对照组为 8 μL PCR 产物中加入 1 μL ddH$_2$O 和 1 μL MboⅡ buffer。酶切样品组为 8 μL PCR 产物中加入 1 μL MboⅡ 和 1 μL MboⅡ buffer。两组均为 10 μL 体系，37℃消化过夜。之后在消化产物中加入 2 μL 的 10×电泳载样缓冲液，充分混匀后进行电泳。

3. 琼脂糖凝胶电泳

本次实验所观察的 DNA 片段小于 150 bp，所以选用 2%的琼脂糖凝胶。

（1）用 10 μL 的移液器吸取 10 μL 酶切产物，缓缓注入点样孔。

（2）按 DNA marker、酶切对照组、酶切样品组顺序加样。

（3）电压 100 V 电泳，时间为 15～30 min。

（4）电泳完毕，取出胶模，置于紫外灯下观察。

【实验结果】

在紫外灯的照射下，观察酶切样品对应的荧光带是否出现。正常纯合子 ALDH2 在 126 bp 附近出现 1 条单独荧光带；突变纯合子 ALDH2 在 135 bp 处显示一条荧光带；杂合的 ALDH2 有两条荧光带，分别位于 135 bp 和 126 bp 位置。

【注意事项】

1. 刮取细胞的时候一定要仔细，因为细胞量的多少决定最后的结果，如果细胞量过少可能导致提取的 DNA 量不足。基因组的提取也可用外周静脉血替代。

2. EB 是致癌物质，能够引起基因突变并导致细胞癌变。另外其热稳定性差，60℃以上易分解，其产物如被吸入肺中会对人体产生危害。因此，加热溶解琼脂糖溶液时一定要等溶液冷却后再加入 EB 摇匀。为防止交叉污染，电泳后接触过凝胶的手套，尽量避免接触其他器具。

3. 电泳开始后，应注意观察溴酚蓝色带的移动，当溴酚蓝色带到凝胶中间偏上位置即可。因为本次实验的目标片段很小，如果过度电泳，会导致目标带流失。

4. 因为基因组 DNA 涉及个人遗传隐私，建议在实验结束后在各自的 DNA 样品管内加入 500 μL 的 NaOH，破坏基因组 DNA。

【思考题】

1. 描述本实验 PCR 引物设计的依据。

2. 结合实验结果及实际情况，分析一下自己的 ALDH2 基因型。

（袁 方 张 巧）

实验36　针刺"足三里"穴位对家兔血糖浓度的双向调节作用

【实验目的】

1. 掌握针刺对血糖浓度的影响。
2. 熟悉针灸作用的基本特点及针刺穴位的选取和采用的手法。

【实验原理】

针刺是一种非特异性刺激，其对机体生理、病理过程的影响，主要取决于机体本身的机能状态，如偏盛偏衰表现为调理，痛症则表现为镇痛等。大量实验研究也表明针灸作用的基本特点是双向调节作用。本实验通过针刺实验性高血糖和低血糖家兔的"足三里"穴位，比较针刺该穴位后家兔血糖浓度的变化，从而观察针刺的双向调节作用。

【实验器材与试剂】

1. 实验器材

针灸针、注射器、台式磅秤、动物解剖台、抗凝管、恒温水浴箱、刻度吸管或微量移液器、离心机、分光光度计等。

2. 试剂

胰岛素注射液（40 U/mL，按 1.5 U/kg 稀释）、肾上腺素注射液（1∶1000，按 0.37 mL/kg 稀释）、葡糖氧化酶-过氧化物酶血糖浓度测定试剂盒、二甲苯及凡士林、肝素抗凝剂（配成 2500 U/mL）。

【实验步骤】

（1）动物准备。正常家兔 4 只，实验前需禁食 16 h。编号、分别称量体重，固定于动物解剖台上。

（2）注射前取血。取抗凝管 4 支，编号。剪去家兔耳缘静脉处的兔毛，用二甲苯擦拭兔耳缘静脉，使其充血。预先在切口周围抹上凡士林以防止溶血，切开耳缘静脉，让血液流入抗凝管中，边取边摇动抗凝管，防止血液凝固，约取 1.5 mL，立即以 2500 r/min 的转速离心 15 min，分离血浆备用。

（3）对家兔注射激素及注射激素的同时针刺"足三里"穴位。1 号家兔皮下注射胰岛素（1 mL/kg 体重）。2 号家兔皮下注射胰岛素（1 mL/kg 体重），同时针刺两侧"足三里"穴位，留针 30 min。进针后立即捻针 1 min，其间每隔 9 min 捻针 1 min，出针前再捻针 1 min。3 号家兔皮下注射肾上腺素（1 mL/kg 体重）。4 号家兔皮下注射肾上腺素（1 mL/kg 体重），同时针刺两侧"足三里"穴位，留针时间及手法同 2 号家兔。

（4）再次取血。注射激素后 60 min（即出针后 30 min），对每只家兔心脏取血，约取 1.5 mL，立即以 2500 r/min 的转速离心 15 min，分离血浆备用。

（5）血糖浓度测定。取试管 10 支，按表 3-1 的要求加入血浆及各种试剂，用葡糖氧化酶-过氧化物酶法测定家兔注射激素前、后和注射激素加针刺前、后的血糖浓度。试剂加好后混匀，置于 37℃水浴中保温 15 min 后取出，冷却至室温。在波长 505 nm 处以空白管调零，读取标准管及测定管吸光度。

表 3-1 测定血糖浓度的反应体系配制

试剂	胰前	胰后	肾前	肾后	胰针前	胰针后	肾针前	肾针后	标准管	空白管
血浆/mL	0.03	0.03	0.03	0.03	0.03	0.03	0.03	0.03	—	—
葡萄糖标准液/mL	—	—	—	—	—	—	—	—	0.03	—
蒸馏水/mL	—	—	—	—	—	—	—	—	—	0.03
酶酚混合试剂/mL	0.03	0.03	0.03	0.03	0.03	0.03	0.03	0.03	0.03	0.03

注：胰前表示注射胰岛素前；胰后表示注射胰岛素后；肾前表示注射肾上腺素前；肾后表示注射肾上腺素后；胰针前表示注射胰岛素加针刺前；胰针后表示注射胰岛素加针刺后；肾针前表示注射肾上腺素加针刺前；肾针后表示注射肾上腺素加针刺后

【实验结果】

1. 血糖浓度的计算。

$$血糖浓度(mmol/L) = \frac{测定管吸光度}{标准管吸光度} \times 标准管浓度$$

2. 通过计算比对实验结果，观察针刺"足三里"穴位对家兔血糖浓度的双向调节作用。

【参考范围】

正常成人：3.89～6.11 mmol/L。家兔：4.32～8.60 mmol/L。

【注意事项】

1. 家兔"足三里"穴位于膝关节的前外侧，腓骨小头下约 1.2 cm，前缘离胫骨嵴约 1 cm 处，左右肢各一穴（根据兔病针灸科研协作组资料）。

2. 本实验的成败与取穴位置是否正确及针刺手法密切相关，操作时应以毫针直刺入 1.5～2.5 cm，进针后应有紧滞感，捻针时家兔应有反应，如下肢抽动等。如进针后感到针下空松，无任何抵抗，捻针时家兔也无任何反应，则实验往往失败。

【思考题】

针刺"足三里"穴位对血糖浓度有何影响？

（吴冠儒）

实验 37 小鼠 PKCε 相互作用蛋白质的捕获、鉴定

【实验目的】

1. 学习和掌握标签蛋白质沉淀研究蛋白质相互作用的基本原理和一般操作流程。
2. 了解蛋白质相互作用研究的常用方法。

【实验原理】

标签融合蛋白结合实验是一种基于亲和色谱原理用来分析蛋白质体外直接相互作用的方法。该方法利用一种带有特定标签（tag）的纯化融合蛋白为诱饵（bait），在体外与待检测的纯化蛋白质或混合蛋白质样品温育，然后利用可结合蛋白质标签的琼脂糖珠将融合蛋白回收（图 3-1），洗脱液经分离染色或免疫印迹检测。如果两种蛋白质有直接的结合，待检测蛋白质将与融合蛋白同时被琼脂糖珠沉淀（pull-down）。在电泳胶中或免疫印迹胶片中可检测到相应条带。

本实验采用 6His-PKCε 融合蛋白作为诱饵，在小鼠脑组织裂解液中捕获与之相互作用的相关蛋白质，通过凝胶染色观察与 6His-PKCε 相互作用蛋白质的数目，并通过免疫印迹检测与之相互作用的已知蛋白质 BAX（Bcl-2-associated X protein）。

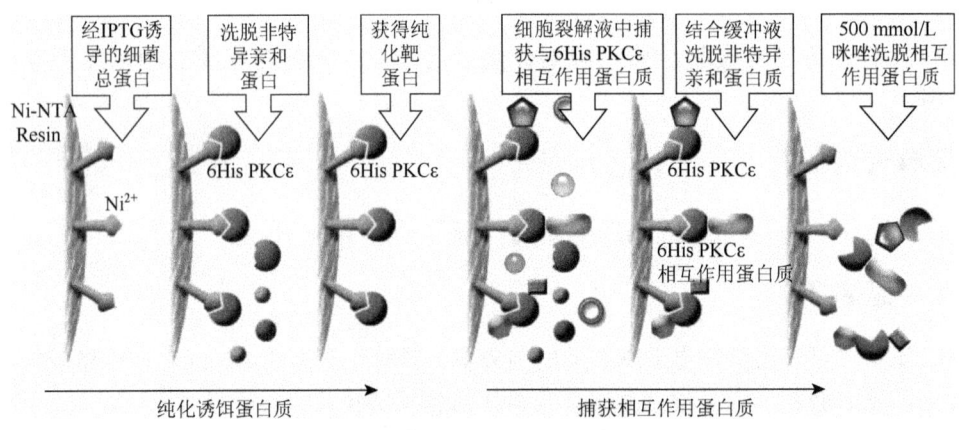

图 3-1 6His 标签融合蛋白沉淀实验流程示意图

【实验器材与试剂】

1. 实验器材

台式低温高速离心机、可见分光光度计、超声破碎仪、摇床、玻璃匀浆器、Mini-Spin Column（图 3-2）、0.45 μm 滤膜等。

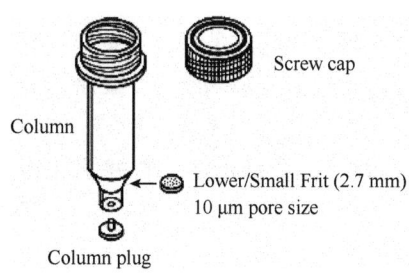

图 3-2 Mini-Spin Column 结构示意图

2. 样品

鼠脑、大肠杆菌 E. coli BL 21（DE 3）PlysS（经转染含 *6His-PKCε* 基因原核表达质粒）。

3. 试剂

（1）LB 培养基、IPTG、1×PBS 溶液（参见附录二）。

（2）平衡液：300 mmol/L NaCl、50 mmol/L Na_2HPO_4（pH 8.0）、20 mmol/L 咪唑。

（3）100 mmol/L 卡那霉素、5 mol/L 咪唑、100 mmol/L 苯甲基磺酰氟（PMSF）。

（4）细胞裂解液：50 mmol/L Tris（pH 7.5）、1% Nonidet P-40、150 mmol/L NaCl、1 mmol/L Na_3VO_4、2 mmol/L 乙二胺甲乙酸（EGTA）、混合蛋白酶抑制剂。

（5）镍离子亲和树脂 Ni-NTA His·Bind®Resins。

（6）抗体：一抗兔抗鼠 BAX（Bcl-2-associated X protein）、二抗辣根过氧化物酶标记羊抗兔 IgG。

【实验步骤】

1. 融合蛋白的诱导表达及纯化

（1）重组质粒 pET-*28a*（+）-*PKCε*，表达菌株 E. coli BL 21（DE 3）PlysS，接种于含 0.05 mg/mL 卡那霉素的 LB 培养基中，37℃扩增培养。

（2）当细菌生长至 A_{600} 为 0.6~0.8 时加入 IPTG 储液至终浓度为 1.0 mmol/L，22℃诱导 4 h。3000 g 离心收集细菌，收集的菌体用 1×PBS 洗菌一次，再次离心沉淀细菌。

（3）3 mL 平衡缓冲液重悬细菌，冰浴超声破菌，20 W，每次 2 s，停 3 s，累计超声 5 min。

（4）10 000 g，4℃，30 min，离心收集上清液，上清液经直径 0.45 μm 滤膜过滤，待用。

（5）取 4 支 Mini-Spin Column，分别标明 1~4 号。每管加 100 μL 50%镍离子亲和树脂悬液，相当于 50 μL 柱体积。

（6）每管加 500 μL 平衡液，底部用"Column plug"封紧，顶部盖上"Screw cap"，颠倒混匀数次。

（7）取下"Column plug"，放入 1.5 mL 离心管内，将各管置离心机上，500 g 离心 1 min，取出 Min-Spin Column，弃离心管内平衡液，重复操作"6""7"3 次，相当于用平衡液洗柱 4 次。

(8) 向 1～3 号管加细菌裂解液 700 μL，4 号管置 4℃冰箱中待用，底部用"Column plug"封紧，顶部盖上"Screw cap"，颠倒混匀，置摇床上 1 h，使靶蛋白与镍柱充分结合。

(9) 重复操作"6""7"4 次，平衡液洗脱非特异亲和蛋白质，洗脱完毕后，向管内加 100 μL 细胞裂解液（含 20 mmol/L 咪唑），置 4℃冰箱中待用。

2. 脑组织裂解液制备

(1) 小鼠处死后，迅速取出鼠脑，用预冷的蒸馏水洗去血渍。

(2) 称取 0.1 g 脑组织，放入匀浆器内，加 1 mL 细胞裂解液（含 20 mmol/L 咪唑），100 mmol/L PMSF 10 μL，冰水浴中匀浆。

(3) 匀浆完毕，匀浆液冰上放置 15 min，18 000 g，4℃，离心 30 min。

(4) 转移上清液至另一洁净离心管内，此为脑组织匀浆液，考马斯亮蓝染色法测定样品蛋白质浓度。

(5) 取 2 mg 蛋白质样品，体积不足 700 μL，用含 20 mmol/L 咪唑的细胞裂解液补足。

3. 脑组织细胞中与 6 His-PKCε 相互作用蛋白质的捕获

(1) 4℃冰箱中取出 2～4 号管，取下"Column plug"，放入 1.5 mL 离心管内，将各管置离心机上，4℃，500 g 离心 1 min，取出 Min-Spin Column，弃离心管内细胞裂解液。

(2) 每管加 2 mg 蛋白质样品，体积 700 μL，旋紧"Screw cap"，颠倒混匀，置 4℃摇床或冰上充分振摇 1 h。

(3) 取下"Column plug"，放入 1.5 mL 离心管内，将各管置离心机上，4℃，500 g 离心 1 min，取出 Min-Spin Column，弃离心管内脑组织匀浆液。

(4) 每管加冰上预冷细胞裂解液（含 20 mmol/L 咪唑）500 μL，底部用"Column plug"封紧，顶部盖上"Screw cap"，颠倒混匀数次。

(5) 取下"Column plug"，放入 1.5 mL 离心管内，将各管置离心机上，4℃，500 g 离心 1 min，取出 Min-Spin Column，弃离心管内细胞裂解液。重复此步操作 4 次，尽量洗脱非特异亲和蛋白质。

(6) 向 1～4 号管各加 100 μL 含 500 mmol/L 咪唑的细胞裂解液，充分混匀，室温下静置 5 min。

(7) 取下"Column plug"，放入 1.5 mL 离心管内，将各管置离心机上，4℃，500 g 离心 1 min，1 号管所得洗脱液为纯化的 6His-PKCε，用于电泳检测纯化诱饵蛋白质的纯度；2、3 号管所得洗脱液内含有与 PKCε 相互作用蛋白质，4 号管为镍离子亲和柱与脑组织匀浆液内非特异亲和的蛋白质（阴性对照）。

4. 相互作用蛋白质的检测

(1) SDS-PAGE 检测 6His-PKCε 的纯度及与之相互作用蛋白质的种类，样品为 1～3 号管内洗脱样品各 50 μL。

(2) 免疫印迹检测 BAX 蛋白质，样品为 3、4 号管内洗脱样品各 50 μL。

(3) SDS-PAGE 和免疫印迹详尽操作请参阅实验 25 和实验 26。

【思考题】

1. 本实验中所捕获的其他相互作用蛋白质,若经免疫印迹检测后可得到相应蛋白质条带,是否就可判定两者是直接作用蛋白质,为什么?需用何种方法才能最终确定两者是直接作用蛋白质?
2. 哪些实验技术可用于蛋白质相互作用研究?请简述其优缺点。

(狄 勇)

实验 38　小鼠肝总蛋白质的双向电泳分离

【实验目的】

1. 掌握双向凝胶电泳的基本原理,为蛋白质组学的研究奠定基础。
2. 了解双向凝胶电泳基本操作流程。

【实验原理】

双向凝胶电泳(2-dimensional electrophoresis,2-DE)是由等电聚焦电泳(isoelectric focusing,IEF)和变性十二烷基磺酸钠-聚丙烯酰胺凝胶电泳(SDS-PAGE)组合而成的用于分离蛋白质的电泳技术。这一技术利用混合蛋白质样品中各蛋白质等电点的差异及分子质量大小的差异,通过两次电泳对混合蛋白质样品进行分离,它的分辨率极高,可达 2000～4000 点,对分子质量为 5～200 kDa 有较好的分辨率,称为"蛋白爆炸",是蛋白质组研究的技术平台之一。

IEF/SDS-PAGE 双向凝胶电泳是 1975 年 O′Farrall 等根据不同组分之间的等电点差异和分子质量差异建立的。但其步骤十分烦琐,影响因素多,故重复性很差。固定 pH 梯度(immobilized pH gradient,IPG)技术的出现,克服了载体两性电解质形成的 pH 梯度在等电聚焦过程中易发生漂移的缺点,使二维电泳技术的重复性和分辨率得到了极大的提高。近年来,随着对 IPG 技术的不断改进和新仪器的出现,二维电泳技术基本上形成了一套标准的操作流程和条件。

目前,IEF 电泳一般采用固定 pH 梯度胶条(线性和非线性)为第一向(水平电泳);SDS-PAGE 为第二向(垂直平板电泳)。在进行第一向 IEF 电泳时,电泳体系中应加入高浓度尿素、适量非离子型去污剂 NP-40 和 IPG 缓冲液。蛋白质样品中除含有这两种物质外,还应有二硫苏糖醇以促使蛋白质变性和肽链舒展。IEF 电泳结束后,将胶条在 SDS-PAGE 所应用的样品处理液(内含 SDS、β-巯基乙醇、碘乙酰胺)中振荡平衡,然后包埋在已制备好的 SDS-PAGE 凝胶板上端,即可进行第二向电泳。IEF/SDS-PAGE 双向凝胶电泳对蛋白质(包括核糖体蛋白、组蛋白等)的分离是极为精细的,在凝胶图谱中即可对蛋白质的等电点和表观分子量进行初步判断,因此特别适合于分离细菌或细胞中复杂的蛋白质组分。

【实验器材与试剂】

1. 实验器材

烧杯、双向凝胶电泳仪设备（GE healthcare）、凝胶扫描仪、台式低温高速离心机、可见分光光度计等。

2. 试剂

（1）细胞裂解液：8 mol/L 尿素、2 mol/L 硫脲、4% 3-[（3-胆胺丙基）二甲基氨]-1-丙烷磺酸脂（CHAPS）、40 mmol/L Tris、100 mmol/L PMSF、80 mmol/L 二硫苏糖醇（DTT）、IPG buffer 0.5%。

（2）考马斯亮蓝 G-250 定量试剂盒。

（3）水化液：8 mol/L 尿素（超纯级）、2% CHAPS、1% DTT、0.002%溴酚蓝。每支 1.5 mL 离心管分装 980 μL，置–20℃冰箱保存，临用前室温下自然解冻，添加 20 μL IPG buffer（pH 3～10）致终浓度 0.5%。

（4）IPG 胶条覆盖液、TEMED。

（5）30%丙烯酰胺胶液、1.5 mol/L 分离胶缓冲液、10% SDS、10%过硫酸铵、电泳电极液、考马斯亮蓝染色液（参见附录二）。

（6）封胶琼脂糖：0.5%热琼脂糖（用电极缓冲液配制）、0.01%溴酚蓝。

（7）平衡液（equilibration solution）：75 mmol/L Tris-HCl（pH 8.8）、6 mol/L 尿素、2% SDS、30%甘油、1% DTT、4%碘乙酰胺（IAA）（注意：该溶液配制时应待尿素和 SDS 溶解后再加甘油，否则 SDS 不易溶解，DTT 和 IAA 在临用前添加，配制好的平衡液可置-20℃冰箱中保存，用前 30 min 取出室温下解冻）。

（8）脱色液：10%乙醇、10%乙酸。

（9）银染试剂。

A. 固定液：500 mL 乙醇、100 mL 冰醋酸、400 mL 蒸馏水。

B. 浸泡液：75 mL 乙醇、17 g 乙酸钠、1.25 mL 25%戊二醛（新配制）、0.5 g 五水硫代硫酸钠。

C. 银染液：0.25 g 硝酸银、50 μL 甲醛（新配制），用蒸馏水加至 250 mL。

D. 显色液：6.25 g 碳酸钠、25 μL 甲醛（新配制），用蒸馏水加至 250 mL。

E. 终止液：3.65 g EDTA-Na_2·$2H_2O$，用蒸馏水加至 250 mL。

F. 保存液：25 mL 87%甘油，用蒸馏水加至 250 mL。

【实验步骤】

1. 样品处理

（1）鼠处死后，迅速取出肝，用预冷的蒸馏水洗去血渍。

（2）称取 0.1 g 肝组织，放入匀浆器内，加 1 mL 细胞裂解液，加 100 mmol/L PMSF 10 μL，冰水浴中匀浆。

（3）匀浆完毕，匀浆液冰上放置 15 min，20 000 g，4℃，离心 30 min。

(4) 转移上清液至另一洁净离心管内,考马斯亮蓝法测定样品蛋白质浓度。

(5) 取 300 μg 蛋白质样品用于双向凝胶电泳,如使用考马斯亮蓝染色,样品用量应在 800~1000 μg(注意:18 cm 胶条样品上样体积为 350 μL,样品体积不足部分用水化液补足至 350 μL)。

2. 第一向等电聚焦

(1) 第一向等电聚焦取 18 cm,pH 3~10 的胶条上样(注意:取胶条及剥离胶条上覆盖的薄膜时,使用洁净小镊子进行操作,切忌胶条被不净物质污染,撕开胶条保护膜时应尽量避免胶条被拉断)。

(2) 将含有样品的水化液均匀涂布在胶条槽两电极之间,将 IPG 干胶条胶面向下,其正极端顶至胶条槽尖端,缓慢将整个胶条放入胶条槽中,来回反复拖动避免胶面下产生气泡。

(3) 覆盖一层 IPG 胶条覆盖液以防电泳时水分蒸发,盖上胶条槽盖。

(4) 等电聚焦参数设置:30 V 12 h→200 V 1 h→500 V 1 h→1000 V 1 h→Grad. 8000 V 50 000 vhs→500 V 1 h。

(5) 按下启动开关,进行等电聚焦。

(6) 凝胶条可立即使用或在 –70℃ 放置数周。

3. 第二向 SDS-PAGE

(1) 安装 Ettan DALT six 灌胶模具,依照说明书进行。

(2) 用 100 mL 烧杯,按表 3-2 配制分离胶。

表 3-2 12.5%分离胶配置表

试剂	分离胶
30%丙烯酰胺/mL	33.5
1.5 mol/L 分离胶缓冲液(pH 8.8)/mL	20
10% SDS/mL	0.8
10%过硫酸铵/mL	0.8
蒸馏水/mL	25
TEMED/mL	0.05

(3) 分离胶溶液充分混匀后从一侧加入灌胶模具,上方留 1.5~2 cm 用于琼脂糖封胶,小心地在分离胶的表面加一层水饱和正丁醇,封住胶面,以隔绝空气促进聚合并保持胶面平整。

(4) 室温放置 40 min~1 h 后,可以看到一个界面,去掉上层覆盖液,用电极缓冲液淋洗胶面,充分去除正丁醇,放置待用。

(5) IEF 结束后的胶条放在 10 mL 含 1% DTT 的 SDS 平衡液中,置摇床上平衡 15 min。

(6) 然后放在 10 mL 含 4% IAA 的平衡液中,置摇床上平衡 15 min。

(7) 平衡后的胶条经蒸馏水润洗后,放在已制备好的 SDS-PAGE 胶上,胶面与胶条之间避免产生气泡，加 0.5%的琼脂糖封胶液封胶。

（8）放入 Ettan DALT six 垂直电泳系统中电泳，电泳参数设置为 2 W/胶，1 h 进胶，调节电泳功率至 15 W/胶，直至溴酚蓝跑至胶底缘。

（9）电泳结束后，撬开玻璃板，将凝胶剥入染色容器内，进行染色操作。

4. 银染

固定（在固定液中至少固定 30 min）→浸泡（在浸泡液中浸泡 30 min）→漂洗（用蒸馏水漂洗 3 次，5 min/次）→银染（在银染液中染色 20 min）→显色（在显色液中显色 2～10 min，仔细观察蛋白质点颜色变为深棕色，适时终止显色反应，平行样品的显色时间应一致）→终止（在终止液中浸泡 10 min）→漂洗（用蒸馏水漂洗 3 次，5 min/次）→保存（在保存液中浸泡 30 min，取出晾干）。

5. 考马斯亮蓝染色

剥胶后每块凝胶加 250～300 mL 考马斯亮蓝染液，保鲜膜封好容器，置摇床（40 r/min）上染色过夜，次日，弃染液，加入脱色液，脱色过程中，至少更换 3 次以上，每次 250 mL 脱色液，直至背景干净为止。

6. 扫描凝胶图像

【注意事项】

由于蛋白质表达的高度可变性，适于某种样品的条件，如裂解液配方、样品制备方法等可能并不是另一种样品的最佳选择，必须根据不同样品的特点来优化这些条件才能得到最好的结果。由于蛋白质只有在整个二维分离过程中保持溶解状态才能被分析，裂解液和水化液中变性剂、去污剂和还原剂的种类及其浓度在这些条件中尤为重要。

【思考题】

1. 影响双向凝胶电泳的因素非常多，图 3-3 中两种情况是由何原因所致？并给出相应解决方案。

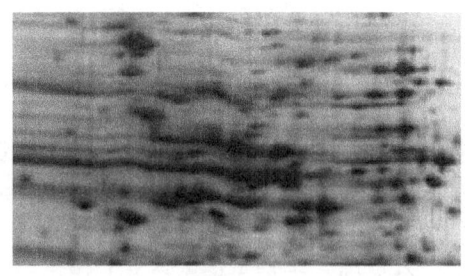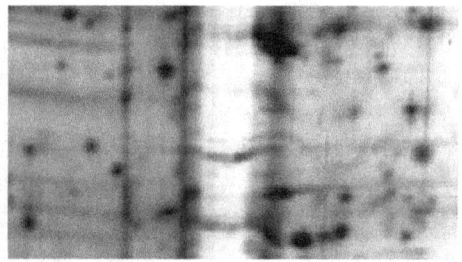

图 3-3　双向凝胶电泳图

2. 试述双向凝胶电泳蛋白质样品脱盐常用的方法。

（狄　勇）

实验 39 人血浆同型半胱氨酸的测定（ELISA 方法）

【实验目的】

1. 掌握同型半胱氨酸测定的基本原理和方法。
2. 了解同型半胱氨酸测定的临床意义。

【实验原理】

同型半胱氨酸（homocysteine，Hcy）是体内一种含硫氨基酸，为甲硫氨酸代谢的中间产物。体内 Hcy 代谢途径主要有两条。其一，Hcy 甲基化途径再生成甲硫氨酸。该反应过程中需要甲硫氨酸合成酶（methionine synthase，MS）的催化，这种酶广泛存在于哺乳动物细胞内。其二，转硫途径。Hcy 在胱硫醚-β-合成酶（cystathionine-β-synthase，CBS）催化下合成胱硫醚，通过转硫降解为胱氨酸和 α-丁酮酸。正常人体内 Hcy 含量很少，一般正常空腹血液为 5~15 µmol/L。高同型半胱氨酸血症（hyperhomocysteinemia，Hhcy）是指血中 Hcy 高于正常值，轻度为 16~30 µmol/L、中度为 31~100 µmol/L、重度大于 100 µmol/L。研究表明，Hhcy 与诸多疾病密切相关，因此监测血液中 Hcy 的水平在临床相关疾病的防治中具有极其重要的意义。

目前，血浆（或者血清）Hcy 的测定主要采用高效液相色谱法（high performance liquid chromatography，HPLC）和酶联免疫吸附法（enzyme-linked immunosorbent assay，ELISA）。其中 ELISA 具有成本低、操作简单、重复性好等优点，已经成为测定血中 Hcy 最主要的方法。ELISA 主要包括双抗体夹心法、双抗原夹心法、间接法、竞争法等，其中双抗体夹心法使用较为普遍。该法基本原理是使抗体结合到某种固相载体表面，形成固相载体；使待检测的抗原与固相载体结合，形成抗原抗体复合物，通过多次洗涤除去样本中的其他物质；加入酶标的抗体，使其与形成抗原抗体复合物的抗原结合，再通过多次洗涤后，除去未结合的酶标抗体；加入酶催化的底物后产生显色反应，根据颜色的有无和产生的颜色深浅程度来对样本中的抗原进行定性和定量分析。

【实验器材与试剂】

1. 实验器材

离心机、酶标仪、恒温浴槽、微量移液器、冰箱等。

2. 试剂

双抗体夹心法测定试剂盒。

【实验步骤】

1. 样本制备

取抗凝血液，1000 g 离心 10~15 min 获得血浆。

2. Hcy 测定

根据测定试剂盒使用说明，通常采用如下步骤。

（1）测定前将样本和试剂盒在常温下平衡。

（2）在酶标板中加入标准品和待测血浆，充分混匀后，洗涤液洗涤除去其他未结合的物质，扣干剩余的液体。

（3）加入酶标抗体，充分混匀。待结合完成后，用洗涤液洗涤除去未结合的酶标抗体，扣干剩余的液体。

（4）加入酶标抗体所携带酶催化的底物，充分反应后加入终止液。

（5）在酶标仪上选择 450 nm 比色测定吸光度。

【实验结果】

将所用标准品的浓度作为横坐标，吸光度作为纵坐标作图，绘制标准曲线，根据标准曲线及样本的吸光度得到 Hcy 的浓度。

【参考范围】

正常成人血浆 Hcy 的空腹值为 5~15 μmol/L。

【临床意义】

正常情况下，血液中的 Hcy 处于较低水平，当 Hcy 的含量超过 15 μmol/L，称为高同型半胱氨酸血症（hyperhomocysteinemia，Hhcy）。Hhcy 是心脑血管疾病的独立危险因素之一，同时还与代谢综合征、阿尔茨海默病、骨质疏松、视网膜疾病、多囊卵巢综合征、肾疾病等密切相关。

【注意事项】

1. 实验中注意不要出现样本和试剂的交叉污染，否则会导致实验的失败。
2. 样本应及时进行检测，如果需要长时间保存，请放入低温环境下，避免反复冻融。
3. 吸光度的读取应在短时间内完成，否则会影响测定的结果。
4. 每次测定时必须作标准曲线。标准品和样本必须作平行孔，取平均值作为测定的结果。

【思考题】

1. 测定 Hcy 常用的方法有哪些？并写出基本原理。
2. 测定 Hcy 具有什么样的临床意义？

（李树德）

实验40　自毁容貌综合征的生化与分子生物学分析

【实验目的】

1. 培养学生获取文献信息和实验设计的能力。
2. 培养学生应用生化与分子生物学知识分析和解决具体问题的能力。

【实验病例】

患者男性，出生后6个月开始出现肌张力亢进、肌强直、剪形腿，1岁出现舞蹈症和癫痫样发作，2~3岁开始强制吃自己的手指、嘴唇和口腔黏膜，以后逐渐出现手足不自主动作、无故吵闹、站立困难的现象，并表现出明显的智力障碍、自残和攻击行为，常伴有发热、关节剧痛、畸形等症状。此外，实验室检测显示患者血尿酸是正常人的8.72倍。根据临床表现及其高尿酸血症，推测此患者有可能是自毁容貌综合征（Lesch-Nyhan syndrome）。

请学生利用所学的生化与分子生物学理论和技术，结合文献信息，设计实验方案，从生化代谢和DNA水平上来明确自毁容貌综合征的诊断。

【实验步骤】

（1）3~5人为一组，查阅文献资料，明确所检测指标的理论依据、实验技术、实验方法及其注意事项，说明每一实验回答的科学问题，同时列出参考文献的出处。
（2）列出每一实验所需的仪器、材料及试剂。
（3）由学生和老师讨论实验方案的合理性、可行性和创新性。
（4）对可行的实验，可在指导老师帮助下，选题小组成员完成实验具体操作，分析实验结果并提交实验报告。

【实验评定】

根据学生小组阅读的文献量、实验设计报告、能否正确选用实验技术和方法、讨论中的沟通与交流能力等进行综合评定。

【思考题】

1. 患者出现痛风症状和神经系统症状的机制是什么？
2. 根据文献，次黄嘌呤-鸟嘌呤磷酸核糖转移酶的基因突变有哪些？

（朱月春）

实验 41　G6PD 缺陷的诊断及其发病的分子基础

【实验目的】

1. 培养学生获取文献信息和实验设计的能力。
2. 培养学生应用生化与分子生物学知识分析和解决具体问题的能力。

【实验病例】

患者男性，4 岁，云南省德宏州梁河县阿昌族，出生后 8 个月时有过不明原因的急性溶血，并有经 3 次输血治疗后好转的病史。患者父母均为梁河县阿昌族。梁河县曾是疟疾流行区，因此医生推测此患者可能是葡糖-6-磷酸脱氢酶（Glucose-6-phosphate dehydrogenase，G6PD）缺陷者。

（1）请你利用所学的生化代谢知识，明确此患者发生急性溶血的生化机制是什么？用什么方法或技术可明确 G6PD 缺陷的诊断？

（2）请你利用所学的分子生物学理论和技术，结合文献信息，设计实验方案，探讨 G6PD 缺陷的分子机制（提示：人 *G6PD* 基因序列在 EMBL：X55448 获取）。

【实验步骤】

（1）3～5 人为一组，查阅文献资料，明确检测指标的理论依据、实验技术、实验方法及其注意事项，说明每一实验回答的科学问题，同时列出参考文献的出处。

（2）列出每一实验所需的仪器、材料及试剂。

（3）由学生和老师讨论实验方案的合理性、可行性和创新性。

（4）对可行的实验，可在指导老师帮助下，选题小组成员完成实验具体操作，分析实验结果并提交实验报告。

【实验评定】

根据学生小组阅读的文献量、实验设计报告、能否正确选用实验技术和方法、讨论中的沟通与交流能力等进行综合评定。

【思考题】

1. 为什么说 G6PD 缺陷是疟疾阳性选择的结果？
2. 结合文献，总结云南地区 *G6PD* 基因突变的高发位点，并分析突变位点对 G6PD 结构的可能影响？

（朱月春）

实验 42　HL-60 细胞中 *DAPK* 基因甲基状态的检测

【实验目的】

1. 掌握甲基化特异性 PCR（MSP）法测定基因甲基化的方法及其原理。
2. 熟悉 5-氮杂胞苷抑制基因甲基化作用的方法及其原理。
3. 了解 HL-60 细胞中 *DAPK* 基因甲基化状态的临床意义。

【实验原理】

甲基化是指在 DNA 甲基转移酶（DNA methyltransferase，DNMT）催化作用下，利用 *S*-腺苷甲硫氨酸（*S*-adenosylmethionine，SAM）提供甲基，在 CpG 二核苷酸中胞嘧啶嘧啶环的第 5 位碳原子上加上甲基的共价修饰过程。DNA 甲基化修饰发生于 CpG 岛，甲基化程度的高低常影响基因的表达。5-氮杂胞苷（5-aza-C）是常用的基因甲基转移酶抑制剂，其在 DNA 复制过程中可与甲基转移酶结合成共价复合物，从而使因甲基化失活的抑癌基因重新表达并恢复功能，从而抑制肿瘤细胞生长。死亡相关蛋白激酶（death associated protein kinase，DAPK）作为一种重要的抑癌基因可通过多种途径诱导肿瘤细胞凋亡，*DAPK* 基因启动子区甲基化状态的改变发生在多种人类肿瘤中。因此，探讨人早幼粒细胞白血病细胞系 HL-60 细胞中 *DAPK* 基因启动子区甲基化状态的改变将有助于揭示白血病的发生机制。

甲基化的检测方法有多种，目前以甲基化特异性 PCR（methylation specific polymerase chain reaction，MSP）较为常用。MSP 是基于亚硫酸氢钠处理 DNA 并结合 PCR 技术而建立的一种简便、特异、高灵敏度的检测单基因甲基化的方法。变性后的 DNA 经亚硫酸氢盐处理后，非甲基化的 C 被转变为 U，而甲基化的 C 则不改变。所以当处理后的 CG→UG 时，表明 C 没有甲基化，若 CG 未改变则提示 CpG 岛发生了甲基化。进而针对 *DAPK* 基因启动子区 CpG 岛设计甲基化和非甲基化引物进行 PCR 扩增，最后经琼脂糖凝胶电泳检测扩增片段即可知 *DAPK* 基因的甲基化状态。

【实验器材与试剂】

1. 实验器材

超净工作台、CO_2 培养箱、倒置显微镜、离心机、紫外分光光度计、PCR 仪、琼脂糖凝胶电泳槽、紫外透射仪等。

2. 试剂

（1）细胞培养：RPMI 1640 培养基、10%胎牛血清、5 μmol/L 的 5-氮杂胞苷。

（2）真核细胞基因组 DNA 提取所需试剂（详见第二章实验 17）。

（3）CpG 甲基转移酶（M.SssⅠ）、1 mol/L 氢氧化钠、10 mmol/L 氢醌（现配现用）、3 mol/L 亚硫酸氢钠（pH 5.0）。

【实验步骤】

1. 细胞培养及药物处理

人早幼粒细胞白血病细胞系 HL-60 以 $5×10^5$ 个/mL 的密度接种于含 10%胎牛血清的 RPMI 1640 培养基，于 37℃、5%CO_2、饱和湿度的培养箱中培养；取对数生长期的 HL-60 细胞作为甲基化组，以 5 μmol/L 的 5-氮杂胞苷处理 48 h 后的 HL-60 细胞作为抑制甲基化组。

采用经 CpG 甲基转移酶（M.SssⅠ）处理及不处理的正常人外周血 DNA 分别作为甲基化和非甲基化的阳性对照，以去离子水作为阴性对照。

2. 基因组 DNA 的提取和定量

参照真核细胞基因组 DNA 的提取方法，分别将 5-氮杂胞苷作用前后的 HL-60 细胞用酚/氯仿法抽提基因组 DNA，最后用紫外分光光度法检测基因组 DNA 的纯度和质量，琼脂糖凝胶电泳检测其完整性（详见第二章实验 17）。

3. 亚硫酸氢盐修饰

取 1 μg 基因组 DNA，加入终浓度为 0.2 mol/L 的氢氧化钠溶液至总体积为 50 μL，37℃水浴孵育变性 10 min。然后加入 30 μL 10 mmol/L 的氢醌和 520 μL 3 mol/L 的亚硫酸氢钠，充分混匀后以矿物油覆盖其表面，50℃孵育 16 h。修饰后的 DNA 进行过柱脱盐纯化，再用终浓度为 0.3 mol/L 的氢氧化钠常温处理 5 min，最后用乙醇沉淀被修饰的 DNA，并用适量水溶解后置-20℃备用。

4. PCR 扩增 *DAPK* 基因的操作

取 1 μg 已修饰的各基因组 DNA 作模板，分别用甲基化引物和非甲基化引物进行 PCR。甲基化引物序列：5′-GGATAGTCGGATCGAGTTAACCTC-3′ 和 5′-CCCTCCCAAACGCCGA-3′，引物扩增长度为 98 bp。反应条件：95℃预变性 5 min，继而 95℃ 30 s，60℃ 30 s，最后 72℃ 30 s，32 个循环，最后 72℃延伸 7 min。非甲基化引物序列：5′-GGAGGATAGTTGGATTGAGTTAATGTT-3′和 5′-CAAATCCCTCCCAAACACCAA-3′，引物扩增长度为 106 bp，反应条件：95℃预变性 5 min，继而 95℃ 30 s，60℃ 30 s，72℃ 30 s，32 个循环，最后 72℃延伸 7 min。

5. 1.5%琼脂糖凝胶电泳检测 PCR 产物并分析结果

紫外透射仪下观察 PCR 扩增产物的条带。

【实验结果】

紫外透射仪下观察 PCR 扩增产物，只有非甲基化引物扩增出相应片段者为甲基化阴性，而仅有甲基化引物扩增出相应片段者为完全甲基化，甲基化引物与非甲基化引物均扩增出相应片段为不完全甲基化。其中，完全甲基化和不完全甲基化均计为甲基化检测阳性。观察并比较阳性对照、阴性对照、*DAPK* 基因甲基化组和抑制甲基化组的条带差异。

【注意事项】

1. 由于 MSP 反应的特殊性，需在修饰前测定 DNA 浓度，并控制模板 DNA 的量不宜超过 2 μg，以免导致修饰不完全而影响后续反应；修饰时间应掌握在 10~16 h，修饰时间过长会导致甲基化的 C 也转化成 U 且加剧 DNA 模板的破坏，而时间过短则导致修饰不完全；MSP 反应时应同时设立阳性对照和阴性对照，避免电泳结果中出现非特异性条带而导致误判。

2. 甲基化引物设计的原则。据亚硫酸氢钠处理后的非甲基化 DNA 序列（C 转变为 U）和甲基化 DNA 序列（C 不改变）分别设计一对引物，引物末端均设计至检测位点结束；引物序列中应包含尽可能多的 CpG 位点；甲基化引物和非甲基化引物序列 3′端应处于相同的 CpG 位点；两对引物应有相近的 T_m 值。用引物软件（如 Primer Premier 5.0）推测引物对模板的扩增效率，对于扩增效率<30%的引物需进行优化，即在核心启动子区域前后反复调整甲基化前导引物扩增起始点，以期提高引物扩增效率。可增设外侧引物进行巢式 PCR，增加 PCR 扩增特异性，从而提高 PCR 产量。

【思考题】

1. MSP 法测定 DNA 甲基化的原理是什么？设立阳性对照和阴性对照有什么意义？
2. 如何检测不同浓度的 5-氮杂胞苷作用后的 HL-60 细胞中 *DAPK* 基因启动子区的甲基化程度？列举两种以上的检测方法并说明其原理。
3. *DAPK* 基因启动子区的甲基化为什么会成为白血病发生的机制之一？

（李思熳）

实验 43　胰岛素促进 HepG2 细胞对葡萄糖吸收的检测

【实验目的】

1. 掌握胰岛素促进 HepG2 细胞对葡萄糖吸收的基本理论及检测方法。
2. 拓展本实验方法在其他治疗糖尿病药物研究中的应用。

【实验原理】

糖尿病是威胁全人类健康的常见代谢综合性疾病。胰岛素分泌不足和胰岛素抵抗是糖尿病的两个主要病理生理特征。肝是胰岛素作用的重要靶器官，在维持血糖稳定中起着不可替代的作用。因此，研究肝糖代谢对糖尿病的预防和治疗具有十分重要的意义。

目前，临床最常用的血糖检测系统是葡糖氧化酶-过氧化物酶法（GOD-POD 法）。在该法中葡萄糖经葡糖氧化酶氧化后生成葡萄糖酸和过氧化氢，后者在过氧化物酶存在下与 4-氨基安替吡啉和苯酚反应，生成红色醌类化合物，该化合物与样品中葡萄糖含量成正比，并可由吸光度（*A*）来量化，而且 *A* 与葡萄糖含量成正比。本实验对临床 GOD-POD 法进行改良，缩小了反应体系，使其既可用于体外培养细胞的葡萄糖代谢检测，也可用于与糖代谢有关的药物筛选。

在本实验中，将胰岛素作用于 HepG2 细胞，经微量化的 GOD-POD 法检测了细胞在不同浓度、不同时间梯度的胰岛素作用下对葡萄糖吸收的影响。经多方实验结果充分证实，这一操作流程具有良好的可行性和重复性。该实验方法的建立为肝糖代谢功能的研究及糖尿病新型药物的生物活性检测和作用机制的探讨提供了借鉴。

【实验器材与试剂】

1. 实验器材

无菌超净台、光学倒置显微镜、CO_2 培养箱、细胞培养瓶、细胞培养板、移液器、酶标板、酶标仪、移液器等。

2. 试剂

高糖 DMEM 培养基、胎牛血清、青霉素（10 000 U/mL）、链霉素（10 000 μg/mL）、PBS 平衡盐溶液、0.25%的胰蛋白酶液、人重组胰岛素（10 mg/mL）、葡萄糖检测试剂盒（GOD-PAP 法）。

【实验步骤】

1. HepG2 细胞的预培养

（1）细胞复苏。按常规方法培养，将保存于液氮冷冻的 HepG2 细胞取出迅速置于 37℃水浴中，快速振荡使细胞回温；在无菌操作台内，将细胞转入离心管中，加入 5 mL 预热的完全培养基混匀细胞，以 1000 r/min 离心 5 min；在无菌超净台上，弃去上清液，加入少量的新鲜培养液并轻轻吹吸均匀，以（1∶5）～（1∶10）稀释细胞，将细胞悬液移入培养瓶内。其生长条件为高糖 DMEM 培养基，10%胎牛血清，青霉素 100 U/mL，链霉素 100 μg/mL，37℃、5% CO_2、饱和湿度条件下培养。

（2）细胞传代。当细胞生长至高密度时，吸出培养瓶中的培养液，用 PBS 平衡盐溶液冲洗去除残留的血清。加入 1 mL 0.25%的胰蛋白酶液（以消化液能覆盖整个瓶底为准）后放入 37℃，CO_2 培养箱中孵育消化 1～3 min，并在光学倒置显微镜下动态监测。当细胞将要分离而呈现圆粒状时，吸去胰蛋白酶液，加入新鲜培养液。用吸管吸取瓶内培养液，反复吹打瓶壁上的细胞，打散细胞团块使其形成细胞悬液。再加入新鲜培养基稀释，以（1∶3）～（1∶5）将细胞接种于新的培养瓶内。37℃、5% CO_2、饱和湿度条件下培养。取生长状态良好的对数期细胞用于实验。

（3）细胞接种。将生长状态良好的细胞按细胞传代方法，用 0.25%胰蛋白酶消化液消化，离心收集细胞，按照 $2.5×10^4$ 的密度将细胞接种于 96 孔板中，细胞培养液为 200 μL/孔。37℃、5% CO_2、饱和湿度条件下培养。

2. 胰岛素促进 HepG2 细胞对葡萄糖吸收的浓度梯度处理

当细胞汇合成单层时，以无血清培养基饥饿细胞 12 h 后，用细胞培养液稀释人重组胰岛素（10 mg/mL），使其终浓度为 0 mg/L、0.01 mg/L、0.1 mg/L、1 mg/L、10 mg/L、100 mg/L、1000 mg/L，每孔 200 μL 加入到细胞中。每个浓度设 3 个重复孔。经上述不同浓度胰岛素处理的 HepG2 细胞培养 24 h 后，用葡萄糖检测试剂盒检测培养基中残留的葡萄糖含量，计算出细胞的葡萄糖摄取量，并作统计学分析。

3. 胰岛素促进 HepG2 细胞对葡萄糖吸收的时间梯度处理

无血清培养基饥饿 HepG2 细胞 12 h 后，将细胞分成 2 组。1 组为未处理空白对照组，正常培养；2 组为 0.1 mg/L 胰岛素处理组。每组细胞设 3 个重复孔，37℃、5% CO_2、饱和湿度条件下培养。在 2 h、4 h、6 h、8 h、12 h、24 h 取培养基，用葡萄糖检测试剂盒检测培养基中的葡萄糖含量，计算出细胞的葡萄糖摄取量，并作统计学分析。

4. HepG2 细胞葡萄糖消耗率的检测

取培养基上清液 2 μL 加入到 200 μL 葡萄糖检测液中，每孔葡萄糖浓度至少重复检测 3 次，37℃反应 5～10 min，505 nm 波长下测 A 值。

计算培养液中残留的葡萄糖浓度，公式为

$$葡萄糖浓度（mmol/L）= A_{样品}/A_{标准} \times 5.55（mmol/L）$$

计算细胞对葡萄糖的消耗率，公式为

$$细胞葡萄糖消耗率（\%）=[（C_{空白葡萄糖}-C_{给药葡萄糖}）/C_{空白葡萄糖}] \times 100\%$$

应用统计学方法，计算出平均值±标准差，以柱状图显示其结果。采用 SPSS 统计软件进行 t 检验分析，观察不同浓度及相同浓度不同时间梯度时胰岛素对肝细胞摄取葡萄糖的影响。

【注意事项】

1. 本实验为细胞水平的微量处理及检测，因此应注意实验重复孔的设置。每组处理至少设置 3 个重复孔，每孔检测至少重复 3 次，以减少实验误差。

2. 要严格控制细胞的接种密度。若细胞接种密度过低，细胞在培养过程中易聚集成堆，并且在血清饥饿时易悬浮。而接种密度若太大，则细胞很快达到接触抑制，但此时细胞状态并未恢复到最佳状态。因此，上述两种状况均可影响细胞对葡萄糖的吸收，为检测带来误差。

3. 注意胰岛素的不同生产厂商。相同浓度单位的国内外产品，其效价可能存在差异。因此，应根据实际情况进行实验数据分析。

【思考题】

1. 在本实验中，为什么需用无血清培养基进行细胞饥饿，饥饿的时间有何根据？
2. 简述肝在机体糖代谢稳态维持中的重要功能及调控机制。
3. 探讨本实验应用 HepG2 细胞作为研究对象进行肝细胞糖吸收检测的优缺点。
4. 目前临床常用治疗糖尿病的药物有哪些？其降糖的方式和机制包括哪几种？各有何优缺点？

（张　巧）

第二篇　生物化学与分子生物学技术

　　本篇由 11 章组成，主要介绍生物化学及分子生物学常用技术的基础知识，包括生物化学四大基本技术——分光光度技术、电泳技术、层析技术和离心技术，也包括医学研究分子生物学的主要实验技术——聚合酶链反应与印迹技术、基因工程技术。此外，还介绍了近年来生命科学研究领域的一些新的技术和研究方法，包括：荧光标记技术、RNA 干扰技术、生物芯片技术、双向凝胶电泳、蛋白质三维结构建模。通过这些实验技术和方法的介绍，使学生掌握较为系统的知识，为基础性实验、综合性实验和创新性实验奠定理论基础。

第四章　分光光度技术

利用各种化学物质（原子、基团、分子及高分子化合物）所具有的发射光、吸收光或散射光光谱谱系的特征来确定其性质、结构及含量的技术，称为分光光度技术或分光光度法。此项技术广泛应用于各个学科领域，在生物化学与分子生物学领域内，尤其是对于物质的定性及定量测定，更是一项不可少的重要技术手段。本章主要介绍吸收光谱分析技术。

第一节　分光光度技术的基本原理

一、光的基本知识

光是由光量子组成的，一束光就是大量光子的聚集。光具有二重性，即连续的波动性和不连续的微粒性。

光的波动性体现为波长和频率，其关系可用下式表示。

$$\lambda = c/v \tag{4-1}$$

式中，λ 为波长；c 为光速；v 为频率。

式（4-1）表明：光的波长与频率成反比，波长越短，频率越高；波长越长，则频率越低。

光的微粒性是以光子的能量为特征的。光子的能量与光的波长成反比，而与频率成正比，即不同波长与频率的光具有不同能量。

光属于电磁波。自然界中的电磁波由不同性质的连续波长的光谱所组成。人的眼睛所能感觉到光的波长是 400（紫色光）～760 nm（红色光），在这段波长以外的光不能为肉眼所见。因此，将 400～760 nm 的光波称为可见光。200～400 nm 为紫外线，短于 200 nm 为远紫外线，长于 760 nm 为红外线。分光光度法所使用的光谱一般为 200～10 000 nm，但对于生物化学和分子生物学来说，使用最多的波长区域是可见光和紫外线。

二、发射光谱与吸收光谱

（一）发射光谱

发光体发出的光通过三棱镜后所表现出的光谱称为发射光谱。发光体可以是日光灯、氢灯、钨灯等，也可以是原子与分子燃烧时所发出的光。不同的发光体各有其独特的发射光谱，根据发射光谱可以鉴别发光体的性质及组分；也可以采用不同发射光谱的发光体作为仪器的光源。例如，使用钨灯作为可见光区分光光度计的光源，氢灯作为紫外光区分光光度计的光源。

（二）吸收光谱

当一定光源所产生的发射光透过含有某种物质的溶液时，其光谱会发生改变。某些波长的光因被溶液中的物质所吸收而消失，此时的光谱即该物质的吸收光谱。

物质的吸收光谱与其结构、性质有关。不同物质由于其分子结构不同，对不同波长的光的吸收能力也不相同，每种物质都有其独特的吸收光谱。溶液对单色光吸收能力的强弱与其物质浓度有关。因此，利用吸收光谱可以对不同物质进行定性和定量分析，其理论依据是比尔-朗伯（Beer-Lambert）定律。

（三）比尔-朗伯定律

比尔-朗伯定律是比色分析的基本原理（图4-1）。

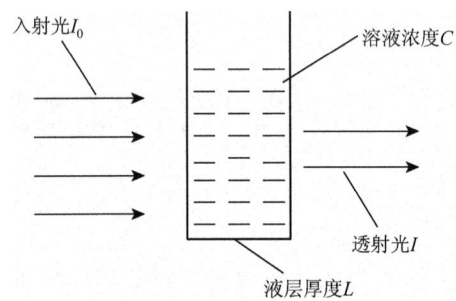

图4-1 溶液对光的吸收

Lambert定律：当一束单色光透过有色溶液之后，由于溶液吸收了一部分光线，所以透过光的强度就要减弱。当溶液浓度不变时，透过的液层越厚，光线强度的减弱越显著。

设光线通过溶液前的强度为 I_0（入射光强度），通过液层厚度为 L 的溶液后，光线的强度减弱为 I（透射光强度），则 I/I_0 表示光线透过溶液的程度，称为透光度（transmittance），用"T"表示。

$$T = \frac{I}{I_0}$$

T 的数值一般小于1，只有溶液完全不吸收时，T 才等于1。T 随溶液厚度的增加而减小。但实践证明，T 与溶液厚度之间并不存在简单的定量关系，只有 T 的负对数（$-\lg T$）才随溶液厚度的增加而成正比例增加。即

$$-\lg T = -\lg \frac{I}{I_0} = \lg \frac{I_0}{I} \propto L \tag{4-2}$$

写成等式则为 $\lg \frac{I_0}{I} = K_1 L$

式中，$\lg \frac{I_0}{I}$ 称为吸光度（absorbance），用字母"A"表示。吸光度（A）也被称为消光度

（E）或光密度（OD）。整理式（4-2）得式（4-3）。

$$A = K_1 L \tag{4-3}$$

由式（4-3）可知，当溶液的浓度 C 不变时，吸光度 A 与溶液的厚度 L 成正比。K_1 为比例系数，表示物质对光的吸收特性，与溶液的性质、浓度、入射光的波长，以及溶液的温度有关。这就是 Lambert 定律。

Beer 定律：当一束单色光透过有色溶液之后，当溶液的厚度不变而浓度不同时，溶液的浓度越大，则透过光的强度越弱。其定量关系推导同上，即

$$\lg \frac{I_0}{I} = K_2 C$$

$$A = K_2 C \tag{4-4}$$

在式（4-4）中，C 为有色溶液的浓度，K_2 为比例系数，受入射光的波长、溶液的性质、液层厚度及溶液温度的影响。因此，Beer 定律的意义是：当溶液的厚度 L 不变时，吸光度 A 与溶液的浓度 C 成正比。

如果同时考虑吸收层的厚度和溶液浓度对光吸收的影响，则将上述式（4-3）、式（4-4）合并起来，就得到 Beer-Lamber 定律。即吸光度 A 与溶液的浓度 C 和液层厚度 L 的乘积成正比，用式（4-5）表示。

$$\lg \frac{I_0}{I} = KCL$$

$$A = KCL \tag{4-5}$$

式（4-5）中 L 的单位用 cm 表示，C 的单位用 g/L 表示，则 K 称为吸光系数，其大小取决于入射光的波长、溶液的性质和温度，而与光的强度、溶液浓度及液层厚度无关。

第二节　分光光度计的组成与结构

能从含有各种波长的混合光中将每一种单色光分离出来，并测量其波长及强度的仪器称为分光光度计。通过分析经溶液吸收后的透射光强度而鉴定物质的性质和含量的检测仪器，属于吸收光谱分光光度计。

分光光度计因使用的波长范围不同而分为紫外分光光度计、可见分光光度计、红外分光光度计和全波段（万用）分光光度计。各种分光光度计基本上都由 5 部分组成：①光源；②单色器（分光系统）；③狭缝；④吸收池（样品室、比色杯）；⑤检测系统（图 4-2）。

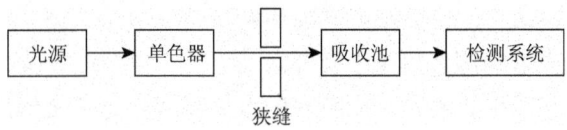

图 4-2　分光光度计的组成与结构示意图

一、光源

不同光源发出的光的波长范围是不相同的。理想光源的条件是：①能提供连续光谱；②光强度足够大；③在整个光谱区内光谱强度稳定，不随波长有明显变化；④光谱范围宽；⑤使用寿命长，价格低。

用于可见光和近红外光区的光源是钨灯，现在最常用的是卤钨灯，适用波长是320～1100 nm。用于紫外光区的是氢灯或氘灯，适用波长是150～400 nm。红外线光源由纳恩斯特（Nernst）棒产生，此棒由 $ZrO_2 : Y_2O_3 = 17 : 3$（Zr 为锆，Y 为铱），或 Y_2O_3、GeO_2（Ge 为锗）、ThO_2（Th 为钍）的混合物制成。

二、单色器

单色器也称分光系统。它的作用是把来自光源的混合光分解为单一波长的光，即单色光。单色器由棱镜或光栅构成，是分光光度计的心脏部分。

棱镜可使光波发生折射。当光波经过棱镜时，其折射率因光的波长而不同。波长越短的光其折射率越大，波长越长其折射率越小，由此形成光谱。

衍射光栅也是常用的单色器。它通过在石英或玻璃表面刻画出许多平行线，刻线处不透光，这样就组成了由无数平行狭缝所组成的屏。当来自光源的光经狭缝照射到光栅上，由于衍射的结果，光不仅沿着原来的方向传播，而且发生偏折。不同波长的光折射角度不同，从而达到分光的目的，形成需要的光谱。采用光栅作为分光系统，能获得比棱镜分光更纯的单色光。

三、狭缝

狭缝是由一对隔板在光路中形成的缝隙，其作用是调节入射的单色光的强度和纯度。狭缝越狭窄，所包含的光谱范围越小，光的纯度越好，但光的强度却会减弱。使用时只能使狭缝在保证一定光亮的情况下尽可能小，一般可在0～2 nm宽度内调解。有些分光光度计的狭缝宽度可随波长一起被调节。

四、吸收池

吸收池（样品池、比色杯）用以盛装待测溶液，一般用玻璃或石英制成。当光波透过比色杯时，会发生一定的反射或被玻璃吸收，因此，各个比色杯的制作材质、规格及壁的厚度等应尽可能保持一致，否则将产生测定误差。玻璃比色杯只适用于可见光区，小于330 nm的光不能用玻璃比色杯，所以在紫外光区测定时要用石英比色杯。

五、检测系统

检测系统包括受光器和测量器两个部分。

受光器有光电池和光电管两种，由特殊的金属制成。这些金属能在光的照射下产生电流，光线越强所产生的电流越大。因光的照射而产生的电流，称为光电流，此即光电效应。

光电池最常见的是硒光电池。硒是半导体，受到光照后产生电流，光照越强，光电流越大，可直接用微电流计进行测量。当光电池受到长时间连续照射后，会产生疲劳现象，造成测定误差。因此，在使用光电池时要注意随用随关，以免电池疲劳。

光电管有阴极与阳极。阴极由光敏感金属制成，当光波照射到阴极并且积累了一定能量时，金属原子中的电子即发射出来。光越强，光波的振幅越大，放出的电子就越多，被吸收到阳极上就产生电流。由于这种电流很小，因此需要进一步经过放大线路来增强电流，以便于测量。分光光度计中常使用电子倍增光电管，以提高测定的灵敏度。

测量器为一种微电流计，以其特定方式记录光电流强度，并转化为输出结果。现代的仪器常附有自动记录仪，可自动记录并描出测定结果的变化曲线。

第三节　分光光度技术的应用

一、用于溶液中物质的定量测定

利用 Beer-Lamber 定律可通过下述两种方法测定并计算出未知溶液的浓度。

（一）标准管法

标准管法也称标准比较法。其方法是：在比色分析的相同条件下，测定未知浓度（C_1）溶液，即测定管吸光度（A_1）的同时也测定已知浓度（C_2）溶液，即标准管的吸光度（A_2），从 Beer-Lamber 定律的公式可以得

$$A_1 = \lg \frac{I_0}{I} = KCL = K_1 C_1 L_1 \tag{4-6}$$

$$A_2 = \lg \frac{I_0}{I} = KCL = K_2 C_2 L_2 \tag{4-7}$$

在上述两个式子中，因为所测定的物质成分相同，故 $K_1=K_2$；比色时溶液的厚度也是固定的（使用同一规格的比色杯），故 $L_1=L_2$。所以将式（4-6）除以式（4-7）即可得到式（4-8）：

$$\frac{A_1}{A_2} = \frac{C_1}{C_2} \tag{4-8}$$

从式（4-8）可以看出，测得的 A_1 与 A_2 的比值，就等于两溶液浓度的比值。而未知溶液的浓度 C_1 就可以通过式（4-9）求出。

$$未知浓度(C_1) = \frac{测定管吸光度(A_1)}{标准管吸光度(A_1)} \times 标准管浓度(C_2) \tag{4-9}$$

上述公式是比色分析中常用的重要公式，只要再乘以样品的稀释倍数，就可以求得该物质的含量。

（二）标准曲线法

标准曲线法是分析大批样品时常用的方法，但需要事先制作一条标准曲线（即工作曲线）。其方法是：制备一系列浓度（C）由小到大的标准溶液，按与测定样品相同的方法进行处理，然后分别测定出各标准溶液的吸光度（A）。以吸光度（A）为纵坐标，标

准溶液的浓度（C）为横坐标，在方格坐标纸上作图，制作标准曲线。在标准溶液的一定浓度范围内，溶液的浓度与其吸光度之间的关系符合 Beer-Lamber 定律，因此可以得到一条通过原点的直线（图 4-3）。有了标准曲线，在同样条件下测定出被测溶液的吸光度，就可以从标准曲线上直接查出待测样品的浓度。一般情况下，标准曲线的范围为测定物质浓度的一半到二倍，吸光度在 0.05～1.0 比较合适。

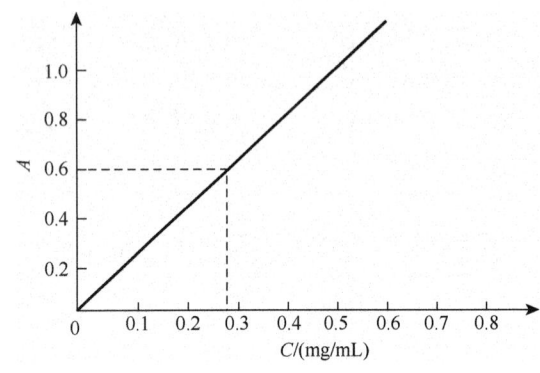

图 4-3　标准曲线

此外，采用标准曲线法进行物质的定量测定还要注意以下问题。

（1）实验中由于比色杯本身和溶剂也会产生一定的光吸收，所以要设置一个空白管，即其中除了待测物质外，其他成分与样品管完全相同。以空白管对准光路对仪器调零，就可以消除非待测物质的影响。

（2）测定时应选择待测物质的最大吸收波长的光作为光源，这样不仅可以避免其他物质的干扰，而且灵敏度大，因为物质在含量上的微小变化就会引起吸光度的较大变异。

（3）标准曲线的制作与测定管的测定应在同一台仪器上进行。由于曲线的建立与实验室当时的条件，如温度、湿度及电压稳定性等有关，因此，标准曲线常因各种变化而需要校正或重做。

二、用于溶液中物质的定性测定

利用分光光度计可以绘制物质的吸收光谱曲线。通过绘制的吸收光谱曲线可确定物质的最大吸收波长，并作为定性测定的依据。

物质的结构和性质决定了其特定的吸收曲线，不同物质的吸收曲线不同，而相同物质的吸收曲线相同，由此即可进行物质的定性测定。以待测物质的吸收曲线与已知纯物质的吸收曲线相对照，即可判定它们是否为同一种物质。同种物质在不同浓度时，其吸收光谱曲线中的峰值大小可能不同，但其吸收曲线的形态相似，最大吸收峰值和低谷的波长是一定不变的。如测定某物质的紫外吸收光谱的曲线，可与已知标准的紫外光谱图相对照，对照时须注意测定的条件，如溶剂、浓度等。目前常用的标准紫外吸收光谱是由萨德勒研究实验公司编制的"Sadtler"紫外标准图谱集，至今已收集上万个化合物的紫外光谱图。由于化合物紫外吸收峰较少，而且紫外吸收峰的峰形都很宽，不像红外光谱是许多指纹峰，所以在用紫外吸收光谱进行化合物定性鉴定时，应注意：化合物相同，它们的紫外光谱应该完全相同；但是紫外光谱相同的，不一定化合物就相同，可能仅是存在某些相同的发色团或官能基团，因此在鉴定时应与红外光谱相结合。

【思考题】

1. 使用分光光度法测定溶液浓度的原理是什么？如何进行测定？
2. 干扰测定结果的主要因素有哪些？在使用分光光度技术时应该注意哪些问题？
3. 用分光光度技术进行物质定性测定的原理是什么？

（杨 云）

第五章 电泳技术

溶液中带电粒子在直流电场作用下向与其所带电荷相反电极方向移动的现象称为电泳（electrophoresis，EP）。利用电泳原理对多组分样品进行分离、纯化以便进行分析研究的技术称为电泳技术（electrophoresis technique）。电泳技术广泛应用于生物化学、分子生物学、医学、免疫学等领域。

第一节 概　　述

许多重要的生物分子是两性电解质（如氨基酸、蛋白质、核酸等），它们在不等于其pI的pH溶液中可以呈阴离子或阳离子，在电场作用下，会向与其所带电性相反的电极方向移动。由于待分离样品中各种分子所带净电荷数量、分子质量大小及分子形状等存在差异，在电场作用下具有不同迁移率，从而对待分离样品进行分离、纯化、分析或鉴定。一般来说，所带净电荷越多、分子质量越小、分子形状越接近球形者，在同一电场中的泳动速度越快，反之则越慢。

电泳会受到诸多因素的影响，下面简单介绍其中几个主要的影响因素。

（1）电场强度。一般来说，电场强度越大，带电颗粒的泳动速度越快。

（2）缓冲液的pH。缓冲液的pH决定待分离样品的解离程度、带电性质及所带净电荷数量。电泳时，应该根据样品的性质，选择适合的pH电泳缓冲液。

（3）缓冲液的离子强度。电泳过程中，为了保持待分离生物分子所带电荷及缓冲液pH的稳定性，缓冲液通常要保持一定的离子强度。缓冲液的离子强度过高会降低带电颗粒的迁移率，但离子强度过低时，电泳缓冲液的pH不易维持，从而影响带电颗粒的泳动速度。因此电泳时，需要选择适当的缓冲液离子强度。

（4）电渗现象。在电场中，若固体支持介质吸附水中的正离子或负离子，使得溶液相对带负电或正电，电场作用下，溶液对于固体支持介质向相反的方向移动，此现象称为电渗现象。当颗粒的泳动方向与电渗方向一致时，则加快颗粒的泳动速度，反之则减慢。因此实际工作中，应尽量选择电渗作用较小的固体支持物；或者采取一定措施以降低电渗作用，如对玻璃介质表面进行硅化处理。

（5）筛孔。电泳支持介质为琼脂糖或聚丙烯酰胺凝胶等，凝胶有大小不等的筛孔，在筛孔大的凝胶中颗粒泳动速度快，反之，则泳动速度慢。

（6）支持介质。目前，蛋白质电泳介质多为醋酸纤维薄膜和聚丙烯酰胺凝胶；DNA、

RNA 电泳多为琼脂糖凝胶和聚丙烯酰胺凝胶；免疫电泳多采用琼脂凝胶。

根据电泳分离原理不同，可将电泳分为：区带电泳和等电聚焦电泳。其中区带电泳是应用最广的电泳技术，在电泳过程中，在支持介质中待分离的各组分被分离为明显的不同区带。按照 pH 是否连续，将区带电泳分为：连续性 pH 电泳与不连续性 pH 电泳。

根据支持介质不同，可将电泳分为：滤纸电泳、纤维薄膜电泳（如硝酸纤维薄膜电泳、醋酸纤维薄膜电泳）、凝胶电泳（如琼脂凝胶电泳、琼脂糖凝胶电泳、聚丙烯酰胺凝胶电泳）等。

根据电泳装置形式，可将电泳分为：水平电泳、垂直板式电泳、垂直柱式电泳等。

第二节 几种常用电泳简介

一、醋酸纤维薄膜电泳

醋酸纤维薄膜电泳以醋酸纤维薄膜作为支持介质，该电泳具有微量、快速、简便、对样品吸附少、电渗作用小、廉价等特点，常用于分离血清蛋白、血红蛋白、球蛋白、脂蛋白、糖蛋白、甲胎蛋白等物质。

通常醋酸纤维薄膜电泳使用水平电泳槽，分离氨基酸和核苷酸时常用酸性缓冲液，而分离蛋白质时常用碱性缓冲液。

二、硝酸纤维薄膜电泳

硝酸纤维薄膜电泳以硝酸纤维素膜（nitrocellulose membrane，NC）为支持介质。硝酸纤维素膜对蛋白质有较强的结合力，并适宜各种显色方法，因此是蛋白质印迹中使用最广的转移介质。该薄膜背景低，操作简便，易于封闭，但由于质地较脆，不适宜于需多次洗涤的操作。

三、琼脂糖凝胶电泳

琼脂糖凝胶电泳（agar gel electrophoresis，AGE）以琼脂或琼脂糖为支持介质，同时具有分子筛和电泳分离的作用，适用于分子质量较大的样品，如蛋白质、DNA 或 RNA 分子的分离和分析。一般来说，分子质量较小的分子宜采用高浓度凝胶进行分离纯化，而分子质量较大的分子则采用低浓度的凝胶分离纯化。

四、聚丙烯酰胺凝胶电泳

聚丙烯酰胺凝胶电泳（polyacrylamide gel electrophoresis，PAGE）以聚丙烯酰胺凝胶作为支持介质。聚丙烯酰胺凝胶是由丙烯酰胺单体（acrylamide，Acr）和交联剂 N,N'-甲叉双丙烯酰胺（N,N'-methylene-bis-acrylamide，Bis）按照一定比例混合，在催化剂如过硫酸铵（ammonium persulfate，AP）及加速剂 N,N,N',N'-四甲基乙二胺（N,N,N',N'-

tetramethyl ethylenediamine，TEMED）的作用下聚合而成的交叉网状结构的凝胶。聚合反应分为 3 步：第一步，TEMED 催化过硫酸铵产生硫酸自由基；第二步，硫酸自由基的氧原子激活丙烯酰胺单体，并形成单体长链；第三步，N, N'-甲叉双丙烯酰胺将丙烯酰胺单体长链间连成网状结构凝胶。聚丙烯酰胺凝胶孔径的大小取决于 Acr 单体和 N, N'-甲叉双丙烯酰胺（双体 Bis）在凝胶中的总浓度和交联度（双体 Bis 占总浓度的百分比）。通常聚丙烯酰胺凝胶的透明度和孔径大小均随着凝胶浓度的增加而减少，而机械强度却随着浓度的增加而增加。

由于聚丙烯酰胺凝胶的透明度较好，可以直接用于照相；机械强度好，不易碎，便于操作和长期保存；同时可以通过控制凝胶浓度与交联度，从而调节凝胶孔径，以便分离不同分子质量的生物大分子；另外还具有灵敏度高、电渗小、重复性好等特点。

聚丙烯酰胺凝胶电泳将电荷效应及分子筛作用有机结合在一起。蛋白质在压缩胶中被压缩形成高浓度蛋白质区带，当逐渐迁移至分离胶时，各种蛋白质所带净电荷不同，各自具有不同的迁移率；另外由于分离胶凝胶浓度大，分子筛孔小，蛋白质进入分离胶受到阻力，此时多组分样品中的蛋白质按照各自所带净电荷、分子质量及形状而按照一定顺序分离为不同的蛋白质区带。

如若在聚丙烯酰胺凝胶中加入适量的十二烷基磺酸钠（sodium dodecyl sulfate，SDS）后，称为 SDS-聚丙烯酰胺凝胶电泳（SDS-PAGE）。SDS 是一种阴离子表面活性剂，它能以一定比例与蛋白质结合成 SDS-蛋白质阴离子复合物，而蛋白质空间结构完全被破坏而以线性单链存在。此时，电泳迁移率仅与蛋白质分子质量大小呈正相关，不再受到蛋白质自身所带电荷及形状的影响。

五、等电聚焦电泳

等电聚焦电泳（isoelectric focusing electrophoresis，IEFE）是利用具有 pH 梯度的支持介质分离纯化等电点（pI）各异的蛋白质。该电泳具有高分辨率、高灵敏度、重复性好、应用范围广等特点，但不适用于在等电点发生沉淀或变性的蛋白质样品。

在等电聚焦电泳中，利用载体两性电解质在支持介质凝胶（如聚丙烯酰胺凝胶、琼脂糖凝胶、葡聚糖凝胶等）中形成 pH 梯度，其分布从正极到负极，pH 逐渐增大。在电泳过程中，pI 各异的蛋白质将分别聚焦到等于其 pI 的 pH 区域，从而形成一条条狭窄的蛋白质区带。等电聚焦电泳可以分辨出等电点相差 0.001 pH 单位的蛋白质。

除了两性电解质载体可以形成 pH 梯度外，还可以采用固定 pH 梯度凝胶条，尤其是双向凝胶电泳第一向等电聚焦电泳较常采用此类工厂化生产的固定 pH 梯度凝胶条。

六、毛细管电泳

毛细管电泳（capillary electrophoresis，CE），又称高效毛细管电泳（high performance capillary electrophoresis，HPCE）或毛细管分离法（CESM），是一类利用高压直流电场，根据样品中各组分迁移率不同，通过毛细管加以分离的液相分离技术。该电泳具有高效、快速、微量、分辨率高、灵敏度高、自动化等特点。

七、双向凝胶电泳

双向凝胶电泳（two-dimensional gel electrophoresis，2-DE）由任意两种单向凝胶电泳组合而成，即先按照一定的分离原理进行第一向电泳后，然后再根据另一分离原理进行与第一向方向垂直的第二向电泳。目前最常用的是等电聚焦电泳与 SDS-PAGE 为一体的双向凝胶电泳，该电泳第一向是按照蛋白质 pI 差异将其分离，第二向则是以蛋白质分子质量大小差异将其分离。

【思考题】

1. 简述 SDS-PAGE、双向凝胶电泳分离蛋白质的原理。
2. 聚丙烯酰胺凝胶电泳和等电聚焦电泳分离的蛋白质有何不同？

（梁　璇　范　浩）

第六章 层析技术

层析技术，又称色谱技术，是一种从混合物中分离纯化出某一组分的方法和技术，利用混合物中不同组分的理化性质差异（如分子形状、大小、吸附力、溶解度、极性、电荷及分子亲和力等），使各组分以不同程序分布于两相中。其中固定不动者称为固定相，流经固定相的液体或气体称为流动相。固定相可装入柱内或涂成薄膜，制成薄板，称为层析床；而流动相若为气体则称为气相层析，若为液体者则称为液相层析。

按不同层析原理可将层析分为：分配层析、吸附层析、离子交换层析、凝胶层析和亲和层析等。而按操作方法则可将层析分为：纸层析、薄层层析、柱层析等。层析法常见的类型如下，见表6-1。

表6-1 层析法的类型

分类标准	常见类型
流动相-固定相	气-液（GLC）、气-固（GSC）、液-液（LLC）、液-固（LSC）、液-凝胶
实验技术	柱式（CC）：填充柱、空管柱。开床式：滤纸（PC）、薄层（TLC）
分离原理	分配、吸附、离子交换、凝胶、亲和
展开方式	洗脱、迎头、置换

一、分配层析

分配层析（partition chromatography）是利用混合物中各组分在不同溶剂中，因各自分配系数不同而对各组分进行分离纯化的方法。例如，以吸附水的载体作为固定相，而以与水不相溶或者仅部分相溶的溶剂为流动相，此时混合物各组分在两相中的分配存在差异，从而逐渐分开形成层析谱。

纸层析（paper chromatography）是一种应用较为广泛的分配层析，创立于1944年，它以滤纸为载体，以吸附于纤维上的水作为固定相，以另一种与水不相溶的溶剂为流动相。当流动相在滤纸上缓慢展开，经过样品时，样品即在水与流动相之间连续发生多次分配，在流动相中具有较大溶解度的物质移动速度较快，反之，则较慢，从而使各组分得以分离。纸层析多用于分离醇、糖、氨基酸等，具有操作简单、廉价、保存时间长的特点，但展开时间较长，易产生拖尾。

二、吸附层析

吸附层析（adsorption chromatography）主要是根据混合物中各组分对吸附剂表面吸附亲和力的差异分离各组分。常见者包括：薄层层析、柱层析。

（一）薄层层析

薄层层析（thin layer chromatography，TLC）又称薄层色谱，是一种简便、快速、微量的层析方法，属于固-液吸附色谱。一般将吸附剂均匀分布于玻璃片等平面上形成薄层（即展开板），将展开板置于含有展开剂的展开槽中进行层析，即称薄层层析（图6-1）。展开剂的选择将决定样品中各组分的分离程度，如图6-1中3个组分的分离程度可以通过比较各组分 R_f 来确定。薄层层析可以用于糖、氨基酸、核苷酸、脂类分子等有机化合物的分离鉴定。

薄层层析同时具有纸层析和柱层析的优点，适用于分离微量（可达 0.01 μg）样品，也适宜分离挥发性小或高温下易发生变化而不能用气相色谱分析的物质。

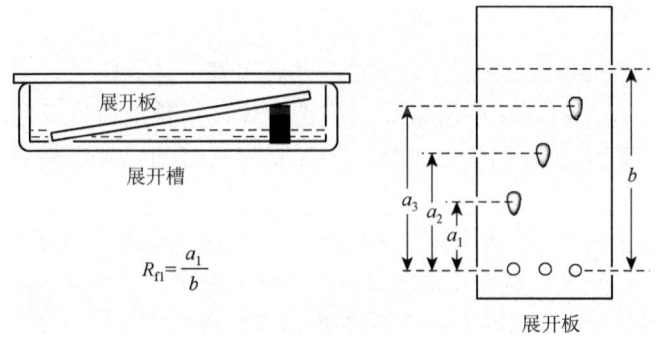

图 6-1　薄层层析实验

（二）柱层析

柱层析（column chromatography）也称柱色谱，一般有吸附层析和分配层析两种。实验室中以前者更为常用，其原理是利用混合物中各组分在不相溶的两相中具有不同的吸附和解离能力，当混合物随流动相流经固定相时，反复多次吸附和解离，从而使混合物分离为不同的单一组分。

其操作过程一般是：首先将吸附剂装入层析柱，再加入已溶解的样品，然后用洗脱剂（流动相）进行洗脱。样品中各组分对吸附剂（固定相）具有不同的吸附力，一般来说，极性大的吸附力强，反之则弱。当洗脱时，各组分溶解于洗脱剂的程度各异，被吸附的能力也有差异，经过一定次数的吸附和解析后，各组分在层析柱中形成不同色带（每一色带代表一个组分），并从柱底端流出。分别收集不同的色带，再去除洗脱剂，便可获得单一组分。

三、离子交换层析

离子交换层析（ion exchange chromatography）技术分离纯化的机制在于：在惰性支

持物上通过化学键加上可解离的化学基团后形成离子交换剂，可选择性地携带正电荷或负电荷。带负电荷的分子可结合到带正电荷的阴离子交换剂上，而带正电荷的分子则可结合至带负电荷的阳离子交换剂上。大分子与离子交换剂具有不同的亲和力，会不同程度地吸附于离子交换剂上，接下来洗脱液可使结合于离子交换剂上的大分子先后被洗脱下来。

离子交换剂与待分离大分子间的亲和力取决于大分子所带的电荷数及分子表面电荷的排布，此乃该技术异于电泳技术的重要方面。在离子交换层析中，只有分布于蛋白质分子亲水表面上的电荷才发挥作用，而存在于分子疏水核心中的电荷不起作用，但在电泳中却可以发挥作用。

洗脱可以降低待分离大分子与离子交换剂的亲和力。洗脱的方法有两种：①增加缓冲液的离子强度，可以置换出大分子；②改变缓冲液的 pH 使其接近待分离分子的等电点，使待分离分子净电荷减少，从而降低与离子交换剂的亲和力。两种方法可以并用。

四、凝胶层析

凝胶层析（gel chromatography）又称分子筛过滤、排阻层析，属于液体柱层析技术。其突出的优点是层析所用的凝胶属于惰性载体，不带电荷，吸附力弱，操作条件比较温和，可在较广的温度范围内进行，不需要有机溶剂，对于高分子物质具有较好的分离效果。

凝胶层析分离蛋白质的原理在于：所用的多孔凝胶颗粒形同筛子，将分子质量大小不一的蛋白质分子分别先后洗脱出层析柱，从而彼此分离。一般来说，先在柱中装入溶胀的多孔凝胶颗粒，把含有不同分子质量的蛋白质混合物样品加入柱后，再用洗脱液洗脱柱子，此时分子质量大的分子由于不能渗入多孔凝胶颗粒内部，只能沿颗粒间的间隙向下流动，所受的阻力较小，流程短，先被洗脱出层析柱；而分子质量小的分子则可渗入多孔凝胶颗粒内部，所受的阻力较大，流程长，后被洗脱出层析柱。

五、亲和层析

亲和层析（affinity chromatography）是利用某些生物大分子能与其相应的配基专一可逆性结合，从而对高分子化合物进行分离纯化的技术。一般先将某生物大分子的配基以共价键结合到固相载体上，形成吸附系统，当生物大分子通过层析柱时，便能与配基特异性结合，从而与其他物质分离，从而得以分离纯化。亲和层析提纯效率高、操作简单、快速，尤其适用于理化性质差异较小的大分子之间的分离。亲和层析广泛应用于各种蛋白质的分离和纯化，如酶、抗原或抗体、受体等。

六、高效液相层析法

高效液相层析法（high performance liquid chromatography，HPLC）是在经典的液相层析的基础上引入了气相层析。该法用超细的填充颗粒均匀填装层析柱，该填充颗粒化学性能稳定，由于颗粒极细微势必造成高阻力，因此需要高压输送流动相以保证其流速足够。HPLC 具有高效、高速、高分辨率、高灵敏度、微量等特点，另外层析柱子可反复使用。

HPLC 适于分析不挥发、分子质量大、不同极性的有机化合物，广泛应用于生物化学分析、食品分析、药物分析、环境分析、农药分析及精细化工等方面。

【思考题】

1. 简述吸附层析与分配层析的异同点。
2. 简述亲和层析的原理。

（孙千鸿　范　浩）

第七章 离 心 技 术

离心技术是利用物体在旋转时产生的离心力,使生物样品的悬浮液在高速旋转下,由于离心力的作用使其中的微小颗粒(细胞器、生物大分子的沉淀等)以一定的速度沉降,从而使某些颗粒达到浓缩或与其他颗粒分离的一种技术。离心技术广泛应用于生命科学,尤其是生物化学和分子生物学领域,主要应用于各种生物样品的分离和制备,是生物化学和分子生物学的重要实验技术。

第一节 离心技术的基本原理

溶液中的固相颗粒进行圆周运动时产生一个向外离心力,此离心力(F)可由下式表示。

$$F = ma = m\omega^2 r$$

式中,F 为离心力的强度;a 为粒子旋转的加速度;m 为沉降粒子的有效质量;ω 为粒子旋转的角速度;r 为粒子的旋转半径(cm)。

通常离心力常用地球的引力倍数来表示,因而称为相对离心力(RCF)。或者用数字 g 来表示。例如,10 000 g,表示相对离心力为 10 000。相对离心力指在离心力场中,作用于颗粒的离心力相当于地球重力的倍数,单位是重力加速度 g(980 cm/s²)。

$$RCF = ma/mg = m\omega^2 r/mg = \omega^2 r/g$$

$$\omega = 2\pi \times RPM/60$$

$$RCF = 1.119 \times 10^{-5} \times (RPM)^2 r \tag{7-1}$$

RPM 为每分钟转数(revolutions per minute),即转数/分钟,也可表示为:r/min。由式(7-1)可知,只要给出旋转半径 r,则 RCF 和 RPM 之间可以相互换算。

但是由于转头的形状及结构的差异,使每台离心机的离心管从管口至管底各点与旋转轴之间的距离不一样,因此在计算时规定旋转半径均用平均半径 r_{av} 代替。

$$r_{av} = (r_{min} + r_{max})/2$$

一般情况下,低速离心时常以转速"RPM"来表示,高速离心时则以"g"表示。报告离心条件时使用"RCF"比"RPM"要科学,因为它可以真实地反映颗粒在离心管内不同位置的离心力及其动态变化。科技文献中的离心力数据通常是指 RCF 的平均值 RCF_{av},即离心管中心点的离心力。

第二节 离心机的类型

离心机是实施离心技术的装置。离心机的种类很多，按使用目的可分为两类，即制备型离心机和分析型离心机。前者主要用于分离生物材料，每次分离样品的容量比较大，后者则主要用于研究纯品大分子物质，包括某些颗粒体如核蛋白体等物质的性质，每次分析的样品容量很小。根据待测物质在离心场中的行为（可用离心机中的光学系统连续监测），能推断其纯度、形状和相对分子质量等性质。两类离心机由于用途不同，故其主要结构也有差异。通常所使用的离心机根据转子转速大小的不同可分为普通离心机、高速离心机和超速离心机3类。分析型离心机都是超速离心机。

一、制备型离心机

制备型离心机一般可分为以下3类。

（一）普通离心机

普通离心机的最大转速为 6000 r/min 左右，最大相对离心力为 6000 g，容量为几十毫升至几升，分离形式是固液沉降分离。其转速不能严格控制，通常不带冷冻系统，室温下操作。常用于快速收集能迅速沉淀的物质，如红细胞、粗的沉淀物等。

（二）高速离心机

高速离心机的最大转速为 20 000～25 000 r/min，最大相对离心力可达 89 000 g，最大容量可达 3 L，分离形式也是固液沉降分离。这类离心机一般都有冷冻装置，以消除高速旋转时转头与空气之间摩擦而产生的热量，其离心时的温度、时间和转速都可以严格控制，并有指针或数值显示。为了适应不同制备需要，通常还配有大小不同的离心管和转头，常用于收集微生物、细胞碎片、细胞、较大的细胞器、硫酸铵沉淀和免疫沉淀物等。

（三）超速离心机

超速离心机的转速可达 50 000～80 000 r/min，最大相对离心力可达 510 000 g，离心容量由几十毫升至 2 L，分离形式是差速沉降分离和密度梯度区带分离。离心管平衡允许的误差要小于 0.1 g。超速离心机的出现使生命科学的研究领域有了新的发展，它可以使亚细胞器得以分级分离，还可以直接分离病毒、蛋白质、核酸、多糖等大分子物质，它们在生物化学和分子生物学领域中应用十分广泛。

二、分析型离心机

与制备型超速离心机不同，分析型超速离心机主要是为了研究生物大分子的沉降特性和结构，而不是专门收集某一特定组分。因此它使用了特殊的转头和光学检测系统，以便连续地监视物质在一个离心场中的沉降过程，从而确定其物理性质。

分析型超速离心能在短时间内，使用少量样品就可以得到大量信息。例如，能够确定生物大分子是否存在及大致的含量；计算生物大分子的沉降系数；结合界面扩散，估计分子大小，检测分子的不均一性及混合物中各组分的比例；测定生物大分子的分子质量；还可以检测生物大分子的构象变化等。

第三节　制备型离心的分离方法

一、差速沉降离心法

这是最常用的离心法，即采用逐渐增加离心速度或低速和高速交替进行离心，使沉降速度不同的颗粒在不同的离心速度及不同离心时间下分批分离的方法。此法一般用于分离沉降系数相差较大的颗粒。

差速离心首先要选择好颗粒沉降所需的离心力和离心时间。当以一定的离心力在一定的离心时间内进行离心时，在离心管底部就会得到最大和最重颗粒的沉淀。分出的上清液在加大转速下再进行离心，又会得到第二部分较大、较重颗粒的沉淀及含较小和较轻颗粒的上清液。如此多次离心处理，即能把液体中的不同颗粒较好地分离开。此法所得的沉淀是不均一的，先沉淀的成分总有其他沉淀成分的污染，需经过2～3次的再悬浮和再离心，才能得到相对较纯的颗粒。

此法主要用于组织匀浆液中分离细胞器和病毒，其优点是：操作简易，离心后用倾倒法即可将上清液与沉淀分开，并可使用容量较大的角式转子。缺点是：需多次离心；沉淀中有其他杂质，分离效果差，不能一次得到纯颗粒；沉淀于管底的颗粒受挤压，容易变性失活。

二、密度梯度区带离心法

密度梯度区带离心法又简称为区带离心法。它是将样品加在惰性梯度介质中进行离心沉降或沉降平衡，在一定的离心力下把颗粒分配到梯度中特定的位置上，形成不同区带的分离方法。此法的优点是：①分离效果好，可一次获得较纯颗粒；②适应范围广，能像差速离心法一样分离具有沉降系数相差较大的颗粒，又能分离有一定浮力密度差的颗粒；③颗粒不会挤压变形，能保持颗粒活性，并防止已形成的区带由于对流而引起混合。此法的缺点是：①离心时间较长；②需要制备惰性密度梯度介质溶液；③操作严格，不易掌握。

密度梯度区带离心法又可分为以下两种。

（一）差速区带离心法

当不同的颗粒间存在沉降速度差时，在一定的离心力作用下，颗粒各自以一定的速度沉降，在密度梯度介质的不同区域上形成区带的方法称为差速区带离心法。此法仅用于分离有一定沉降系数差的颗粒（20%的沉降系数差或更少）或分子质量相差3倍的蛋白质，与颗粒的密度无关。大小相同、密度不同的颗粒（如线粒体、溶酶体等）不能用此法分离。此离心法的关键是选择合适的离心转速和时间。

离心管先装好密度梯度介质溶液，样品液加在梯度介质的液面上。离心时，由于离心力的作用，颗粒离开原样品层，按不同沉降速度向管底沉降。离心一定时间后，沉降的颗粒逐渐分开，最后形成一系列界面清楚的不连续区带。沉降系数越大，往下沉降越快，所呈现的区带也越低。离心必须在沉降最快的大颗粒到达管底前结束。样品颗粒的密度要大于梯度介质的密度。梯度介质通常用蔗糖溶液，其最大密度和浓度可达 1.28 kg/cm^3 和 60%。用于分离活的细胞时，如分离纯化原代细胞或者淋巴细胞进行培养，小分子密度物质产生的高渗透压对细胞的存活不利，一般需要采用人工合成的亲水聚合大分子作为密度介质，常用的这种亲水聚合大分子有 Ficoll 和 Percoll 两种。

（二）等密度区带离心法

等密度区带离心法产生梯度的方式有两种：预形成梯度和离心形成梯度。前者是离心管中预先放置好梯度介质，样品加在梯度液面上；后者是样品预先与梯度介质溶液混合后装入离心管，通过离心形成梯度。

离心时，样品中不同的颗粒发生不同的移动，当移动到与它们的密度相等的等密度点的特定梯度位置上时就聚集起来，形成不同的区带，这就是等密度区带离心法。在这种离心方法中，当体系达到平衡状态后，再延长离心时间和提高转速已无意义，处于等密度点上样品颗粒所形成的区带形状和位置均不再受离心时间的影响，但提高转速可以缩短达到平衡的时间。离心所需时间以最小颗粒到达等密度点（即平衡点）的时间为基准，通常需要数小时，有时长达数日。

等密度离心法的分离效率取决于样品颗粒的浮力密度差。密度差越大，分离效果越好，而与颗粒大小和形状无关，但颗粒的大小和形状决定着达到平衡的速度、时间和所形成区带的宽度。等密度区带离心法所用的梯度介质通常为氯化铯（CsCl），其密度可达 1.7 g/cm^3。此法可分离核酸、亚细胞器等，也可以分离复合蛋白质，但对于简单蛋白质不适用。

收集区带的方法有许多种，例如：①用注射器和滴管由离心管上部吸出；②用针刺穿离心管底部滴出；③用针刺穿离心管区带部分的管壁，把样品区带抽出；④用一根细管插入离心管底，泵入超过梯度介质最大密度的取代液，将样品和梯度介质压出，并用自动部分收集器收集。

第四节　离心操作的注意事项

高速离心机与超速离心机是生物化学和分子生物学实验教学和科研的重要精密设备。因其转速高，产生的离心力大，如使用不当或缺乏定期的检修和保养，就可能发生严重事故，因此使用离心机时都必须严格遵守以下操作规程。

（1）使用各种离心机时，必须事先在天平上精密地平衡离心管和其内容物，平衡时质量之差不得超过各个离心机说明书上所规定的范围。每个离心机不同的转头有各自的允许差值，转头中绝对不能装载单数的管子。当转头只是部分装载时，管子必须互相对称地放在转头中，以便使负载均匀地分布在转头的周围。

（2）装载溶液时，要根据各种离心机的具体操作说明进行，根据待离心液体的性质及体积选用适合的离心管。有的离心管无盖，液体不得装得过多，以防离心时甩出，造成转头不平衡、生锈或被腐蚀。严禁使用显著变形、损伤或老化的离心管。每次使用转头后，必须仔细检查，及时清洗、擦干。转头是离心机中须重点保护的部件，搬动时要小心，不能碰撞，避免造成伤痕。转头长时间不用时，要涂上一层上光蜡保护。

（3）若要在低于室温的温度下进行离心，转头在使用前应先放置在冰箱或置于离心机的转头室内预冷。

（4）离心过程中不得随意离开，应随时观察离心机上的仪表是否工作正常，如有异常的声音应立即停机检查，及时排除故障。

（5）每个转头各有其最高允许转速和使用累积限时，使用转头时要查阅说明书，不得过速使用。每一转头都要有一份使用档案，记录累积的使用时间，若超过了该转头的最高使用限时，则须按规定降速使用。

【思考题】

1. 相对离心力"RCF"的物理意义是什么？它与转速的关系如何？
2. 使用高速冷冻离心机时应该注意哪些问题？
3. 差速沉降离心法和密度梯度区带离心法的分离原理分别是什么？各有何特点？

（杨　云）

第八章　聚合酶链反应与印迹技术

聚合酶链反应与印迹技术是常用的分子生物学实验技术，被广泛应用于现代医学及分子生物学的研究。聚合酶链反应（polymerase chain reaction，PCR）又称无细胞分子克隆系统或特异性 DNA 序列体外引物定向酶促扩增技术，可使目的 DNA 迅速扩增，并具有特异性强、灵敏度高、操作简便、省时等特点。印迹技术（blotting）是一类利用各种物理方法使凝胶中的生物大分子转移到膜上，使之成为固相化分子的方法。

第一节　PCR 技术

一、PCR 技术的基本原理

PCR 类似于 DNA 的天然复制过程，利用了 DNA 半保留复制及核酸变性与复性的原理，在体外对 DNA 分子进行扩增，其反应由变性→退火→延伸 3 个步骤构成（图 8-1）。

（一）变性

加热至 95℃ 一定时间后，模板 DNA 双链或经 PCR 扩增形成的双链 DNA 解离，使之成为单链以便与引物结合。

（二）退火

模板 DNA 经加热变性成单链后，温度骤降至 55℃ 左右，使引物与单链模板上的相应序列配对结合。

（三）延伸

在 *Taq* DNA 聚合酶的作用下，以 dNTP 为原料，靶序列为模板，按碱基互补配对规律，合成一条与模板 DNA 链互补的新链。新链又可成为下次循环的模板，重复进行变性→退火→延伸 3 个过程就可获得更多的新链。

二、PCR 反应体系的基本组分

PCR 反应体系主要包括模板 DNA、特异性引物（人工合成的低聚脱氧核糖核苷酸链）、耐热 DNA 聚合酶、dNTPs 及含有 Mg^{2+} 的缓冲液。

（一）模板

PCR 反应的模板为 DNA，RNA 需逆转录成 cDNA 后才能作为模板进行 PCR 反应。不同来源的核酸样品，扩增前需纯化，尽量除去样品中混有的蛋白质、核酸酶等。

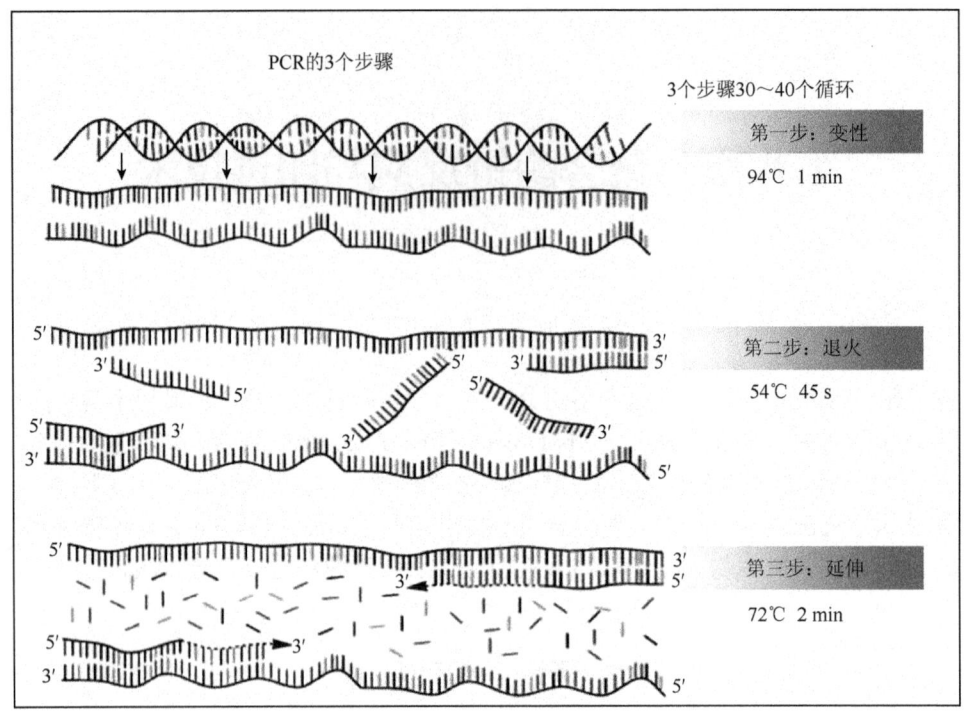

图 8-1 PCR 基本原理

（二）引物

引物合成后必须经过纯化处理，以去除合成产物中的不完整序列、脱嘌呤产物、碱基修饰链等杂质。两条引物的用量为每条 0.1～0.5 mmol/L，过低会影响产物的产量，过高会增加引物二聚体或错配的概率。引物的设计是 PCR 反应的关键，引物设计原则如下。

1. 避开产物的二级结构区

某些引物无效的主要原因是受引物重复区 DNA 二级结构的影响，选择待扩增模板片段时最好避开 DNA 二级结构区域，若不能避开这一区域可用 7-deaza[①]-2′脱氧 GTP 取代 dGTP 以提高引物特异性。

2. 引物长度及序列

寡核苷酸引物长度一般为 20～27 nt，引物长度过长会导致其延伸温度大于 74℃，不适于 Taq DNA 聚合酶进行反应，从而降低产物的特异性。关于引物序列，首先，引物序列中 G+C 含量一般为 40%～60%，4 种碱基最好是随机分布，避免有聚嘌呤或聚嘧啶；其次，引物自身不应存在互补序列，引物的互补序列可能折叠成发夹状结构，从而影响引物与模板的结合；最后，引物与非特异扩增序列的同源性不应超过 70%或连续有 8 个互补碱基同源。

3. 引物的 3′端和 5′端

引物的延伸是从 3′端开始的，3′端一般不进行修饰。引物的 5′端限定着 PCR 产物的长度，可在不影响扩增特异性的情况下对引物 5′端进行修饰。引物 5′端修饰的方法如加酶切位点、标记生物素、荧光、地高辛等，引入突变位点、插入与缺失突变序列等。

---

① 去氮

4. 引物之间

一对引物间不应有多于 4 个的连续同源碱基，避免 3′端的互补重叠形成引物二聚体。

5. 引物设计软件

引物设计也可利用计算机软件，但不能完全依赖软件的设计，引物的实际应用效果还需经试验来检验其有效性。

（三）耐热 DNA 聚合酶

在耐热 DNA 聚合酶中，*Taq* DNA 聚合酶有合成速度快、价格低廉等优点，因而最为常用。*Taq* DNA 聚合酶除具有 DNA 聚合酶活性外，还具有 5′→3′外切酶活性和 3′端核苷酸转移酶活性，但不具有 3′→5′外切酶活性。需要合成较长 DNA 片段或高保真的 DNA 片段时，可采用具有 3′→5′外切酶活性的耐热 DNA 聚合酶或者复合 DNA 聚合酶。

（四）Mg^{2+} 和 dNTP

Mg^{2+} 浓度对于 *Taq* DNA 聚合酶为 0.5～10 mmol/L，对于其他具有 3′→5′外切酶活性的耐热 DNA 聚合酶为 0.1～2.0 mmol/L；4 种 dNTP 在反应中浓度相等，一般为 200 μmol/L。两种物质的浓度过高和过低都会影响 PCR 产物的质量。

三、PCR 反应条件

（一）变性温度、时间

一般情况下，93～96℃ 1 min 即可使模板 DNA 变性，若低于 93℃ 则需延长变性时间，若温度过高则影响酶的活性。

（二）退火温度

退火温度需要根据引物序列的长度和 GC 对含量而定，一般可按经验公式 $T_m=4(G+C)+2(A+T)$ 计算。计算 T_m 时注意，只计入引物序列中与模板 DNA 互补配对的碱基。退火温度一般比 T_m 低 5℃，在 50～65℃。在 T_m 允许范围内，选择较高的复性温度可大大减少引物和模板间的非特异性结合，提高 PCR 反应的特异性。

（三）延伸温度、时间

PCR 反应的延伸温度一般选择在 70～75℃，延伸时间可根据待扩增片段的长度而定，一般 2 kb 以内的靶序列延伸 2 min，3～4 kb 的靶序列需 3～4 min，5～10 kb 的靶序列需延伸至 10～15 min。

（四）循环次数

PCR 循环次数主要取决于模板 DNA 的浓度，一般的循环次数选在 30～40 次，循环次数越多，非特异性产物的量也随之增多。

四、常用的 PCR 衍生技术

（一）逆转录 PCR 技术

逆转录 PCR（reverse transcription PCR，RT-PCR）是将逆转录反应和 PCR 反应联合应用的一种技术。即首先以 RNA 为模板，在逆转录酶作用下合成互补的 cDNA，再以 cDNA 为模板通过 PCR 来扩增目的基因。RT-PCR 是目前从组织或细胞中获得目的基因，以及对已知序列的 RNA 进行定性及半定量分析的有效方法。

（二）实时定量 PCR 技术

实时定量 PCR（real-time quantitative PCR）技术是指在 PCR 反应体系中加入荧光标记分子，通过动态监测 PCR 反应管内荧光信号的变化来实时监测整个 PCR 反应进程，并由此对反应体系中的模板进行精确定量的方法。因该技术需要使用荧光染料，也称为实时荧光定量 PCR。实时定量 PCR 技术是目前对微量 DNA 和 RNA 进行定量分析的主要手段。

（三）巢式 PCR

巢式 PCR（nested PCR），也称嵌套式 PCR，该技术主要使用两对位置不同的引物，分别称为内侧引物和外侧引物，外侧引物的扩增区域内包含了内侧引物扩增区域。进行巢式 PCR 时，一般先用外侧引物进行第一轮 PCR 扩增，再以首轮 PCR 的产物为模板，用内侧引物进行第二轮 PCR 反应。因此，其检测的灵敏度和特异性大大提高，尤其适用于扩增模板含量较低的样本。

（四）甲基化特异性 PCR

甲基化特异性 PCR（methylation-specific PCR，MSP）指基因组 DNA 被重亚硫酸盐处理后可使 CpG 岛上非甲基化的 C 变为 U，而被甲基化修饰的 C 不变，然后用两对引物（即非甲基化引物和甲基化引物）来扩增基因组 DNA，即可根据不同引物的扩增结果来判断目的 DNA 序列 CpG 岛的特定区域是否存在甲基化。甲基化特异性 PCR 主要用于检测基因组 DNA 中 CpG 岛的甲基化状态，具有特异性强和敏感度高等优点。

（五）原位 PCR 技术

原位 PCR（in situ PCR）技术是在甲醛固定、石蜡包埋的组织切片或细胞涂片上的单个细胞内进行 PCR 反应，然后用特异性探针进行原位杂交，检出待测 DNA 或 RNA 是否在该组织或细胞中存在的方法。原位 PCR 既能分辨鉴定带有靶序列的细胞，又能标出靶序列在细胞内的位置，对分子和细胞水平上疾病的研究有重要的实用价值。

五、PCR 技术的主要应用

（一）目的基因的克隆

PCR 是从基因文库中获得序列相似的基因片段或新基因的主要方法，也可以利用 RT-PCR 技术从包含多种 DNA 或 RNA 分子的混合核酸样本中将目的基因片段进行选择性的扩增。

（二）基因的体外突变

在科研中，往往需要获得各种发生突变的 DNA。可以利用 PCR 技术，设计适当的引物在体外对目的基因片段进行嵌合、缺失、点突变等改造操作。

（三）核酸的微量分析

PCR 技术高度敏感，对模板 DNA 的量要求很低，是进行核酸微量分析的主要方法。

（四）DNA 序列测定

目前的 DNA 测序，是先将待测 DNA 片段克隆到特定的载体内，或者先进行 PCR 扩增获取足够量的纯化模板 DNA，再以单一引物进行类似 PCR 的热循环反应进行 DNA 序列测定。PCR 技术的引入使 DNA 测序工作大为简化和高效。

（五）基因突变分析

目前有多种 PCR 与其他技术的联合可用于突变基因的检测，如 PCR 限制酶切片段长度多态性、引物差异扩增、PCR 产物变性梯度凝胶电泳、PCR 产物变性高效液相色谱等。

第二节 印 迹 技 术

印迹技术目前已广泛用于 DNA、RNA 及蛋白质的检测，主要的印迹技术包括 DNA 印迹（Southern blotting）、RNA 印迹（Northern blotting）、蛋白质印迹（Western blotting）、斑点印迹（dot blotting）和原位杂交（in situ hybridization）。

一、印迹技术的基本原理

（一）DNA 印迹

DNA 印迹是将基因组 DNA 经限制性内切酶酶切后进行琼脂糖凝胶电泳，使 DNA 片段按分子质量大小排列在凝胶上，将经碱处理变性的单链 DNA 片段转印到膜上，再将载有 DNA 单链分子的膜在杂交液中与另一种带有标记的 DNA 或 RNA 分子（即探针）按互补原理进行杂交并检测（图 8-2）。DNA 印迹主要用于基因组 DNA 中特异基因的定性和定量分析及检测。

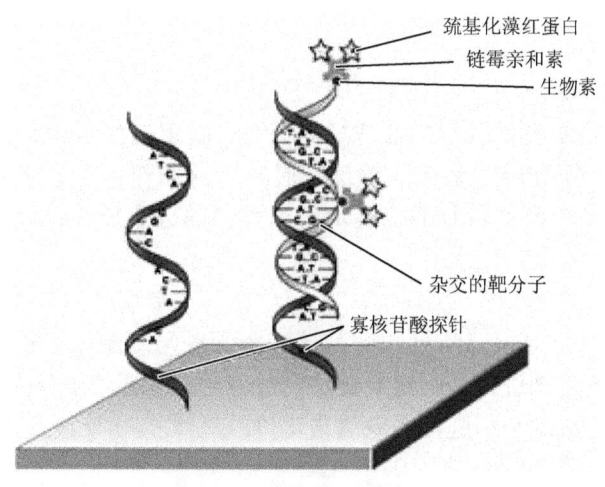

图 8-2 探针杂交原理

（二）RNA 印迹

RNA 印迹的技术原理与 DNA 印迹相同，由于 RNA 的分子质量相对较小，在转膜前无需进行限制性内切酶切割，且变性的 RNA 转膜效率较高。RNA 印迹主要用于检测某一组织或细胞中已知的特异 RNA 表达水平，也可比较不同组织和细胞中同一基因的表达情况。

（三）蛋白质印迹

蛋白质印迹的技术原理类似于 DNA 印迹，蛋白质印迹的显示检测不是通过分子杂交而是通过抗原抗体亲和反应结合（图 8-3）。用特异性抗体（一抗）与转移膜上相应的蛋白质分子结合，再用碱性磷酸酶、辣根过氧化物酶或放射性核素标记的第二抗体（二抗）与之结合，最后用底物显色、化学发光试剂或放射自显影等方法来检测蛋白质区带的信号。蛋白质印迹主要用于蛋白质的定性与半定量分析。

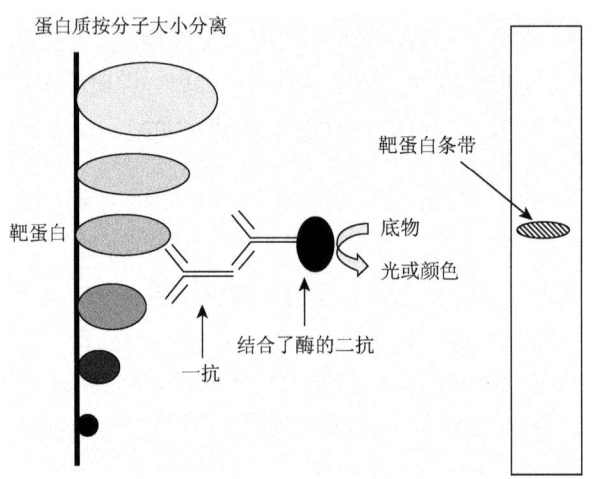

图 8-3　蛋白质印迹中一抗和二抗的结合

（四）斑点印迹

斑点印迹是先将被测的 DNA 或 RNA 变性后固定在滤膜上，然后加入过量标记好的 DNA 或 RNA 探针进行杂交。该法耗时短、易操作，无需事先酶切或凝胶分离核酸，可同时检测多个样品，但不能鉴定所测基因的分子质量，且特异性差易出现假阳性结果。

（五）原位杂交

原位杂交是指以特定标记的已知序列核酸为探针与细胞或组织切片中核酸进行杂交，从而对特定核酸序列进行精确定量定位的过程。其主要用于基因克隆筛选的菌落原位杂交及检测基因在组织和细胞内的表达与定位。

二、转膜方法

（一）虹吸法

虹吸法是容器中的转移缓冲液利用上层吸水纸的毛细管虹吸作用，将凝胶中的生物大分子转移到固相支持物上。虹吸法的转移效率不高，但由于其器具简单，因此一直被广泛用于 DNA 印迹的转膜（图 8-4）。

（二）电转移法

电转移法是将固相支持物与凝胶贴在一起置于滤纸之间，固定于凝胶支持夹，然后置于盛有转移电泳缓冲液的转移电泳槽中。在电场的作用下，凝胶中的生物大分子沿与凝胶平面垂直的方向泳动，滞留在滤膜上形成印迹。

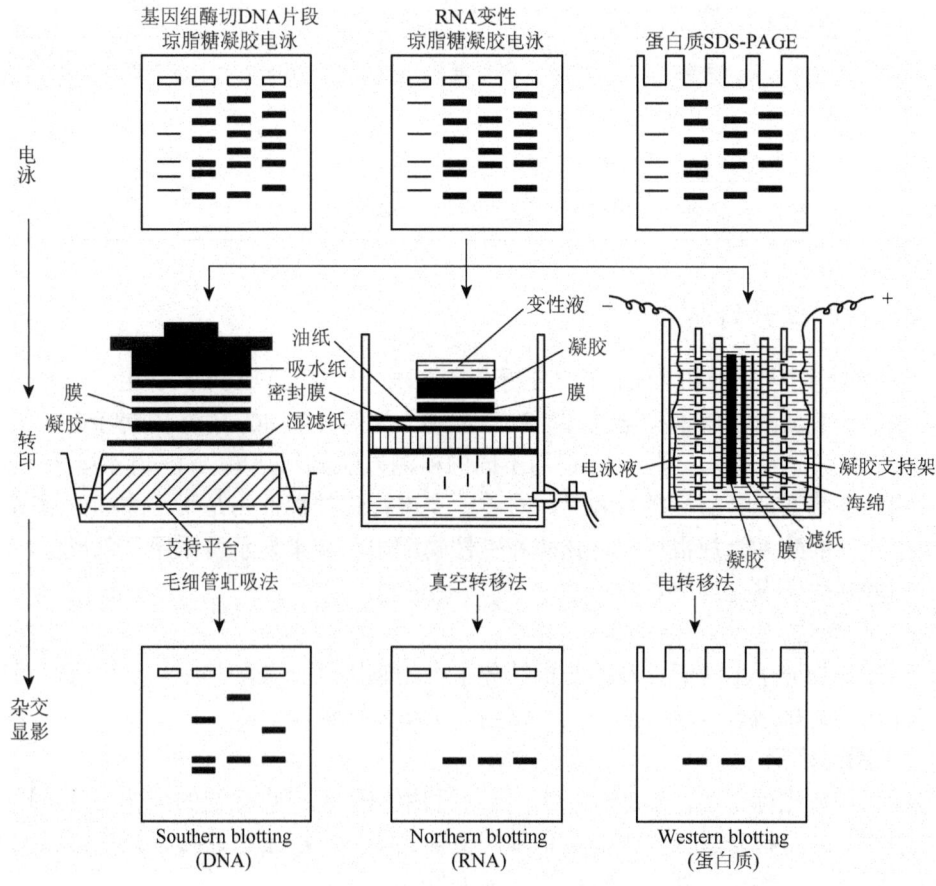

图 8-4　3 种主要的印迹技术与转膜方法

图 8-4 中为湿转法，现多数实验室采用半干式电转移的方法。半干转移即用浸透缓冲液的多层滤纸代替缓冲液槽，电极板直接与滤纸接触可使凝胶中电场强度增大，转移速度快、效率高。在半干转移系统中，应保证滤纸、膜和凝胶三者的大小相同，否则易导致电流短路。

（三）真空转移法

真空转移法是以滤膜在下、凝胶在上的方式，利用真空泵将转移缓冲液从上层容器移到下层容器，从而带动凝胶中的核酸转移到滤膜上（图 8-4）。真空转移较之毛细管转移更为有效，而且极为快捷。真空转移法耗时短且转移后获得的杂交信号强。

三、转印膜的选用

用于印迹分析的转印膜主要有硝酸纤维素膜（nitrocellulose filter membrane，NC）、尼龙膜（Nylon）和聚二氟乙烯膜（polyvinylidene difluoride，PVDF）3 种。在选择转印膜的过程中，可参见表 8-1。

表 8-1　NC、Nylon 和 PVDF 膜性能的比较

类型	与核酸的结合能力/(μg/cm²)	韧性	结合牢固性	价格	本底	重复使用	预处理	主要用途
NC	80~100	易碎	不牢固	低	低	不能	不需要	蛋白质和核酸的印迹分析
Nylon	480~600	强	抗热抗溶解、较牢固	高	高	可重复	需甲醇预处理	核酸印迹分析
PVDF	125~300	较强	耐高温且牢固	较高	较高	可重复	需甲醇预处理	蛋白质印迹分析

四、核酸探针的标记与显示

用于 DNA 印迹分析和 RNA 印迹分析杂交检测的探针可以是 DNA，也可以是 RNA。探针的标记物有放射性核素标记（如 ^{32}P、^{35}S 和 ^{125}I 等）和非放射性核素标记（如生物素、地高辛和荧光素等）。不同的标记用不同的检测方法显示结果，对于生物素标记的探针采用酶标亲和素或者酶标链亲和素，对于地高辛标记的探针则是采用酶标抗地高辛抗体。用于酶标的酶多为辣根过氧化物酶和碱性磷酸酶，结果显示可采用呈色反应，更多的则采用增强化学发光反应。

（一）化学法

利用标记物分子上的活性基因与探针分子上的基因（如磷酸基团）发生化学反应，从而将标记物直接结合到探针分子上。常用 ^{125}I 和生物素标记。

（二）酶促标记

将标记物预先标记在核苷酸分子上，然后利用酶促反应将标记的核苷酸分子掺入到探针分子中，或将核苷酸分子上的标记基团交换到探针分子上。此类标记法常见的有缺口平移法、随机引物标记法、末端标记法和 PCR 标记法。

1. 缺口平移法

缺口平移法是实验室最常用的一种脱氧核糖核酸探针标记法。利用大肠杆菌 DNA 聚合酶 I 的多种酶促活性，将带有标记的 dNTP 掺入到新合成的 DNA 链中，从而形成较高放射比活性的均匀标记 DNA 探针。线状、超螺旋及带缺口的环状双链 DNA 均可作为缺口平移法的模板。

2. 随机引物标记法

随机引物标记法是使随机引物（random primer）的 6 个核苷酸的寡核苷酸片段与单链 DNA 随机互补结合，在无 5′→3′外切酶活性的 DNA 聚合酶大片段（如 Klenow 酶）作用下，在引物的 3′羟基端逐个加上核苷酸直至下一个引物，当反应液中含有标记的核苷酸时，即形成标记的 DNA 探针。

3. 末端标记法

末端标记法是将引物导入线性 DNA 或 RNA 的 3′端或 5′端的一类标记法，主要用于寡核苷酸探针或短的 DNA 或 RNA 探针的标记。

4. PCR 标记法

在 PCR 反应底物中，将一种 dNTP 换成标记物标记的 dNTP。这样，标记的 dNTP

就在 PCR 反应的同时掺到新合成的 DNA 链上。

五、核酸杂交后的漂洗问题

核酸印迹分析中，在杂交过程完成后，需要进行漂洗去除未杂交的探针。这一漂洗过程是控制检测特异性的重要步骤。一般而言，低离子强度和较高温的漂洗提高检测的特异性，但是同时降低了检测的灵敏度。反之，较高离子强度和较低温度的漂洗可以提高了检测灵敏度，但是同时降低了检测的特异性。因此，需要根据研究的目的和具体实验情况调整漂洗条件。

【思考题】

1. 逆转录 PCR、实时定量 PCR 和巢式 PCR 的原理及操作方法是什么？
2. 分析 PCR 结果中出现"假阳性"和"假阴性"的原因，并总结 PCR 技术成功的关键因素有哪些？
3. 印迹技术的原理是什么？比较 DNA 印迹、RNA 印迹和蛋白质印迹技术的异同点。

（李思嫚）

第九章 基因工程技术

基因工程技术（genetic engineering technology）又称重组 DNA 技术（recombinant DNA technique），是指在体外重新组合脱氧核糖核酸（DNA）分子并在适当的细胞中增殖的基因操作技术。这种操作技术可把特定的基因组合到载体上，并使之在受体细胞中增殖和表达。重组 DNA 技术来源于两种重要研究工具的发现和使用：限制性内切酶（简称限制酶）和基因载体（简称载体）。

1972 年，美国的分子生物学家伯格等将动物病毒 SV40 的 DNA 与噬菌体 P22 的 DNA 连接在一起，构成了第一批重组 DNA 分子。1973 年，美国的分子生物学家科恩等又将几种不同的外源 DNA 插入质粒 pSC101 中，并进一步将其引入大肠杆菌中扩增，从而开创了基因工程的研究。

第一节 基因工程技术的相关概念

一、DNA 克隆

DNA 克隆是指应用酶学的方法，在体外把目的基因与载体 DNA 结合成具有自我复制能力的重组 DNA 分子——复制子（replicon），再将该复制子转化或转染宿主细胞，并筛选出含有目的基因的转化子细胞进行扩增，以获取大量同一 DNA 分子或者获得目的基因的表达产物。由于早期研究是从较大的染色体分离、扩增特异性基因，因此 DNA 克隆又称基因克隆（gene cloning）。而实现基因克隆所采用的方法技术称为基因工程技术，其目的有二：①分离获得某一感兴趣的基因或 DNA 序列；②获得感兴趣基因的表达产物（蛋白质）。

二、工具酶

基因工程技术中要使用某些基本酶类进行基因操作，这些酶统称为工具酶。常用的工具酶包括 DNA 聚合酶 I、DNA 连接酶、末端转移酶、逆转录酶、多聚核苷酸激酶和限制性内切酶等。

限制性内切酶是一类能够识别 DNA 的特异序列，并在识别位点或其周围切割双链 DNA 的核酸内切酶。目前发现的限制性内切酶有 1800 种以上，主要分为 3 类（Ⅰ、Ⅱ、Ⅲ）。其中，Ⅱ型限制性内切酶因其识别和切割位点统一，在重组 DNA 技术中被广泛应用，此类限制性内切酶的特点包括：①识别并切割 DNA 的特异序列；②识别的核苷酸序列通常为 4～

8 个核苷酸；③识别的核苷酸序列通常为回文结构；④可产生黏性或钝性末端。常用的内切酶有：①切割后产生 5′黏性末端的 *Bam*H I （5′-G↓GATCC-3′），*Eco*R I （5′-G↓AATTC-3′），*Hin*d III （5′-A↓AGCTT-3′）；②切割后产生 3′突出末端的 *Kpn* I （5′-GGTAC↓C-3′），*Pst* I （5′-CTGCA↓G-3′）；③切割后产生平末端的 *Eco*R V （5′-GAT↓ATC-3′），*Sma* I （5′-CCC↓GGG-3′）。

三、目的基因

在自然界的长期进化中，生物体积累了大量对人类有用的基因，这些基因统称为目的基因。但在基因工程的实际操作中，目的基因通常是指待扩增重组的基因或部分 DNA 序列。获得目的基因的途径很多，主要是通过构建基因文库或 cDNA 文库，从中筛选出特殊需要的基因。近年来，应用 PCR 技术直接从某生物体基因组中扩增出目的基因的方法被广泛应用。对于较小的目的基因也可采取人工化学合成的方法。目前，已获得的目的基因大致可分为 3 类：①与医药相关的基因；②抗病虫害和适应恶劣生境的基因；③编码具有特殊营养价值的蛋白质或多肽的基因。

四、基因载体

基因载体是指用以携带外源目的基因到宿主细胞中扩增或表达的特定 DNA 分子。理想载体应具有针对宿主细胞的可转移性、独立的复制能力、特定的多克隆位点、显著的筛选标记、良好的安全性等特征。根据其结构和功能不同可分为克隆载体（cloning vectors）和表达载体（expression vectors）。克隆载体是使插入的外源 DNA 序列被扩增而设计的载体。表达载体是能使插入的外源 DNA 序列被转录并翻译成多肽链而设计的基因载体。另外，根据构建载体的 DNA 来源不同，可分为质粒载体、噬菌体 DNA 载体、黏粒载体、病毒载体、酵母人工染色体载体等。

1. 质粒（plasmid）

存在于细菌染色体外的小型环状双链 DNA 分子。能在宿主细胞独立进行复制，并赋予宿主细胞遗传性状，如对抗生素或重金属产生抗性等。质粒赋予细菌的表型可识别质粒的存在，是筛选转化子细菌的依据。

2. 噬菌体 DNA

常用作基因载体的噬菌体 DNA 有 λ 噬菌体、M13 噬菌体。经 M13 噬菌体改造的载体含不同位置的克隆位点，可接受不同限制性内切酶的酶切片段。

3. 其他

另外还有可插入大片段外源基因的柯斯质粒载体、酵母人工染色体载体，用于真核基因表达的腺病毒载体和逆转录病毒载体等。

第二节　基因工程技术的基本原理及技术路线

基因工程技术的基本原理及主要技术路线包括：目的基因的获取、载体的选择与构建、外源基因与载体的拼接、重组 DNA 分子导入受体细胞、筛选并无性繁殖含重组 DNA 片段的受体细胞、克隆基因的表达等步骤。在此基础上，研究者可根据不同的实验目的进行增删及具体化。

一、目的基因的获取

获取目的基因常用的方法有化学合成法、基因组 DNA 文库、cDNA 文库、聚合酶链反应等。

（一）化学合成法

从蛋白质肽链的氨基酸顺序可以推测出它的遗传密码，依照此密码用化学方法合成目的基因。化学合成法通常只能合成较短的基因序列。

（二）基因组 DNA 文库

用限制性内切酶切割某一来源的基因组 DNA，获得大量的基因组 DNA 片段，然后将全部基因组 DNA 片段与克隆载体连接成重组 DNA 分子，再转化到宿主菌内进行扩增，得到含有各种基因组 DNA 片段的克隆菌落的集合，即基因组 DNA 文库。采用合适的方法可从文库中挑选出含有目的基因的克隆菌落，再进行扩增、分离、回收，可得到大量拷贝的含目的基因的 DNA 片段。

（三）cDNA 文库和 RT-PCR

提取某一细胞的总 RNA，经逆转录酶，以全部 mRNA 为模板，合成与 mRNA 顺序互补的各种 cDNA，与克隆载体连接后转到宿主菌中扩增，得到含各种 cDNA 的克隆菌落的集合，即 cDNA 文库。cDNA 文库中包含有细胞表达的各种 mRNA 的信息，采用合适的方法可挑选出含目的基因的克隆菌落，经扩增、分离、回收，即可得到大量拷贝的目的基因序列。

获取目的基因 cDNA 的简单方法是不必构建 cDNA 文库，可直接用 RT-PCR 的方法获得。该方法首先进行逆转录得到细胞的总 cDNA，再在高保真的 DNA 聚合酶和目的基因特异性引物作用下，经 PCR 扩增，即可得到大量目的基因序列。根据需要，在 PCR 引物序列中还可设计相应的酶切位点、起始密码子、终止密码子等，以表达获得不同大小的蛋白肽段。

二、载体的选择与构建

将外源 DNA 片段连到复制子上，外源 DNA 可作为复制子的一部分在受体细胞中复制或表达。研究者应根据不同的目的基因、研究目的、转化宿主细胞等因素，选择和构建合适的载体。载体的构建和选择是基因工程技术路线中的核心环节之一。最早构建的载体是用于原核生物的，故以原核生物为对象的基因工程研究首先得以快速发展。Ti 质粒的发现及 Ti 质粒衍生克隆载体的成功构建，为植物基因工程研究的迅速发展提供了契机。动物病毒载体的成功构建，则使动物基因工程研究有了较大的进展。载体的选择与构建仍是今后研究的重要内容之一，特别是适合于高等动植物的表达载体和定位整合载体仍有发展空间。

三、外源基因与载体的连接

在 DNA 连接酶作用下，将外源基因与载体 DNA 连接成重组的 DNA 分子，连接的方式有以下几种。

（一）黏性末端连接

经同一限制性内切酶或不同限制性内切酶切割的外源基因与载体，可产生相同的黏性末端，即黏性末端的碱基序列互补，经退火处理，再由 DNA 连接酶催化即可连接成重组 DNA 分子。

（二）平端连接

适用于限制性内切酶切割产生的平端、黏性末端补齐或切平形成的平端切口的连接。

（三）同聚物加尾连接

在末端转移酶（terminal transferase）的作用下，在 DNA 片段末端加上同聚物序列，制造出黏性末端，再进行黏性末端连接。

（四）人工接头连接

由平端加上新的酶切位点,再用限制性内切酶切割产生黏性末端进行黏性末端连接。在两个平端 DNA 片段的一端接上用人工合成的寡聚核苷酸接头片段，这里面包含有某一限制性内切酶的识别位点。经这一限制性内切酶处理后，便可得到具有黏性末端的两个 DNA 片段，用 DNA 连接酶把这两个 DNA 分子连接起来。

四、重组 DNA 分子导入受体细胞

重组 DNA 分子导入的受体细胞应具备宿主安全性、限制酶和重组酶缺陷、处于感受态等条件。根据载体性质的不同，将重组 DNA 分子导入宿主细胞的常用方法有：①转化，主要是指质粒作载体将外源 DNA 导入处于感受态的宿主细胞；②转染，指真核细胞主动或者被动导入外源 DNA 片段而获得新表型的过程；③感染，是指将慢病毒、腺病毒、逆转录病毒等病毒的基因进行改造，使其携带外源基因进入受体细胞的过程；④转导，由噬菌体将一个细胞的基因传递给另一细胞的过程；⑤注射，是利用显微操作系统和显微注射技术将外源目的基因直接注入受体细胞的细胞核中。

五、重组宿主细胞的筛选与鉴定

根据载体体系、宿主细胞特性及外源基因在受体细胞表达情况的不同，可采取直接选择法和非直接选择法。筛选出阳性宿主细胞后需提取重组 DNA 分子，进行 DNA 限制性内切酶酶切图谱分析、PCR 检测、测序鉴定等，通过分析比对，观察有无基因突变。

（一）直接选择法

直接选择法指对载体携带某种或某些标志基因和目的基因而设计的筛选方法，其特点是直接测定基因或基因表型，包括抗药性标志选择、标志补救等。

1. 抗药性标志选择

构建的基因载体通常含有抗药基因，如抗氨苄西林（amp^R）、抗四环素（tet^R）、抗

卡那霉素（kan^R）基因等。当培养基中含有某种抗生素时，只有携带相应抗药基因载体的细胞才能生存繁殖。如果外源目的基因是插入载体的某一抗药性基因内，就会使这个抗药性基因失活。通过对比有、无相应抗生素培养基中菌落的生长情况，筛选出可能的阳性菌落。

2. 标志补救

经改造的 M13 载体有 M13mp 系列及 pUC 系列。它们是在 M13 基因间隔区插入 *E. coli* 的一段调节基因及 *lac Z* 的 N 端 146 个氨基酸残基的编码基因，其编码产物即 β-半乳糖苷酶的 α 片段。突变型 *lac-E. coli* 可表达该酶的 ω 片段（酶的 C 端）。单独存在的 α 片段及 ω 片段均无 β-半乳糖苷酶活性，只有宿主细胞与克隆载体同时共表达两个片段时，宿主细胞内才有 β-半乳糖苷酶活性，使特异性作用物变为蓝色化合物，这就是所谓的 α-互补。由 M13 改造的载体含不同位置的克隆位点，可接受不同限制性内切酶的酶切片段。如果插入的外源基因是在 *lac Z* 基因内，则会干扰 *lac Z* 的表达，利用 *lac-E. coli* 转染或感染细胞，在含 X-Gal 的培养基上生长时会出现白色菌落；如果在 *lac Z* 基因内无外源基因插入，则有 *lac Z* 表达，转化菌在同样条件下呈蓝色菌落。

（二）非直接选择法

免疫学方法是非直接选择法的一种，是指利用特异性抗体与目的基因表达产物的相互作用进行筛选，而不是直接鉴定基因。该方法具有特异性强、灵敏度高的特点，可适用于不为宿主菌提供任何选择标志的基因筛选。

六、克隆基因的表达

克隆基因的表达是指将外源重组 DNA 在宿主细胞的表达调控下进行转录和翻译，从而获得重组蛋白的过程。此外，目的蛋白的取得还需进行产物的分离纯化及活性鉴定等步骤，以明确重组蛋白的产量、生物学结构及功能等特性。

（一）表达体系

目前常用的表达体系分为原核表达体系和真核表达体系两类。*E. coli* 是当今采用最多的原核表达系统。其优点是培养方法简单、迅速、经济，适合大规模生产。不足之处是：①缺乏转录后加工体系；②缺乏适当的翻译后加工体系；③表达的蛋白质易形成不溶性的包含体等。常用的真核表达体系包括酵母、昆虫及哺乳类动物细胞等表达体系。其优越性是具有准确转录后加工和翻译后修饰功能，如可促进糖基化、酰基化、磷酸化、二硫键形成等，使表达的蛋白质在理化特性、分子结构、生物学功能等方面最接近于天然蛋白质分子，从而有利于其生物学活性的发挥。另外，真核系统可进行分泌表达，目的蛋白分泌到细胞外可极大简化纯化工艺。不足之处是存在重组体的构建筛选费时、费力，重组蛋白表达量相对较低，生产成本较高等问题。

（二）目的蛋白的分离纯化

为了方便外源表达蛋白质的分离纯化，目前多采取基因工程的技术进行融合蛋白的表达。在融合蛋白表达体系中，将待表达的外源蛋白质基因与亲和分离纯化相关基因的编码序列相连接，即成为融合基因。这种融合基因表达出的蛋白质就是融合蛋白，其既具有亲和分离纯化相关产物的特性，又有外源蛋白质的特性。目前最为常用的融合蛋白表达纯化体系包括 6 个组氨酸串融合表达体系和谷胱甘肽 S 转移酶（GST）融合表达体系。融合蛋白的分离纯化往往只需将蛋白液通过相应的亲和层析柱，使融合蛋白结合于层析柱上，再经清洗、特异洗脱，即可获得高纯度的融合蛋白。另外，根据研究需要，还可在融合蛋白的两部分之间增加多肽链的化学裂解（一般是变性方法）或者限制性内切蛋白酶的识别切点（非变性方法），以便于纯外源蛋白质的获得。

第三节　基因工程技术在医学领域的应用

1990 年，分子医学（molecular medicine）的诞生是基因工程技术与医学实践相结合的结果。分子医学所包含的领域主要有以下几个方面。

一、疾病基因的发现与克隆

基因工程技术的应用使分子遗传学家有可能根据基因定位，而不是根据基因的功能来克隆一个基因。根据克隆基因的定位和性质研究所提供的线索，可进一步确定该基因在分子遗传病中的作用。因此，一个疾病相关基因的发现不仅可导致新的遗传病的发现，而且对遗传病的诊断和治疗都具有重要价值。随着人类基因组的制图和定位及其序列信息的掌握，人类完全可能通过对候选基因进行操控，从而在根本上预防和治疗某些遗传性疾病。

二、基因诊断

基因诊断是指利用分子生物学及分子遗传的技术和原理，在 DNA 水平上分析、鉴定遗传疾病所涉及的基因置换、缺失或插入等突变。操作的基本过程是基因分离、扩增待测的 DNA 片段，之后区分或鉴定 DNA 的异常。

三、基因治疗

基因治疗是指在有功能缺陷的细胞中补充相应的功能基因，以纠正或补偿其缺陷基因的功能，从而达到治疗的目的。常用的方式为体细胞基因治疗（somatic cell gene therapy）和性细胞基因治疗（germ line gene therapy）。

四、遗传病的预防

受累疾病基因的克隆不仅为医学家提供了重要工具，使他们能深入地认识、理解一种遗传病的发生机制，并为寻求可能的治疗途径及疗效的预测提供手段。更重要的是，利用这些成果进行极有意义的产前诊断和症候前诊断，有望从根本上杜绝遗传性疾病的发生和发展。目前，遗传病的主要预防方法包括产前诊断、携带者测试、症候前诊断、遗传病易感性分析等。

五、生物制药

利用基因工程技术生产有药用价值的蛋白质、多肽产品已成为当今世界的一项重大产业。重组蛋白药物的生产是指在功能研究、基因克隆的基础上构建适当的表达体系，进行有生物活性的蛋白质、多肽表达，再经过科学的动物实验、严格的临床试验和药物审查发展而来的新药物。

【思考题】

1. 基因工程中常用的工具酶有哪些？
2. 基因工程技术的基本原理及技术路线包括哪些？
3. 根据学过的生物化学与分子生物学知识，以大肠杆菌为例，分别列举与转录和翻译调控相关的序列。
4. 外源蛋白质在原核细胞的表达所指的外源蛋白质往往是真核蛋白质，用于克隆重组的真核蛋白质基因，是否可以从真核细胞基因组获取？为什么？

（张　巧　曹西南）

第十章　荧光标记技术

在生命科学研究领域，往往需要测定参与生命活动的重要物质分子的含量、分布和作用，由于多数物质分子不能被直接检测到，利用高灵敏度的生物标记技术使待检测的分子特异结合可检测的标记物至关重要。生物标记通常可以分为放射性标记、显色标记、酶标记和荧光标记等。其中，放射性标记和荧光标记具有非常高的灵敏度，但放射性标记由于放射性污染等问题使其在许多方面应用受到限制。荧光标记技术是指利用一些能发荧光的物质共价结合或物理吸附在所要研究分子的某个基团上，通过荧光显微镜（FM）或激光扫描共聚焦显微镜（LSCM）、流式细胞仪（FCM）、荧光分光光度计等仪器的检测，达到对研究的物质进行定位、示踪、含量测定等目的。由于荧光具有灵敏、特异、准确、快速、无放射性污染等特点，利用荧光标记来检测特定的靶分子被广泛应用于生命科学研究的各个领域。

第一节　荧光现象

一、荧光的产生

荧光又称为"萤光"，是一种光致发光的冷发光现象。某些化学物质从外界吸收能量（如光能、化学能等），使原来处于基态的电子被激发跃迁到激发态，并立即从激发态回到基态，以电磁辐射的形式释放能量，称为发光，而且一旦停止入射光的激发，发光现象也随之立即消失，具有这种性质的发射光就称为荧光。由于物质分子激发过程有能量的丢失，产生的荧光的发射波长比激发光的波长要长，称为"Stokes"位移。

通过测量不同波长的激发光照射荧光物质产生的荧光强度，得到荧光强度随激发光波长而变化的光谱称为荧光激发光谱，它反映了不同波长激发光引起荧光的相对效率。在激发光的波长和强度保持不变的条件下，测定荧光物质所产生的各种波长荧光的强度，得到各种波长荧光强度对某一发射波长的关系曲线的谱图称为荧光发射光谱。荧光物质不会将激发光的能量全部都转变成荧光，荧光物质将吸收的光能转变成荧光的百分率称为荧光效率。

荧光效率=发射荧光的光量子数（荧光强度）/吸收光的光量子数（激发光强度）

荧光物质受到某一波长的光照射时，得到特定波长的荧光强度最大，此时的荧光效率最高，通常选择此条件下进行检测。检测的灵敏度很大程度上取决于标记物的荧光强度和稳定性。理想的荧光标记物要求激发光谱宽、发射光谱窄、激发光和荧光无谱峰重叠及抗光漂白等。光漂白（photonic bleaching）是在光照条件下，荧光物质发生化学反应或是构象改变而失去发荧光的特性。一些化合物可使荧光物质失去发光作用或荧光减弱的现象，称荧光淬灭，具有荧光淬灭作用的物质称为荧光淬灭剂，荧光淬灭剂有时可用于降低非特异荧光背景。荧光物质能否产生荧光，还受介质环境的影响，包括温度、pH、溶液极性等，不同荧光物质对介质环境的要求不同。

二、荧光物质

荧光物质是能够与待检测分子的某些化学基团结合，而提供荧光体的物质。在荧光标记技术中，常用的荧光物质有小分子有机荧光染料，包括荧光素类、罗丹明类及多环芳烃化合物类，近年来发展起来的一些新型荧光标记物，包括一些稀土元素的螯合物、量子点纳米晶粒等由于其卓越的性能逐步得到广泛应用。

（一）荧光染料

荧光染料主要包括：荧光素类、罗丹明类、菁染料等，荧光素类衍生物有异硫氰酸荧光素（fluorescence isothiocyanate，FITC）、羧基荧光素（carboxyfluorescence，FAM）、四氯荧光素（tetrachlorofluoresceine，TET）等。其中 FITC 是应用最为广泛的一种荧光素衍生物，广泛用于杂交探针、Edman 降解蛋白质测序及抗体的标记。FAM、TET 等荧光素衍生物在标记技术中主要应用于 DNA 自动测序和核酸探针等。荧光素类标记试剂的荧光量子产率高。但荧光素类衍生物有共同的缺点：光淬灭率高、pH 敏感性强和发射波谱宽等。

罗丹明类也是一种标准荧光素的衍生物，主要包括四乙基罗丹明（rhodamine，RIB200）、四甲基异硫氰酸罗丹明（tetramethylrhodamineisothiocyanate，TRITC）和羧基四甲基罗丹明（carboxytetramethylrhodamine，TAMRA）等。在标记反应中罗丹明活性基团大多与标记蛋白的氨基（—NH$_2$）结合。与荧光素类衍生物相比，罗丹明类荧光素具有更强的光稳定性、更高的荧光产量及更低的 pH 敏感性。

菁染料是一种比较特殊的染料，其摩尔消光系数高、光谱范围广且光量子产率高，主要应用于生物大分子荧光标记。目前应用较多的标记菁染料有 YOYO、SYTO、SYBR Green I 等，菁染料主要用于标记核酸，近来也可用于蛋白质标记领域。

（二）镧系螯合物

某些 3 价稀土镧系元素如铕（Eu^{3+}）、铽（Tb^{3+}）、铈（Ce^{3+}）等的螯合物经激发后也可发射特征性的荧光，其中以 Eu^{3+} 应用最广。Eu^{3+} 螯合物的激发光波长、范围宽，发射光波长范围窄，荧光衰变时间长，最适合用于分辨荧光免疫测定。

（三）荧光蛋白

荧光蛋白最初是由色彩斑斓的海洋生物产生的，包括绿色荧光蛋白、黄色荧光蛋白、红色荧光蛋白、橙色荧光蛋白等。作为检测用的荧光蛋白是经基因工程构建的，作为一种新型的探针，在活细胞成像及蛋白质动力学的研究中发挥重要作用。绿色荧光蛋白（green fluorescent protein，GFP）是最常用的一种，GFP 荧光极其稳定，在激发光照射下，GFP 抗光漂白能力比荧光素强，特别在 450～490 nm 蓝光波长下更稳定。GFP 在氧化状态下产生荧光，强还原剂能使 GFP 转变为非荧光形式，但一旦重新暴露在空气或氧气中，GFP 荧光便立即得到恢复。

（四）量子点

量子点（quantum dot，QD）又称为半导体纳米微晶粒（semiconductor nanocrystal），是一种直径在 1～100 nm，能够接受激发光产生荧光的半导体纳米颗粒，通过改变粒子的大小可获得从紫外线到近红外线的波长范围内各种荧光。典型的量子点都含有一个硒化镉（CdSe）或碲化镉（CdTe）核心，外面包裹一硫化锌（ZnS）外壳。量子点光量子产率比小分子荧光基团和荧光蛋白高出 10～100 倍，其激发光谱宽而连续、发射光谱窄而对称、发光效率高、光化学稳定性好、不易发生光漂白、发射光颜色与粒径大小关联等优点，被广泛应用于蛋白质及 DNA 检测、细胞标记成像、活细胞生命动态过程示踪、活体动物体内肿瘤细胞靶向示踪等生物医学领域。

第二节 荧 光 探 针

一、荧光探针的选择

荧光探针是指用于检测特异靶分子的携带有荧光基团的已知分子。目前仅美国 Molecular Probes 公司就可提供 1800 多种荧光探针，根据研究对象、方法和现有的检测设备，有许多公司[如 Amersham Pharmacia Biotech（http：//www.apbiotech.com）、Dyomics（http：//www.dyomics.com）、Molecular Probes（http：//www.probes.com）、Toronto Research Chemicals（http：//www.trc-Canada.com）]提供可选择的荧光探针。这些商品化的荧光探针可用于标记多种靶分子，包括蛋白质、DNA、RNA、细胞结构（线粒体、高尔基体、溶酶体）、细胞内活性氧、细胞膜流动性、细胞内游离钙、细胞膜电位、细胞 pH 等。

选择合适的荧光探针是有效地进行实验并获取理想实验结果的保障，荧光探针的选择主要从以下几个方面考虑：①现有检测仪器。②荧光探针的光稳定性和光漂白性。③定性或定量检测的目的。仅做荧光定性或仅是观察荧光动态变化时，选择单波长激发探针，无需制作工作曲线。做定量测量时最好选用双波长激发比率探针，利于制定工作曲线。④荧光探针的特异性和毒性。⑤荧光探针适用的 pH。

二、荧光探针标记样品中的靶分子

以检测蛋白质和核酸的荧光探针为例，介绍荧光探针标记靶分子的方法。

（一）蛋白质的荧光探针标记

1. 荧光抗体标记

用荧光技术检测内源性蛋白质时最常用的方法就是免疫学方法。将小分子荧光物质与特异抗体共价键牢固结合而不影响其免疫活性，成为荧光抗体，用于检测特异的抗原靶蛋白，借助荧光检测仪器观察荧光现象或测定荧光强度，从而对靶蛋白进行定性、定位、定量分析。对靶抗原蛋白检测的精确程度取决于所用抗体的特异性，因此还需要用其他的方法进行佐证。

2. 遗传标记

利用 DNA 重组技术,将待检测蛋白基因与绿色荧光蛋白(GFP)基因构建成融合基因,转染合适的宿主细胞进行表达,然后借助荧光显微镜便可直接观察活体细胞内 GFP 标记的靶蛋白质的情况。由于 GFP 相对较小,只有 238 个氨基酸,将其与其他蛋白融合后不影响自身的发光功能。GFP 标记的融合蛋白由于可直接观察活体细胞内的情况,目前在生命科学研究领域得到广泛应用,如细胞分裂、染色体复制、信号转导等。遗传标记法表达的融合蛋白不是"内源性"蛋白,融合蛋白可能会影响到目的蛋白的功能,需要用其他方法验证标记物蛋白或融合蛋白是否会影响到目的蛋白的功能及定位。

(二)核酸的荧光探针标记

核酸荧光探针可分为基因组 DNA 探针、cDNA 探针、RNA 探针及人工合成的寡核苷酸探针。常用的荧光标记试剂有 FITC、TAMTA、吲哚二羧菁(cy3、cy5)及 SYBR Green I 等。特异性核酸荧光探针是在一段已知序列的核酸分子上共价结合荧光物质,可用于检测组织切片、细胞内或提取的核酸样品中特定的靶 DNA 或 RNA 同源序列,即如果待检测的靶 DNA 或 RNA 序列与所用的探针是同源互补的,二者经变性→退火→复性,即可形成靶 DNA 或 RNA 与核酸探针的杂交体,经荧光检测体系对待测 DNA 或 RNA 进行定性、定量或相对定位分析。非特异的荧光标记主要用于核酸样品的定量分析,如 SYBR Green I 可结合双链 DNA 而发荧光,根据荧光强度可判断样品中双链 DNA 的含量。核酸荧光探针标记技术在基因芯片、荧光原位杂交(FISH)、实时定量 PCR 等领域得到广泛应用。

第三节 荧光标记样品的检测

一、荧光显微检测技术

荧光显微检测技术主要用于组织细胞中荧光标记分子的定性、定位或定量分析。常用的检测仪器有荧光显微镜和激光扫描共聚焦显微镜。两种显微镜主要由光源、滤板系统和光学系统等主要部件组成,原理是利用一定波长的光激发标本,使其发射荧光,再通过检测和放大系统以观察和记录标本的荧光图像。下面主要介绍免疫荧光显微镜检测的程序。

(一)标本的制作

荧光显微技术主要靠观察切片标本上荧光抗体的染色结果作为抗原的鉴定和定位。因此标本制作的好坏直接影响到检测的结果。在制作标本过程中应力求保持抗原的完整性,并在染色、洗涤和封埋过程中不发生溶解和变性,也不扩散至邻近细胞或组织间隙中去。标本切片要求尽量薄些,以利抗原抗体接触和镜检。标本中干扰抗原抗体反应的物质要充分洗去,有传染性的标本要注意安全。

常见的临床标本主要有组织、细胞和细菌三大类。按不同标本可制作成涂片、印片或切片。组织材料可制备成石蜡切片或冷冻切片。石蜡切片因操作烦琐,结果不稳定,非特异反应强等已较少应用。组织标本也可制成印片,方法是用洗净的玻片轻压组织切面，使玻片粘上1～2层组织细胞。细胞或细菌可制成涂片，涂片应薄而均匀。涂片或印片制成后应迅速吹干、封装。置−10℃保存或立即使用。

（二）荧光抗体染色

对于细胞涂片，需要先做细胞透化处理使标记抗体能进入细胞内，于已固定的标本上滴加稀释的荧光抗体。置湿盒内，在一定温度下温育一定时间，一般可用25～37℃，30 min，不耐热抗原的检测则以4℃过夜为宜。用PBS充分洗涤，干燥。

1. 直接染色法

将标记的特异荧光抗体直接加在抗原标本上，经一定温度和时间的染色，洗去未参加反应的多余荧光抗体，在荧光显微镜下便可见到被检抗原与荧光抗体形成的特异性结合物而发出的荧光。直接染色法的优点是：特异性高，操作简便，比较快速。缺点是：一种标记抗体只能检查一种抗原，敏感性较差。

2. 间接染色法

间接染色法是目前最常用的方法，先用已知未标记的特异抗体（第一抗体）与抗原标本进行反应，作用一定时间后，洗去未反应的抗体，再用标记的抗球蛋白抗体（第二抗体）与抗原标本反应，如果第一步中的抗原抗体互相发生了反应，则与荧光素标记的第二抗体结合，形成抗原—抗体—第二抗体复合物，再洗去未反应的标记抗体，在荧光显微镜下观察复合体的荧光。间接染色法的优点是只需用一种标记的抗球蛋白抗体（第二抗体），通过和种属上相同的所有动物的抗体球蛋白结合（第一抗体），检查各种未知抗原靶蛋白。

3. 抗补体染色法

抗补体染色法简称补体法，利用补体结合反应的原理，用荧光素标记抗补体抗体，鉴定未知抗原或未知抗体（待检血清）。染色程序也分两步：先将未标记的抗体和补体加在抗原标本上，使其发生反应，水洗，然后再加标记的抗补体抗体。如果第一步中抗原抗体发生反应，形成复合物，则补体便被抗原抗体复合物结合，第二步加入的荧光素标记的抗补体抗体便与补体发生特异性反应，使之形成抗原—抗体—补体—抗补体抗体复合物，发出荧光。因为补体的作用没有特异性，只需要一种标记抗补体抗体，便能检测各种抗原—抗体反应系统。它的缺点是参与反应的成分多，染色程序较复杂。

（三）荧光显微镜检测

经荧光抗体染色的标本，需要在荧光显微镜下观察，最好在染色当天即做镜检，以防荧光消退，影响结果。滤光片的正确选择是获得良好荧光观察效果的重要条件。在光源前面的一组是激发滤光片，其作用是只让合适波长的激发光通过而阻挡其他波长的光线，靠近目镜的一组是吸收滤光片，其作用是滤除激发光，只允许所需要的荧光通过。荧光显微镜结构原理见图10-1。

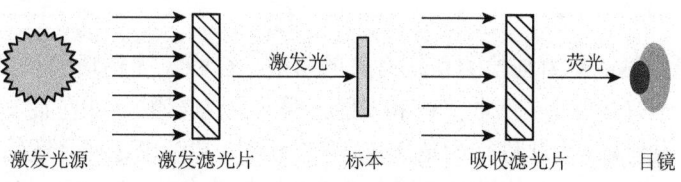

图10-1 荧光显微镜技术基本原理

（四）荧光图像的记录方法

利用荧光显微镜观察荧光图像，一是观察组织、细胞形态学特征，二是观察荧光的颜色和亮度，可通过摄像技术记录结果。荧光亮度的判断标准一般分为 5 级，即（−）无或可见微弱荧光；（±）极弱的可疑荧光；（+）荧光弱但明确可见；（++）可见有明亮的荧光；（+++）可见耀眼的荧光。

（五）激光扫描共聚焦显微镜

激光扫描共聚焦显微镜（laser scanning confocal microscope，LSCM）是显微镜制作技术、光电技术、计算机技术完美结合的产物。一台配备完善的 LSCM，理论上可以取代任何一种已知的显微镜。传统的荧光显微镜使用场光源，标本上每一点的图像都会受到邻近点的衍射或散射光的干扰，同时由于样品表面不完全平整等原因，使标本中细微结构的成像不够清晰，因而降低了分辨率。

激光扫描共聚焦显微镜的主要原理是利用激光束通过光栅针孔形成点光源，在荧光标记标本的焦平面（X-Y 轴平面）上逐点扫描，采集点的光信号通过探测针孔到达光电倍增管，再经过信号处理，在计算机监视屏上形成图像。与普通荧光显微镜相比，LSCM 的优越性体现在：①采用激光作激发光源，因为激光的单色性非常好，光源每一波束的波长相同，从根本上消除了色差；②由于激光光源的光栅针孔和探测针孔对物镜焦平面是共轭的，焦平面上的点同时聚焦于光栅针孔和探测针孔，因而进行点扫描时，扫描点以外的点不会成像；③采用点扫描技术将样品分解成二维或三维空间上的无数点，用十分细小的激光束（点光源）逐点逐行扫描得到样品中每一个点的光学信号；④用计算机采集和整合处理光信号，取代了肉眼观察或照相机，从而得到高清晰度和高灵敏度的数字化图像；⑤LSCM 通过对样品焦平面（X-Y 轴）的逐点扫描，形成二维图像。如果在 Z 轴上调节聚焦平面的位置，连续扫描多个不同位置可得一系列二维断层图像，经相应软件处理，还可得到清晰的三维重建图像。

二、荧光分光光度技术

荧光分光光度技术是利用荧光分光光度计检测液相中的荧光标记物所发出的荧光光谱和强度，从而对液相的荧光物质进行定量分析的技术。对于某种荧光物质的稀溶液，当激发光强度、波长、所用溶剂及温度等条件固定时，荧光物质发射荧光的光量子数也即荧光强度与溶液中该物质的浓度成正比关系，因此用荧光分光光度计检测溶液中荧光物质的荧光强度，可以定量分析荧光物质的浓度。荧光分光光度计检测原理见图 10-2。

荧光强度可以用以下公式表示。

$$I_F = KC$$

式中，I_F 为荧光强度；K 为与检测系统有关的常数；C 为荧光物质的浓度。

各种荧光分子有其特定的吸收光谱和发射光谱（荧光光谱），即在某一特定波长处有最大吸收峰和最大发射峰。因此进行荧光分光光度分析时，要考虑选择合适的激发光波长和测定发射光的波长。选择的激发光波长接近于荧光分子的最大吸收峰波长，且测定荧光强度的波长接近于最大发射光波峰时荧光波长，得到的荧光强度也最大，检测的灵敏度最高。

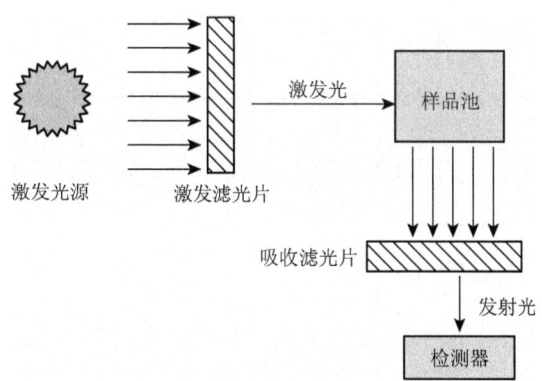

图 10-2　荧光分光光度分析基本原理

三、实时定量 PCR 技术

实时定量 PCR（real-time quantitative PCR，RQ-PCR）技术是一种新的核酸定量分析技术，该技术将 PCR 技术和光谱检测技术结合在一起，在常规 PCR 反应体系中加入荧光基团，使 PCR 扩增产物的增加伴随荧光信号积累，利用荧光信号的变化实时检测 PCR 扩增反应中每一个循环扩增产物量的变化，从而对起始模板进行定量分析。

（一）基本原理

在 PCR 反应早期，荧光信号强度不能与背景本底信号明显区别开，称为基线期；而后荧光信号的产生进入指数期和最终的平台期（图 10-3）。在 RQ-PCR 检测时，通过测定样品扩增 C_t 值来计算样品中的起始模板量。C_t 值是指 PCR 扩增过程中，扩增产物的荧光信号达到设定的检测阈值时所经过的扩增循环次数。荧光阈值（threshold）为大于荧光本底信号（baseline）和阴性对照的荧光信号，PCR 进入指数期的最初阶段的荧光强度值。模板 DNA 量越多，PCR 达到荧光域值的循环数越少，即 C_t 值越小。相同样品的模板进行多次扩增，终点处产物量往往不恒定，C_t 值却极具重现性，所以 C_t 值能准确反映起始模板量。研究表明，每个模板的 C_t 值与该模板的起始拷贝数的对数呈线性关系。利用已知起始拷贝数的标准品作标准曲线，通过测定未知样品的 C_t 值，即可从标准曲线上计算出该样品的起始拷贝数。

（二）常用荧光标记方法

1. 嵌合荧光检测法

又称非特异性荧光标记，利用荧光染料 SYBR Green I 能结合于所有双链 DNA 双螺旋小沟区域内而具有绿色激发波长的特点，在 PCR 反应体系中加入 SYBR Green I，可以与 PCR 扩增产生的双链 DNA 结合而发出荧光。通过检测 PCR 反应液中的荧光信号强度，可以对目的基因进行准确定量，具体原理见图 10-4。如果反应体系中有非特异性扩增或引物二聚体的产生，也将会结合 SYBR Green I 而同时被检测，从而可能导致检测结果不准确，可通过测定扩增产物的溶解曲线观察有无非特异性扩增，如果溶解曲线呈单一锐利的峰则为特异性扩增，如果呈双峰或峰谱很宽，则为非特异扩增。因此该方法应设计合适引物，防止非特异性扩增。嵌合荧光检测法的优点是使用方便，不必设计复杂探针，具有价格优势。缺点是无模板特异性，对引物特异性要求较高，不能进行多重定量。

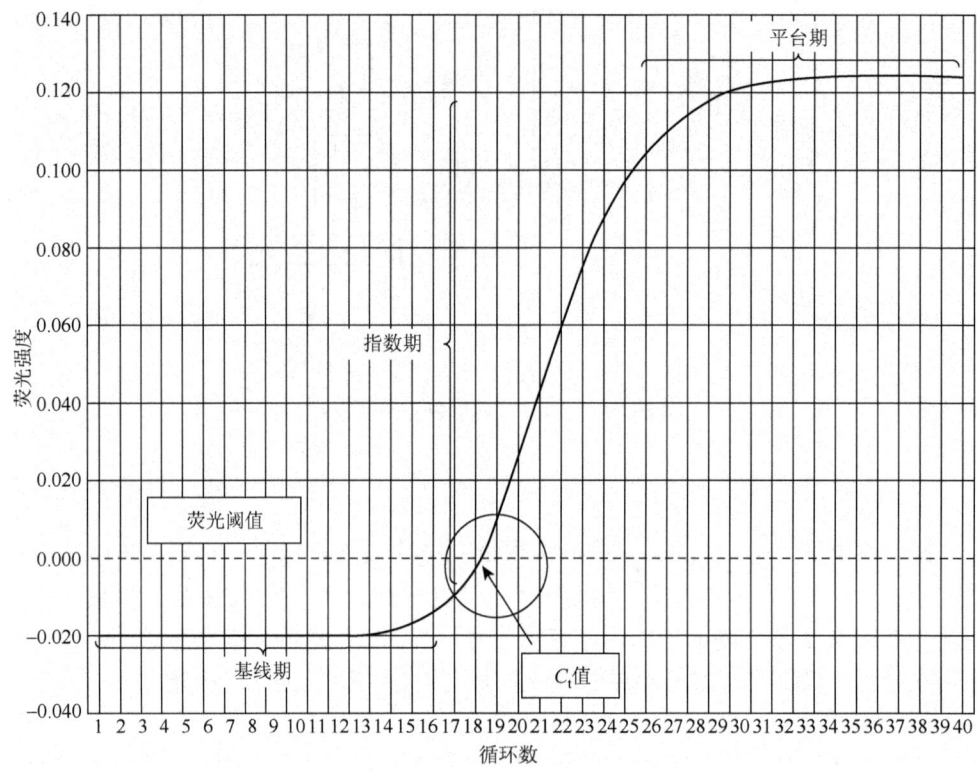

图 10-3　荧光定量 PCR 扩增过程

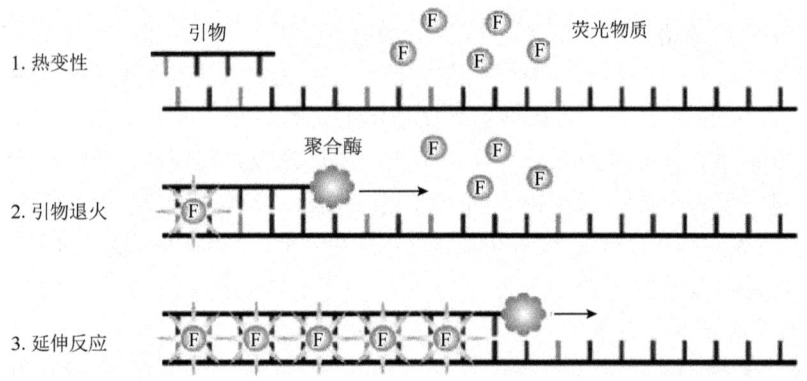

图 10-4　嵌合荧光检测法基本原理（摘自 TAKARA 试剂盒说明书）

2. 探针法

探针法是首先设计合成 PCR 扩增核酸片段内特异的荧光标记 DNA 探针，其 5'端带有荧光基团，3'端带有荧光淬灭基团。荧光探针碱基序列与 PCR 引物扩增区域内靠近引物端的 DNA 模板碱基序列互补。当探针完整时，5'端的荧光基团受到 3'端淬灭基团的制约，不能发出荧光。而当探针被分解后，5'端的荧光物质便会游离出来，发出荧光（图 10-5）。当 PCR 反应液中加入荧光探针后，在 PCR 反应的退火过程中，荧光探针便会和模板特异性杂交，在 PCR 反应的延伸过程中，*Taq* DNA 聚合酶的

5′→3′核酸外切酶活性可以分解与模板杂交的荧光探针，游离出来的荧光基团即可发出荧光。通过检测反应体系中的荧光强度，可以达到检测 PCR 产物扩增量的目的，具体原理见图 10-5。探针法的优点是特异性高、重复性好、灵敏度高、可进行多重定量。缺点是一个探针只适合一个特定 PCR 扩增片段，需委托公司合成标记探针，价格较高。

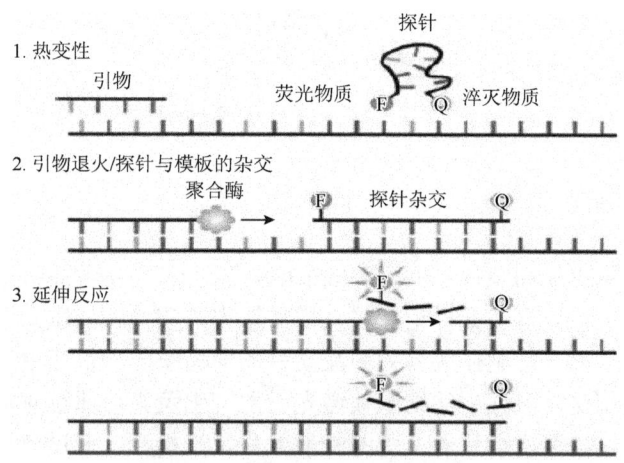

图 10-5　探针法基本原理（摘自 TAKARA 试剂盒说明书）

（三）荧光定量 PCR 的定量方法

1. 绝对定量法

利用 Log（起始浓度）与循环数呈线性关系，通过已知起始拷贝数的 DNA 模板标准品进行梯度稀释后，进行 PCR 扩增，制作 C_t 值对应模板拷贝数的标准曲线，得到该扩增反应存在的线性关系，再根据样品 C_t 值，就可以计算出样品中所含的 DNA 模板量。

2. 相对定量法

研究不同组织、细胞在不同实验条件下目的基因的表达差异时，需提取组织细胞中的总 RNA，再通过逆转录获得目的基因表达的 cDNA。进行绝对定量时，要求各样品起始细胞数相同、RNA 提取效率相同、逆转录效率相同，才能达到检测的要求，在实际操作时难以做到。相对定量法不必考虑上述影响因素，也不需要 DNA 模板标准样品，而是用内对照基因（管家基因）的扩增量对待检测目的基因的扩增量进行校正，进而对目的基因的相对表达量进行分析。内对照基因的要求是在不同组织细胞中、不同实验条件下其表达量基本一致。常用的内对照基因有 3-磷酸甘油醛脱氢酶（*GAPDH*）基因、肌动蛋白（*actin*）基因等。

在相对定量法检测中最常用的是 $2^{-\Delta\Delta C_t}$ 法，假设目的基因和内对照基因扩增效率都接近 100%，则测定组目的基因的表达量为对照组目的基因表达量的倍数（F）为

$$F = 2^{-C_t \left(\substack{\text{测定组目的基因} \\ \text{平均值}} - \substack{\text{测定组内对照基因} \\ \text{平均}C_t\text{值}} \right) \left(\substack{\text{对照组目的基因} \\ \text{平均}C_t\text{值}} - \substack{\text{对照组内的基因} \\ \text{平均}C_t\text{值}} \right)}$$

例如：

样品	目的基因平均 C_t 值	内对照基因平均 C_t 值
对照组	19.5	17.3
测定组	16	17.8

ΔC_t（对照组）=19.5–17.3=2.2　　ΔC_t（测定组）=16–17.8=–1.8

$\Delta\Delta C_t=\Delta C_t$（测定组）$-\Delta C_t$（对照组）$=-1.8-2.2=-4$

比率（处理后/处理前）$=2^{-\Delta\Delta C_t}=2^{-(-4)}=16$，所以目的基因在处理后表达水平比处理前高 16 倍。

四、流式细胞术

流式细胞术采用流式细胞仪（flow cytometry，FCM）对细胞悬液进行快速分析，其原理是将待测细胞经特异性荧光标记后放入样品管中，在气体的压力下进入充满鞘液的流动室。在鞘液的约束下细胞排成单列由流动室的喷嘴喷出，形成单列细胞柱，后者与入射的激光束垂直相交，液柱中的细胞被激光激发产生荧光，通过对流动液体中排列成单列的细胞进行逐个检测，得到该细胞的光散射和荧光指标，通过计算机软件处理，分析出待测细胞体积、内部结构、DNA、RNA、蛋白质、抗原等物理及化学特征。FCM 具有检测速度快、测量指标多、采集数据量大、分析全面、方法灵活等特点，还可对所需要的特定细胞进行分选等特殊功能。

【思考题】

1. 什么是荧光？荧光有哪些特点？
2. 荧光显微技术、荧光分光光度技术、流式细胞术用于检测的标本有何不同？
3. PCR 产物的实时定量为何比终点定量准确？

（黄尤光）

第十一章 RNA 干扰技术

RNA 干扰（RNA interference，RNAi）是在研究秀丽线虫（*C. elegans*）*par-1* 基因的反义 RNA（antisense RNA）过程中发现的。1995 年，Guo 等观察到注射 *par-1* 基因的正义 RNA（sense RNA）或反义 RNA 均能有效并特异性地抑制秀丽线虫 *par-1* 基因的表达。正义 RNA 为什么也抑制 *par-1* 基因表达，这在当时还是难解之谜。1998 年，Fire 和 Mello 在用表达秀丽线虫 *unc-22* 基因同源双链 RNA（double-stranded RNA，dsRNA）的细菌喂食线虫的实验中，发现 dsRNA 使线虫出现类似 *unc-22* 基因缺失的表型，从而阐明了 RNAi 是由 dsRNA 引发的特异性基因沉默。

RNAi 是指在进化过程中高度保守的、由 dsRNA 或者小分子 RNA（microRNA，miRNA）诱发的、同源 mRNA 高效特异性降解的现象。RNAi 普遍存在于生物界中，它揭示了一种遗传信息流动和基因表达的调控机制。RNAi 技术作为一种经济、快捷、高效抑制基因表达的手段，目前已广泛应用于基因功能、基因治疗等医学研究领域。

第一节 RNA 干扰的作用机制

一、RNAi 发生过程

RNAi 可以由进入细胞的外源性 dsRNA 或者细胞内源性的 miRNA 所介导。RNAi 发生过程可分为启始阶段（initiation step）和效应阶段（effector step）。

（一）启始阶段

启始阶段主要生成引导 RNA（guide RNA）分子。dsRNA 进入细胞后被 Dicer 酶切割产生长 19~21 bp 的双链小分子干扰 RNA（small interfering RNA，siRNA）。此外，细胞内有发夹结构的长 70~90 nt 的 miRNA 前体（miRNA precursors，pre-miRNA）也可被 Dicer 酶切割产生 21~23 nt 长的单链 RNA（single-stranded RNA，ssRNA），即 miRNA。miRNA 为非编码 RNA，具有高度的保守性、时序性和组织特异性，主要参与基因表达的调控。

启始阶段起关键作用的 Dicer 酶，其分子质量为 200 kDa，是 RNaseⅢ家族成员之一。Dicer 酶可特异识别 dsRNA 或 pre-miRNA，依赖 ATP 将 dsRNA 降解为 3′端 2 个碱基突出的 19~21 bp 的 siRNA，或者将 pre-miRNA 降解为单链的 21~23 nt 的 miRNA。

（二）效应阶段

引导 RNA 生成后可进入 RNAi 的效应阶段。这一阶段的特征是 RNA 诱导沉默复合物（RNA-induced silencing complex，RISC）形成并特异地识别降解同源的 mRNA 分子。研究表明，RISC 是由 RNA 和多种蛋白质构成的 RNA-蛋白质复合物。siRNA 在细胞内 RNA 解旋酶的作用下解链成正义链和反义链，继之由反义 siRNA 再与细胞内一些蛋白因子（如核酸酶、解旋酶等）结合组装成为 siRISC，miRNA 则与蛋白因子等组装生成 miRISC。

RISC 通过碱基配对定位到同源 mRNA 上，并在距离 siRNA 3′端 12 个碱基的位置切割和降解 mRNA 分子。RISC 作用的发挥与其中的 Argonaute 蛋白密切相关。Argonaute 是 RISC 的主要成员，也是一个庞大的蛋白质家族，主要含有 PAZ 和 PIWI 两个结构域。siRNA 3′端突出的碱基可与 PAZ 结构域结合，而 PIWI 结构域有核酸内切酶的活性。Rivas 等的研究表明，RISC 中的 Argonaute 有 RNA 切割酶活性（slicer activity），在 RNAi 过程中起主导作用。Liu 等在 RISC 中发现和鉴定的 R2D2 蛋白是 RNAi 启始阶段与效应阶段的桥梁分子。

siRNA 在引导 RISC 切割同源单链 mRNA 的同时，还可作为引物与靶 mRNA 结合并在 RNA 聚合酶（RNA-dependent RNA polymerase，RDRP）作用下合成更多的 dsRNA。新合成的 dsRNA 再被 Dicer 酶切割产生大量的次级 siRNA，从而使 RNAi 的作用进一步放大，最终将靶 mRNA 完全降解。

二、RNAi 的途径及作用特点

（一）RNAi 的途径

根据引发的不同，RNAi 可分为 siRNA 途径和 miRNA 途径。

siRNA 途径由 Dicer 酶识别并切割 dsRNA 生成的 siRNA 引发，继而 siRNA 与多种蛋白因子组装形成 siRISC，siRISC 降解与 siRNA 序列互补的 mRNA 而引发 RNA 沉默，影响 mRNA 的稳定性，属于转录后基因沉默（post-transcriptional gene silencing，PTGS）的一种方式。

miRNA 途径由 Dicer 酶切割 pre-miRNA 生成的 miRNA 引发，继而 miRNA 与多种蛋白因子组装形成 miRISC。miRISC 可以在基因表达的各个层面发挥作用。miRNA 可通过改变染色质构象和 DNA 甲基化修饰等引起 RNA 合成水平的基因沉默，属于转录水平的基因沉默（transcriptional gene silencing，TGS）。研究也发现 miRNA 也可在转录后水平或者翻译水平调控基因表达。

siRNA 途径和 miRNA 途径的 RNA 沉默引发不同，但 siRNA 和 miRNA 都参与构成结构相似的 RISC，在作用方式上有很大的相似性。

（二）siRNA 的作用特点

siRNA 引发的基因沉默有以下特点。

（1）是 dsRNA 介导的 PTGS 机制。

（2）具有高度特异性，因为 siRNA 只降解与之序列互补的内源基因的 mRNA。

（3）具有高效性，因 siRNA 可产生类似于相应基因缺失突变体的表型，而且有催化放大效应，微量的 dsRNA 分子就能完全抑制相应基因的表达。

（4）具有 dsRNA 的长度限制性，一般当 dsRNA 长度小于 21~23 nt 时，特异性将显著降低；而当 dsRNA 远大于 21~23 nt 时，因互补序列的延伸，将使特异基因表达抑制的范围扩大。

（5）siRNA 的作用具有浓度、时间双重依赖性。siRNA 效应的强度随其浓度的增高而增大，干扰效应常出现在 dsRNA 导入细胞后 6 h，并可持续 72 h 以上。

（6）siRNA 的作用具有可传播性。siRNA 抑制基因表达的效应可在不同细胞间长距离传递，甚至抑制信号可遗传给子一代。

（7）siRNA 的作用具有 ATP 依赖性，因为 RNA 干扰过程中 Dicer 酶和 RISC 作用发挥都需要 ATP 提供能量。

第二节　RNA 干扰技术的应用

自 2006 年 Fire 和 Mello 因发现 RNAi 的作用机制获得诺贝尔生理学和医学奖以来，RNAi 技术正在快速发展，RNAi 的研究成果日益增多，因而 RNAi 技术于 2002 年被 Science 评为十大科学成就之首。目前，RNAi 技术被广泛应用于生物医学的各个领域，有望对肿瘤、肝炎等威胁人类健康的重大疾病治疗带来福因。

一、RNAi 是高通量研究基因功能的重要工具

功能基因组学的任务是要阐明人类基因组中功能基因表达产物的生物学作用，这在肿瘤、心脑血管疾病、病毒性疾病、遗传病等研究中有重要作用。由于基因敲除（gene knockout）具有技术难度高、操作复杂、周期长和不经济等特点，在大多数实验室中难以开展。近年的研究表明，RNAi 能够在哺乳动物中抑制特定基因的表达，可用于构建特异基因缺陷型或基因敲减（gene knockdown）细胞模型和转基因动物模型，产生类似基因敲除的效应。

由于 RNAi 技术可以快速、经济、简便和特异地敲减目的基因表达，现在已广泛应用于基因功能的研究。对于敲除小鼠的某些特定基因后可致小鼠在胚胎期死亡的基因，可以利用 RNAi 技术在体外培养细胞研究这些基因的功能。此外，随着 siRNA 和 miRNA 表达文库构建方法的建立，可以利用 RNAi 技术进行高通量功能基因的筛选，这对发现和研究新的功能基因、发现新的药物作用靶点都有重要意义。

二、RNAi 是疾病基因治疗的重要手段

利用 RNAi 技术可以直接抑制疾病相关基因的表达，从而达到治疗疾病的目的。例如，通过 RNAi 抑制癌基因的表达，或者利用 RNAi 敲减点突变激活的癌基因表达，或者用 RNAi 抑制促进肿瘤发生、发展和转移的相关基因表达，都是当今抗肿瘤治疗的研究热点。例如，CDK-2（cyclin dependent protein kinase 2）基因是调控细胞周期的关键基因，用靶向 CDK-2 基因的 dsRNA 可阻断 99.7% 的细胞中 CDK-2 的表达，可用于治疗肿

瘤等细胞异常增殖相关的疾病。

在病毒性疾病的治疗研究中，可以设计针对病毒基因组 RNA 的 siRNA 或针对宿主细胞病毒受体的 siRNA 来特异性抑制病毒繁殖或病毒感染。如目前针对乙型肝炎病毒（HBV）、丙型肝炎病毒（HCV）、流感病毒（influenza virus）、HIV-1 等的 siRNA 作用均获得体外病毒抑制的效果。但由于目前尚缺乏高效低毒的转运载体，限制了 RNAi 在体内的应用。

三、RNAi 是基因表达调控研究的重要途径

研究已表明 miRNA 是真核生物中广泛存在的非编码 RNA，参与正常细胞生长发育基因的调控。miRNA 的表达具有高度的时序性和组织特异性，与细胞和组织的分化、胚胎发育过程等密切相关。近年来，RNAi 在表观遗传学（epigenetics）调控研究中的应用逐渐增多。如研究发现 miRNA 参与了细胞染色质的重塑过程，通过 RNAi 可能永久地关闭某些特定基因的表达，而不是短期的抑制。通过 RNAi 关闭与细胞发育过程中相关基因的表达，有可能指导细胞的定向分化。用 RNAi 来阻断胚胎干细胞某些基因的表达，可研究它们在胚胎干细胞的增殖和分化过程中的作用。此外，由于 RNAi 还是研究信号转导通路的良好工具，通过 RNAi 高效特异地阻断信号通路中关键基因的表达，可研究关闭相应信号转导通路对细胞表型的影响，探讨肿瘤等疾病的发病机制。

【思考题】

1. Guo Su 等注射 *par-1* 基因的正义 RNA 或反义 RNA 都特异地抑制了秀丽线虫（*C. elegans*）*par-1* 基因的表达，而 Fire 和 Mello 证明 RNAi 是由 dsRNA 介导的特异 mRNA 的降解，请分析和解释 Guo Su 实验的结果。

2. 分析比较 siRNA 和 miRNA 介导的基因沉默作用。

（朱月春）

第十二章　生物芯片技术

生物芯片技术（biochip）是 20 世纪 80 年代末在生命科学领域迅速崛起的一项高效、高通量的生物信息检测技术，是 90 年代中期以来最具影响的重大科技进步之一。

生物芯片技术融微电子学、生物学、物理学、化学、计算机学为一体，借用计算机芯片集成化特点，通过微加工和微电子技术将生物大分子（如 DNA、蛋白质）、细胞或组织等密集排布固定于固相支持物（如玻片、硅片、硝酸纤维素膜、尼龙膜等）上，形成微型反应分析体系，可对 DNA、蛋白质、细胞及组织等实现高效、快速、准确、高通量检测和分析。

该技术具有多样性、微型性、大规模、高度并行、高度自动化等特点，在生命科学研究中占有举足轻重的地位。如今，生物芯片已被广泛应用于测序、基因表达分析、基因突变分析、基因诊断、药物筛选及毒理学分析等方面。

根据芯片上所固定的探针不同，目前常见的生物芯片主要分为三大类，即基因芯片（gene chip）、蛋白质芯片（protein chip）、芯片实验室（lab-on-a-chip），另外还有组织芯片、细胞芯片等。

下面将对基因芯片、蛋白质芯片做简单介绍。

第一节　基　因　芯　片

一、基因芯片的概念

生物芯片中最早发展起来的是基因芯片，其雏形是反向斑点杂交印迹分析技术（reversal dot blotting）。斑点杂交分析中，固定于膜上的是多个样品 DNA，用一个探针进行检测。而在反向斑点杂交分析中，则是预先在膜上点上众多种类的探针，同时对一个样品中众多基因进行分析。基因芯片的应用原理与反向斑点杂交分析相同，但基因芯片克服了传统核酸印迹杂交技术操作复杂、自动化程度低、检测分子数量少、效率低的缺点。

基因芯片采用原位合成（*in situ* synthesis）或合成后点样技术，将大量预合成的 DNA 探针紧密有序地固化于支持物表面，形成 DNA 探针阵列，然后与荧光标记的待测样品进行杂交，通过分析杂交信号的强度及分布，对靶基因的存在与否、含量及突变等信息进行快速、高效的检测。

用于固化的探针可以是 DNA 片段、cDNA、寡核苷酸等，因此基因芯片又称为 DNA 芯片（DNA chip）、DNA 阵列（DNA array）、DNA 微阵列（DNA microarray）、cDNA 芯片（cDNA chip）或寡核苷酸微阵列（oligonucleotide microarray）等。

二、基因芯片的常见类型

基因芯片的分类方式较多，根据芯片所储存的生物信息类型分为：寡核苷酸微阵列和 cDNA 微阵列。前者常采用原位合成法或合成后点样法将寡核苷酸有序地排列固定于固相支持物上，从而形成高密度寡核苷酸探针阵列。后者固化的探针可以是 cDNA 片段或者基因组片段，是目前应用最广泛的生物芯片。原位合成方法较为复杂，目前除 Affymetrix 等大型公司生产基因芯片时采用该技术合成探针外，其他中小型公司大多使用合成后点样法。

可充当固相支持物的载体很多，如玻片、硅片、聚丙烯膜、硝酸纤维素膜（nitrocellulose，NC）、尼龙膜（Nylon）等。这些载体均应事先经过特定处理后方能使用。原位合成芯片所采用的固相支持物，首先需要羟基化，并与光敏保护基团连接。合成后点样芯片所用的固相支持物通常需包被带正电荷的氨基硅烷或多聚赖氨酸，以吸附带负电荷的探针分子。

根据应用范围不同，基因芯片可分为两大类，一类用于序列分析、基因突变检测及多态性研究；另一类用于功能基因组表达分析，即表达谱基因芯片。

三、基因芯片的主要用途

美国科学促进会将基因芯片技术评为 1998 年度十大自然科学领域突破之一，该技术在科学史上的重大意义由此可见。基因芯片具有快速、高灵敏、精确、高通量、全自动化的特点，因此几乎遍布生命科学的各个研究领域，包括 DNA 测序、基因表达谱分析、药学研究、基因诊断、疾病分型等方面。

（一）DNA 测序

芯片测序具有高效、快速的特点，其原理是杂交测序（sequencing by hybridization，SBH），即利用一组序列已知的核酸探针与样品进行杂交，通过杂交图谱排列出待测核酸序列。此外还有邻堆杂交测序方法（contiguous stacking hybridization，CSH）。SBH 技术适用于较短的 DNA 测序；而 CSH 技术则可用于较长的 DNA 测序。

（二）基因表达谱分析

目前常规检测基因表达的方法有 RNA 印迹分析、RT-PCR、mRNA 差异显示、蛋白质印迹分析等，这些方法均只能一次仅对少数几个基因的表达进行分析。而采用基因芯片进行分析的最大优势在于可同时研究同一组织中成千上万个基因的表达情况，并能敏感地反映基因表达中的微小变化，这是其他基因表达水平检测方法所不能比拟之处。

一般，可以通过提取待测样品中的 mRNA，逆转录生成 cDNA，将荧光标记的 cDNA 与基因芯片上的探针进行杂交，通过激光共聚焦系统或电荷耦合器（CCD）检测荧光信号，最后利用电脑软件对数据进行分析，即可得到待测样品中基因的表达信息。

（三）药学研究

基因芯片在药学研究中具有重要意义，主要表现在以下几个方面。

1. 药物筛选与新药开发

几乎所有的药物都通过直接或间接修饰或改变基因表达及其表达产物的功能而发挥作用。利用基因芯片技术能够平行、高通量、大规模、快速地分析用药前后机体的不同细胞、组织、器官中基因表达或表达产物（蛋白质芯片）的变化，甚至可以分析出药物对靶细胞及非靶细胞的毒性作用。该技术通用性强，可节省大量动物试验成本，并且省时、高效、低风险。在药物筛选及新药开发方面，基因芯片已成为21世纪药物研究的主要趋势。

2. 药物新靶点的发现

基因芯片技术可以检测生物体整个基因组的基因表达，有助于了解药物作用的靶点，监测用药过程中基因表达或表达产物的变化，分析药效，研究药物作用机制。

3. 个性化给药

不同患者之间存在着遗传差异，因此同一种药物在不同个体间反应差异很大。另外，在治疗过程中，同种疾病根据个人具体病因，用药应因人而异。如果利用基因芯片技术可先对患者用芯片进行诊断，再选择适合的药物，以实现对患者的个性化治疗。

此外，基因芯片在识别单核苷酸多态性（single nucleotide polymorphism，SNP）、新基因发现、基因突变的检测、基因组多态性研究等方面都发挥着巨大作用。

基因芯片技术的发展历史还不算长，目前虽然仍存在一些有待改进的问题，但它已在生物医学诸多领域得到广泛应用，而且在农业、司法鉴定、食品卫生监督、环境监测等方面也表现出了极大的潜力。世界各国许多实验室和公司都致力于此项技术的研究和开发，由此可以预见基因芯片技术将会在生命科学研究的各个领域具有更广阔的应用前景。

第二节　蛋白质芯片

一、蛋白质芯片的概念

蛋白质是生命现象的直接体现者，对蛋白质结构和功能及其相互关系的研究能直接揭示出机体生理或病理的变化机制、了解疾病发生发展的过程，进而对疾病作出早期诊断和治疗。

一般，针对蛋白质的研究多采用色谱分离纯化、蛋白质二维凝胶电泳（2-D）、光谱、质谱、酵母双杂交系统。运用这些手段对蛋白质进行研究时，所必需的技术条件要求高、步骤烦琐、耗时，不适合于大规模筛查和临床检测。而蛋白质芯片技术为灵敏、特异、高通量地分析蛋白质功能和研究蛋白质间相互作用提供了可能。

蛋白质芯片是指在固相支持物表面固定大量蛋白质探针，形成高密度排列的蛋白质点阵。利用该芯片可与含有未知蛋白的溶液（体液、细胞或组织提取物）进行亲和反应，反应后用相应的检测系统进行检测，最后运用计算机软件进行分析和比较。

在检测过程中，运用最广的是荧光染料标记。一般，先用荧光染料Cy3（红色荧光）或Cy5（绿色荧光）直接标记待测蛋白或标记该蛋白的二抗，然后与芯片上的探针蛋白结合后，用激光扫描和CCD照相技术对激发的荧光信号进行检测，用电脑软件系统进行分析。荧光标记法安全、敏感性高、分辨率高。

二、蛋白质芯片的常见类型

按照样品的结合方式，蛋白质芯片可以分为：生物表面芯片和化学表面芯片。前者的基本原理是将已知的探针蛋白，如抗体、受体、配体等通过生化反应结合到芯片表面，探针可与样品中的靶蛋白结合，再通过检测系统对靶蛋白进行定性及定量分析。后者的基本原理是通过介质的疏水作用力、静电力、共价键等结合待测样品中的蛋白质，然后经特定的洗脱液除去杂质蛋白质，而保留靶蛋白。

近年来，兴起一种以荧光微球为载体基质的液相蛋白质芯片技术。该系统由许多不同的微球（bead, microsphere）悬浮于一个液相体系构成，每种微球上固定不同的探针，为了区分不同的探针，每一种微球都带有各自独特的色彩编号。利用这个液相系统，可以同时检测同一样品中多个不同的分子。与固相蛋白质芯片相比，液相蛋白质芯片具有灵活性好、操作简便、反应快速、应用性较广的特点。此外，液相环境能更好地保持蛋白质天然构象和活性，今后必将得到更广泛的应用。

三、蛋白质芯片的主要用途

蛋白质芯片技术在蛋白质研究方面发挥了很大的作用，如识别特定组织或细胞的蛋白质表达图谱、药物筛选、比较相关蛋白质间的特异性差异等。在医学方面，对某些疾病的研究中也显示出了巨大潜力，特别是肿瘤及遗传性疾病方面。

（一）疾病诊断、疗效及预后判断

蛋白质芯片主要是通过诊断性芯片及筛查性芯片来实现。前者多属于生物表面芯片，该类芯片把已知的与某些疾病相关的生物活性分子作为探针，用于相应疾病的诊断。筛查性芯片则多属于化学表面芯片，该类芯片通常同时提供某一样品中几乎所有蛋白质表达情况，再与正常标本的检测结果做对照，从而进行疾病诊断、疗效及预后判定。目前，筛查性芯片主要应用于肿瘤的早期诊断，也可应用于感染性疾病、精神病、神经系统疾病等。

（二）药物筛选及药理、毒理研究

将药物作用的靶蛋白制成芯片，可以直接筛选出与其作用的化合物，很大程度上可以提高药物筛选及开发的效率。利用蛋白质芯片技术，就有可能在对药物或毒物作用机制具体细节尚不够清楚的情况下，直接对蛋白质谱进行研究，并有助于研究药物或毒物与相关效应蛋白质分子间的相互作用。

蛋白质芯片能够研究整个细胞内蛋白质通路，可以通过比较生理和病理状态下机体蛋白质表达谱的差异，研究疾病发生和发展的机制，因此必将会有更广阔的应用前景。

【思考题】

1. 基因芯片的基本原理是什么？在生物医学研究中有哪些应用？
2. 在药学研究中，生物芯片具有哪些优势？

（范　浩）

第十三章 双向凝胶电泳

双向凝胶电泳又常称为二维凝胶电泳,是指先以一种条件进行电泳,在与第一次电泳方向垂直的方向换一种条件进行第二次电泳,如非变性-变性、氧化-还原、pI-分子质量等成对条件下的连续二维电泳。目前应用最多的双向凝胶电泳是等电聚焦/SDS-PAGE,即第一向是以蛋白质电荷差异为分离机制的等电聚焦电泳(IEF-PAGE),第二向是以蛋白质分子质量差异为分离机制的 SDS-PAGE(图 13-1)。样品分别经过电荷和质量的两次分离后,分离的结果不是条带,而是蛋白质斑点,从左到右是 pI 的增加,从上到下是表观分子量的减小。由于经过两次分离(等电点分离和分子质量大小分离),它的分辨率极高,可达 3000 点以上,是蛋白质组研究的主要技术平台之一。这是目前所有蛋白质电泳技术中分辨率最高,获取某一样品内蛋白质信息最多的技术。

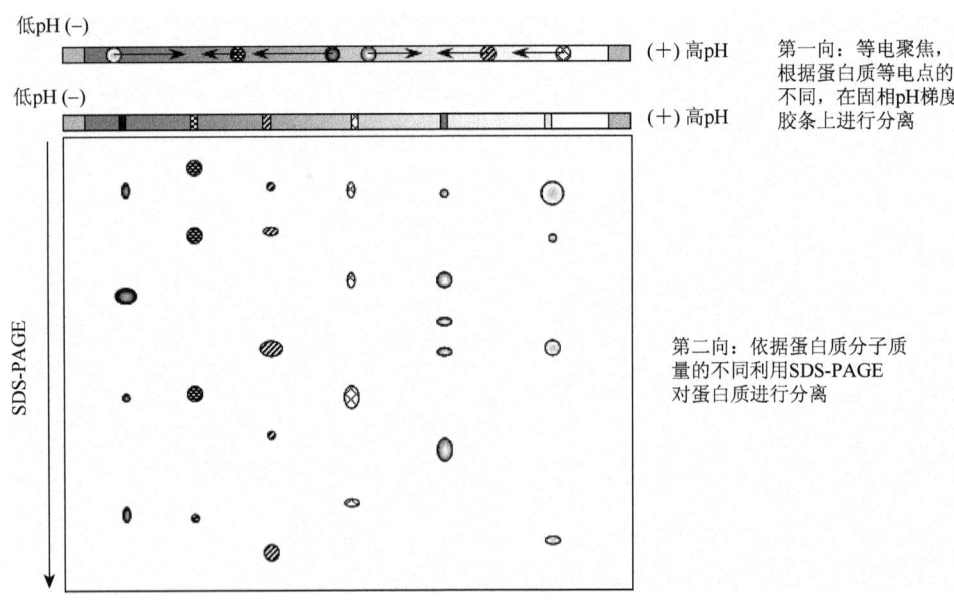

图 13-1 双向凝胶电泳基本原理示意图

蛋白质组是指某种细胞或组织中基因组表达的所有蛋白质,是近来兴起的生命科学的前沿领域,是生命科学进入后基因组时代的标志之一。目前蛋白质组研究采用的主要技术是双向凝胶电泳分离蛋白质,再用质谱分析方法对蛋白质进行快速鉴定,再用蛋白质印迹等方法对质谱鉴定结果进行进一步的确证。双向凝胶电泳的基本步骤如下。

一、样品制备

由于双向凝胶电泳要对样品从两个方向上依次进行 IEF-PAGE 和 SDS-PAGE,样品加样量的多少、溶解的好坏、还原是否完全等因素都将很大程度影响到分离的结果,一些非蛋白质成分也会影响蛋白质的迁移。样品制备的好坏对整个电泳的成功与否至关重要。

样品制备大体上包括蛋白质的溶解、变性及还原,去除非蛋白质杂质等。样品溶解得不好会减少分离到的蛋白质数量,同时会造成等电聚焦时某些蛋白质的沉淀,从而减少转移到第二相的蛋白质数量。有些蛋白质如膜蛋白,核内蛋白本身的溶解性差,需要加入一些增溶剂如 2 mol/L 硫脲。样品还原的好坏也会影响到分离,一般采用 DTT 作为还原剂,但 DTT 本身带有电荷,在等电聚焦时会迁移到 pH 范围以外,从而使某些蛋白质的溶解度降低,重新沉淀出来。采用非离子还原剂如磷酸三丁酯(tributyl phosphine,TBP)可以改善这个问题。对于无非蛋白质杂质的可溶蛋白样品,一般稀释到合适的浓度后,可以直接用于 IEF。细胞或组织等固体样品,通常要采用下面两种方法进行处理。

1. 用含尿素裂解缓冲液直接进行抽提

在室温条件下,直接加入 2-D 样品缓冲液(9.8 mol/L 尿素、2% CHAPS、0.5% pH 3~10 IPG buffer、65 mmol/L DTT)抽提细胞或匀浆 60 min,然后 20 000 g,4℃离心 30 min,收集上清液,进行 IEF 或分装后−70℃保存。

2. 用含去垢剂的缓冲液抽提后,经丙酮沉淀

细胞用裂解液(40 mmol/L pH 8.0 Tris-HCl、65 mmol/L DTT、0.5 mmol/L PMSF、1% Triton X-100)抽提,然后 13 000 g,4℃离心 15 min,收集上清液加入 2 倍体积丙酮在 −20℃沉淀 60 min,经离心收集沉淀,再溶于 2-D 样品缓冲液后进行 IEF。

由于蛋白质表达的高度可变性,适于某种样品的条件,如裂解液配方、样品制备方法等可能并不是另一种样品的最佳选择,必须根据不同样品的特点来优化这些条件才能得到最好的结果。由于蛋白质只有在整个二维分离过程中保持溶解状态才能被分析,因此裂解液和水化液中离液剂、去污剂和还原剂的种类及其浓度在这些条件中尤为重要。

二、第一向等电聚焦电泳

目前第一向等电聚焦电泳采用具有固相 pH 梯度的 IPG 干胶条及配套的仪器,使等电聚焦基本实现自动化,操作简便,并且重复性良好。目前通常采用的胶条厚度为 0.5 mm,宽 3 mm,长 7~24 cm,pH 范围有宽窄两类,pH 梯度有线性和非线性,根据实验具体需要做相应选择。宽通常为 3~10,上样量可达毫克级。还有各种窄 pH 范围的胶条,如 4~7、6~10 等。窄 pH 范围通常有更好的分辨率,上样量也可以加大,一般用于细胞蛋白质更精确的分离和分析。

三、平衡及二向间的转移

第一向 IEF-PAGE 完成后,取出凝胶,用含有 SDS,在还原条件下的 75 mmol/L

Tris-HCl pH 8.8 缓冲液平衡。目的是使蛋白质分子与 SDS 充分相互作用，平衡时间不可太短，一般为 20 min，分两次进行，分别添加还原试剂 DTT 和烷化剂碘乙酰胺，使蛋白质样品在胶条上充分变性、不交联。

平衡后的等电聚焦胶条与 SDS 凝胶的良好接触是双向电泳结果的保证。将等电聚焦胶条贴于 SDS 凝胶上面，避免夹有气泡，使两种凝胶表面尽量靠近。可使用低熔点琼脂糖封胶，为了以后分子质量的测定，在 SDS 凝胶的一端可加蛋白质分子质量标准物。

四、第二向 SDS-PAGE

与单纯的 SDS-PAGE 分离蛋白质原理基本相同，但第二向电泳电流较大，易产热，需要相应的冷却装置，防止过高的温度或散热不均影响分离效果。为了蛋白质得到更好的分离，电泳中使用的凝胶也越来越大（26 cm×20 cm），以便得到更清晰的分离图谱（图 13-2）。

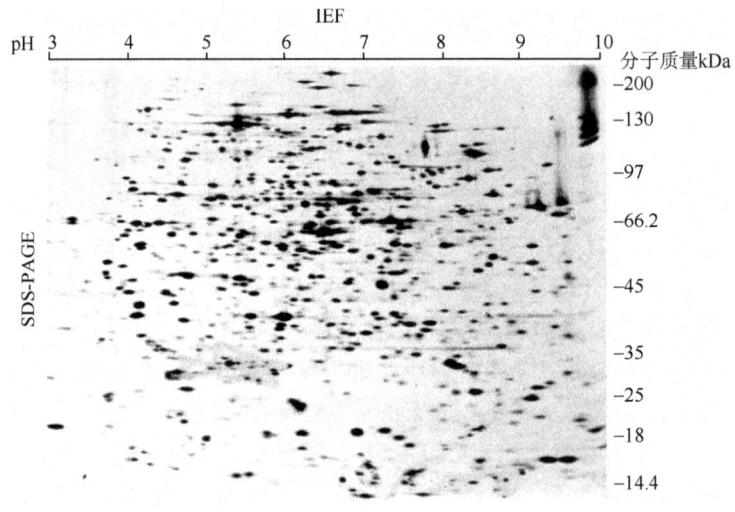

图 13-2　大肠杆菌 BL-21 总蛋白双向电泳分离结果

在水平方向上可看出蛋白质的等电点，在垂直方向上可初步估算其表观分子量的大小

五、蛋白质的检测及图谱数字化分析

电泳后凝胶上蛋白质可采用考马斯亮蓝、银染、荧光标记、放射自显影等多种检测方法。由于双向电泳的高分辨率，分离的斑点很难用肉眼来进行准确比较和辨别。蛋白质染色后的图谱需要经过图像扫描，计算机数字化处理，确定每个蛋白质斑点的等电点和分子质量，提供蛋白质鉴定的初步信息，建立起蛋白质组数据库。一旦某些蛋白质斑点经过分析鉴定，确认其为感兴趣的蛋白质，即可将这些斑点取出，经过限制性蛋白酶酶解后再进行直接的质谱氨基酸序列测定（MS-MS）或者肽质量指纹谱分析，并与结合蛋白质数据库的数据资料进行比对，鉴定蛋白质，一般还需要对质谱鉴定结果进行确证实验，如蛋白质印迹分析。

【思考题】

在目前蛋白质组学技术中，双向凝胶电泳分离蛋白质技术是其中的技术路线之一，试简述蛋白质组学研究其他技术路线的优缺点。

（狄　勇）

第十四章 蛋白质三维结构建模

第一节 蛋白质结构相关知识

一、蛋白质结构确定方法

目前，确定蛋白质的空间结构的方法有两类：一类是通过实验测量，主要包括用X射线晶体学分析（X-ray crystallography，XRC）和核磁共振谱分析（nuclear magnetic resonance spectroscopy，NMR spectroscopy）；另一类是通过理论预测，即根据理论和已知的氨基酸序列等信息，利用物理、化学、数学等方法在计算机上进行预测。

X射线晶体学分析是迄今为止研究蛋白质结构最有效的方法，其所能达到的精度是目前其他方法所不能比拟的，但是它的缺点是蛋白质的晶体难以培养，特别是疏水蛋白质或含有疏水结构域的蛋白质很难结晶，晶体结构测定的周期较长。核磁共振谱的精度依赖于蛋白质分子在溶剂中的快速翻转，近年还发展出多维核磁共振方法，可以直接测定蛋白质在溶液中的构象，但是由于对样品的需要量大、纯度要求高，被测定的蛋白质分子质量较小等原因，该方法的应用范围也受到很大限制。

正因为存在上述难题，实验测定的蛋白质三维结构的数量远远不能满足目前科学研究的需要。随着全球基因组和蛋白质组研究的深入，许多未知蛋白质不断被发现，而实验方法测定其结构的难度很大。于是，在此背景下，利用蛋白质一级结构所提供的氨基酸序列信息来进行高级结构预测的方法应运而生，并逐步发展了起来。

自1994年开始，每隔两年就要在世界范围内举行一次蛋白质结构预测技术评估大赛，即CASP试验（The critical assessment of protein structure prediction experiments）（http://predictioncenter.org/），该大赛被誉为蛋白质结构预测领域的"奥林匹克"。大赛的目的是对当今蛋白质结构预测领域的新技术、新方法进行深入客观的评价。为实现这一目标，参与者会对一组即将公开的蛋白质实验测定的结构进行尽可能多的预测。

二、蛋白质三维结构的预测方法

目前在蛋白质三维结构的预测方法中，具有代表性的有3种：从头计算法（ab initio）、同源建模法（homology modeling）和折叠辨识法（fold recognition）。

（一）从头计算法

从头计算法源于"最低自由能构型假说"。这种方法不需要模板，以物理化学、量子化学和量子物理学为基础，而设计适当的能量函数和找到相应的最低自由能是这种方法的关键。但是由于计算量巨大，这种方法并不实用，目前仅能计算几个氨基酸形成的结构。

（二）同源建模法

同源建模法又称为比较性模拟（comparative modeling），其理论依据是以已实验测定的同源蛋白质结构为模板，构建目标蛋白质的三维结构模型。如果目标蛋白质的序列与已测出结构的蛋白质的序列有 30% 以上的相似度，则这两种蛋白质可被视为同源，它们也应该有类似的空间结构，即两种蛋白质的基本折叠结构相同，只是在非螺旋或非折叠区域的一些细节部分有所不同。一般，建立结构模型的过程包括下述 6 个步骤：①搜索结构模型的模板；②序列比对；③建立骨架；④构建目标蛋白质的侧链；⑤构建目标蛋白质的环区；⑥优化模型。因此，若已知同源蛋白质家族中某些蛋白质的结构，就可利用它们作为模板来构建目标蛋白质的结构。这种方法优点是速度较快，精度也比较高；缺点是只能处理和模板库中蛋白质序列相似度较高的情况。

（三）折叠辨识法

折叠辨识法又称穿线法（threading），基本思想是建立一个从未知到已知结构的线索，并通过一些基于环境或特定的计分函数来评价蛋白质序列与结构的适应性。自然界中有些蛋白质的氨基酸序列不大相同，但其结构却极为相似。因此，可以设计一个评分系统，把目标蛋白质序列与蛋白质数据库中所有蛋白质结构的折叠模式逐一进行对比，再根据得分高低判断目标蛋白质序列折叠成某种模式的可能性。评分系统是这种方法的关键所在，一般包括 5 个基本组成部分：①已知三维折叠结构的数据库；②一种适合进行序列-结构比对的三维折叠信息表示方法；③一个序列-结构匹配函数，该函数可以对匹配程度进行评分；④建立最优线索的策略，或者是进行序列-结构比对的策略；⑤一种评价序列-结构比对显著性的方法。该类方法一定程度上弥补了同源建模法的不足，是目前应用最广泛、发展最快的一类方法，并且在最近几次 CASP 试验比赛中均取得突出成绩。

第二节　蛋白质结构预测实例

一、蛋白质二级结构预测实例

蛋白质的二级结构是指蛋白质分子中局部多肽链主链原子的空间分布状态，即多肽链主链的空间构象。在预测过程中，主要把残基分成 3 类：H（helix）、E（extended β-strand）和 C（coil）。预测方法主要分为三大类：基于统计学方法、基于立体化学原则的物理化学方法和神经网络及人工智能方法等，而相应的应用软件种类也很多。其中，具有代表性的 PSIPRED 是英国 David. T. Jones 实验室开发的基于神经网络算法的蛋白质二级结构预测软件，它可以在分析 PSI-BLAST 计算结果基础上进行结构预测，有效率可达 78%。

现以"小鼠脂肪酸结合蛋白 9"为例说明该软件的应用，该基因的 GenBank ID 是 NM_011598（Mus musculus fatty acid binding protein 9，testis Fabp9，mRNA）。

GenBank 网址：http：//www.ncbi.nlm.nih.gov/genbank/。

输入 NM_011598 查询后，在该基因的 GenBank 网页中可以看到如下一行（引号内的部分就是对应蛋白质的序列）：

/translation="MIEPFLGTWKLISSENFENYVRELGVECEPRKVACLIKPSVSISFNGERMDIQAGSACRNTEISFKLGEEFEETTADNRKVKSLITFEGGSMIQVQKWLGKQTTIKRKIVDGKMVVECTMNNVVSTRIYERV"。

之后，打开 PSIPRED 服务器网址 http：//bioinf.cs.ucl.ac.uk/psipred/；选择方法 Predict Secondary Structure（PSIPRED v3.0）；在对话框 Input Sequence（single letter amino acid code）中输入上述蛋白质序列；选择 Filtering Options：Mask low complexity regions；并在对话框 Short identifier for submission 中输入如：Mus-fabp9；最后点击 Predict 命令。经过计算得到如下结果（图 14-1），其中包括了预测的可信度评估。

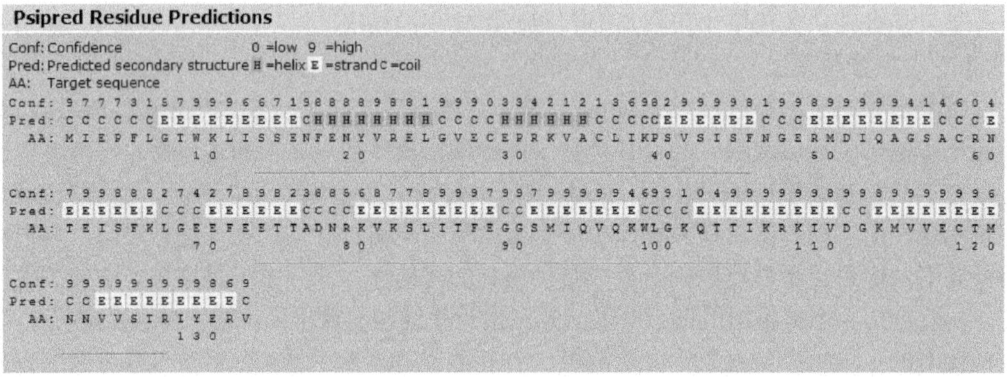

图 14-1　PSIPRED 预测二级结构结果的字符表示

二、蛋白质三级结构预测实例 1（同源建模法）

随着同源建模法研究的不断深入，互联网也为研究者提供了多种预测工具的网上服务器，其中以 SWISS-MODEL 应用最为广泛。SWISS-MODEL 是一个免费的自动化蛋白质比较建模服务器，可以通过 ExPASy 服务器的 web 界面（http：//swissmodel.expasy.org）访问。

该服务器可提供以下 3 种模式供用户选择。

（一）Automated mode（自动模式）

用于建模的氨基酸序列或是 Swiss-Prot/TrEMBL（http：//www.expasy.org/sprot）编目号（accession）可以直接通过 web 界面提交。服务器会完全自动地为目标序列建立模型。用户可以选择指定模板结构，模板可以来自从 PDB 数据库（http：//www.pdb.org）抽取得到的内建模板库，也可以是上传的 PDB 格式坐标文件。

（二）Alignment mode（联配模式）

这个模式需要多序列联配的结果，序列中至少包括目标序列和模板。服务器会基于比对结果建模。用户需要指明哪一条序列作为目标序列，哪一条序列作为模板。

（三）Project mode（项目模式）

这种模式允许用户提交经过手工优化的请求给服务器。DeepView 被用来建立一个项目文件，它包含模板结构，以及目标序列与模板的联配结果。该结果也要上传到服务器。这种方式提供对建模过程细节的控制。例如，选择不同的模板，手工编辑目标序列和模板的联配结果，以便正确地确定插入和删除的位置。

以"小鼠脂肪酸结合蛋白 9"为例。首先，访问 http：//swissmodel.expasy.org，进入 SWISS-MODEL 界面，选择 Automated mode，在 Project Title 输入 Mus-fabp9，然后将序列输入 Provide 的对话框中，点击 Submit Modelling Requsest 命令。经过计算，页面更新，可以看到，本例中模板选择了 1pmpc，点击可以查询其详情（如 Parent PDB：1pmp；Chain：C 等），序列相似度 64.062%，另外还可以下载 PDB 格式文件，通过程序 DeepView（Swiss Pdb-Viewer）访问（http：//www.expasy.org/spdbv）。DeepView 是一个整合工具，用于观察和分析蛋白质结构和模型（图 14-2）。此外，网页中还有与模板联配信息、评估和日志等分析结果。

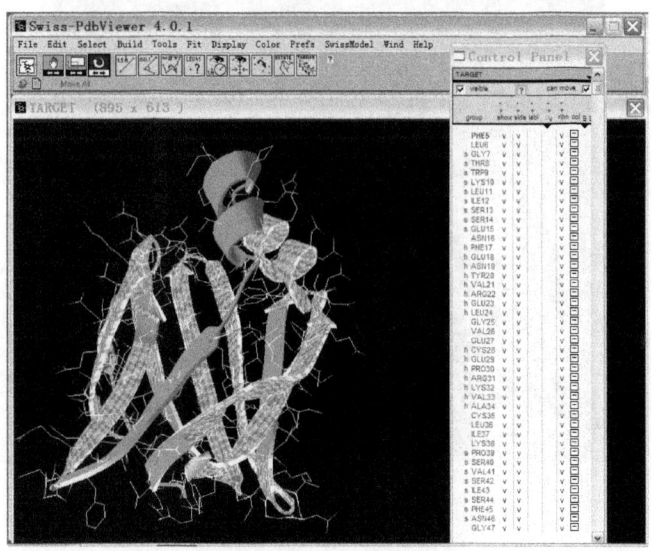

图 14-2　程序 DeepView 主界面

三、蛋白质三级结构预测实例 2（折叠辨识法）

中国学者张阳的实验室（Zhang lab）曾在第七届（2006 年）和第八届（2008 年）蛋白质结构预测技术评估大赛（CASP7 和 CASP8）中均获得了第一名的好成绩。

可以通过访问该实验室的 I-TASSER 界面来进行建模，服务器的网址是：http：//zhanglab.ccmb.med.umich.edu/I-TASSER/。

以"小鼠脂肪酸结合蛋白 9"为例。首先，访问 I-TASSER 界面，在对话框 Copy and paste your sequence here(<1500 residues)：中直接拷入蛋白质序列，接下来必须填写 email 地址（必须为学术性 email 地址），然后点击"Run I-TASSER"命令。I-TASSER 计算的

时间比较长，所以需要等待 email 通知。email 中服务器提供如下网址：http：//zhanglab.ccmb.med.umich.edu/I-TASSER/output/S54243。

其结果包括了预测的二级结构，还可以给出最优的 5 个模型（"Top 5 Models predicted by I-TASSER"），并可以下载对应的三维结构模型的 PDB 格式文件（"Download Model 1"），给出估算的准确度值。除此以外，还列出了许多参数数据，例如，程序使用的相似度最高的 10 个模板结构（"Top 10 templates used by I-TASSER"），与第一最优模型最相似的 10 个模板结构（"10 proteins in PDB which are structurally closest to the first I-TASSER model"）等。如果可能还可以预测配体的结合位点（"Predicted Binding Site"）（图 14-3）等。数据十分全面，为下阶段的研究提供有力参考。

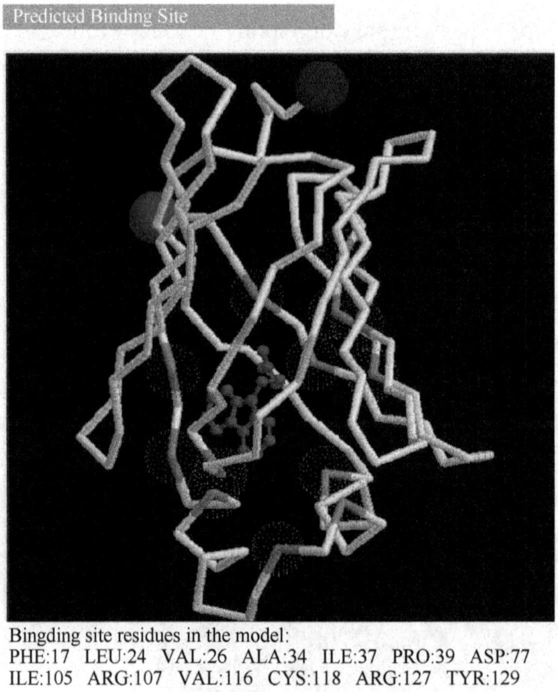

图 14-3　I-TASSER 预测配体的结合位点

【思考题】

1. 比较蛋白质建模各种方法的优缺点。
2. 举例说明蛋白质同源建模在医学中的应用。

（王　昕）

参考文献

丛玉隆. 2009. 实用检验医学. 北京：人民卫生出版社.
董晓燕. 2008. 生物化学实验. 2版. 北京：化学工业出版社.
冯海燕，景志忠，房永祥，等. 2009. 双向凝胶电泳技术及其应用. 生物技术通报，(1)：59-63.
冯作化. 2005. 医学分子生物学. 1版. 北京：人民卫生出版社.
郭蕴苹，黄英，柳波，等. 2010. 有机化学实验. 昆明：云南大学出版社.
贺林. 2000. 解码生命——人类基因组计划和后基因组计划. 北京：科学出版社.
黄永莲. 2009. 琼脂糖凝胶电泳实验技术研究. 湛江师范学院学报，30（6）：83-85.
揭克敏. 2008. 医学生物化学与分子生物学教程. 北京：科学出版社.
库西热·玉努斯，关亚群. 2006. 生物化学与分子生物学实验指导. 北京：科学出版社.
李常艳，李倩，刘海涛，等. 2010. 量子点荧光标记技术的研究热点及面临的挑战. 生物化学与生物物理进展，37（1）：103-110.
李林. 2006. 生物化学与分子生物学实验教程. 北京：化学工业出版社.
李萍. 2008. 生物化学检验. 2版. 北京：人民卫生出版社.
梁淑新，施俊英. 2006. 临床检验操作技术系列丛书——生物化学检验分册. 北京：军事医学科学出版社.
罗德生，刘红梅. 2007. 生物化学与分子生物学教程. 北京：科学出版社.
钱士匀. 2007. 临床生物化学与检验实验指导. 北京：人民卫生出版社.
宋方洲. 2008. 生物化学与分子生物学实验. 北京：科学出版社.
宋革，姜勇. 2005. 二维凝胶电泳的新技术及其应用. 中国微循环，9（1）：62-65.
王琰. 2005. 生物化学和临床生物化学检验. 1版. 北京：清华大学出版社.
吴士良. 2009. 生物化学与分子生物学实验教程. 北京：科学出版社.
许彦鸣，药立波. 2006. 医学分子生物学实验指导. 1版. 北京：人民卫生出版社.
叶应妩，王毓，申子瑜. 2006. 全国临床检验操作规程. 3版. 南京：东南大学出版社.
岳俊杰，梁龙，冯华. 2010. 蛋白质结构预测实验指南. 北京：化学工业出版社.
查锡良. 2008. 生物化学. 7版. 北京：人民卫生出版社.
张晶，徐学甫. 2008. 电泳分离血清蛋白实验探讨. 黑龙江医药，21（3）：52-53.
张书霞，王建国，雷秋香，等. 2009. 临床基础检验. 北京：军事医学科学出版社.
赵宝昌. 2009. 生物化学. 2版. 北京：高等教育出版社.
赵新颖，任占军，孙杰，等. 2006. 毛细管电泳技术及其应用进展. 上海工程技术大学学报，6（2）：140-143.
Amold K, Bordoli L, Kopp J, et al. 2006. The SWISS-MODEL Workspace: A web-based environment for protein structure homology modelling. Bioinformatics, (22): 195-201.
Amos B, Rolf A, Cathy H, et al. 2005. The universal protein resource (UniProt). Nucleic Acids Research, 33 (suppl 1): D154-D159.
Bertram J. 2006. MATra-Magnet assisted transfection: combining nanotechnology and magnetic forces to

improve intracellular delivery of nucleic acids. Current Pharmaceutical Biotechnology,7（4）：277-285.

Brummelkamp TR, Bemards R. 2003. New tools for functional mammalian cancer genetics. Nature Reviews Cancer, 3（10）：781-789.

Dennis A, Ienck I, Karen C, et al. 2008. GenBank. Nucleic Acids Research,（36）：D25-D30.

Edwards D, Stajich J, Hansen D. 2009. *Bioinformatics: Tools and Applications*. New York: Springer.

GE Healthcare. 2004. 2-D Electrophoresis principle and method. GE Healthcare Handbook.

Honda H. 2008. Linear plasmids in plant mitochondria: peaceful coexistences or malicious invasions? Mitochondrion, 8（1）：15-25.

Hu T, Zhang CH, Tang QI, et al. 2013. Variant G6PD levels promote tumor cell proliferation or apoptosis via the STAT3/5 pathway in the human melanoma xenograft mouse model. Huet al BMC Cancer, 13：2-11.

Huntley D, Baldo A, Johri S, et al. 2006. SEAN: SNP prediction and display program utilizing EST sequence clusters. Bioinformatics,（22）：495-496.

Jia HT. 2007. *Textbook of Biochemistry*. Beijing: People's Medical Publishing House.

Lazzerini PE, Capecchi PL, Selvi E, et al. 2007. Hyperhomocysteinemia: a cardiovascular risk factor in autoimmune diseases? Lupus, 16（11）：852-862.

Liu XD, Fan RF, Zhang Y, et al. 2010. Down-regulation of telomerase activity and activation of caspase-3 are responsible for tanshinone I-induced apoptosis in monocyte leukemia cells *in vitro*. International Journal of Molecular Sciences, 11（6）：2267-2280.

Lu HR, Tang QL, Wang X, et al. 2011. Enzyme kinetics and molecular modeling studies of G6PD$_{Mahidol}$ associated with acute hemolytic anemia. Indian Journal of Biochemistry and Biophysics,（48）：316-324.

Macrae IJ, Zhou K, Li F, et al. 2006. Structural basis for double-stranded RNA processing by dicer. Science, 311（5758）：195-198.

Mishra PK, Tyagi N, Sen V, et al. 2010. Synergism in hyperhomocysteinemia and diabetes: role of PPAR gamma and tempol. Cardiovascular Diabetology, 9：49.

Peng C, Yang P, Cui Y, et al. 2013. HSPA9 overexpression inhibits apoptin-induced apoptosis in the HepG2 cell line. Oncol Rep, 29：2431-2437.

Rivas FV, Tolis NA, Song JJ, et al. 2005. Purified Argonaute2 and an siRNA form recombinant human RISC. Nature Structural & Molecular Biology, 12（4）：340-349.

Roy A, Kucukural A, Zhang Y, et al. 2010. I-TASSER: a unified platform for automated protein structure and function prediction. Nature Protocols, 5（4）：725-738.

Sambrook J, Russell DW. 2008. 分子克隆实验指南. 3 版. 黄培堂等译. 北京：科学出版社.

Samet, James M. 2004. 分子生物学实验室工作英汉图解指南. 1 版. 北京：科学出版社.

Schumann W, Carlos L, Ferreira S, et al. 2004. Production of recombinant proteins in *Escherichia coli*. Genetics and Molecular Biology, 27（3）：442-453.

Sethi AA, Tybizerg-Hansen A, Andersen RV, et al. 2004. Nanogen microelectronic chip for large-scale genotyping. Clinical Chemistry, 50（2）：443-446.

Sorensen HP, Mortensen KK. 2005. Soluble expression of recombinant proteins in the cytoplasm of *Escherichia coli*. Microbial Cell Factories, 4（1）：1.

von Wurmb-Schwark N, Carelier L, Cortopassi GA. 2006. A low dose of ethidium bromide leads to an increase of total mitochondrial DNA while higher concentrations induce the mtDNA 4997 deletion in a human neuronal cell line. Mutation Research, 596（1-2）：57-63.

Yang YF, Zhu YC, Li DY, et al. 2007. Characterization of glucose-6-phosphate dehydrogenase deficiency and identification of a novel haplotype 487G＞A/IVS5-612（G＞C）in the Achang population of southwestern China. Science in China Series C: Life Sciences：479-485.

Zhang Y. 2008. I-TASSER server for protein 3D structure prediction. BMC Bioinformatics，9：40.
Zhang Y. 2009. I-TASSER：Fully automated protein structure prediction in CASP8. Proteins，77（Suppl 9）：100-113.

附录一　生物化学与分子生物学常用数据库和软件

一、常用数据库

附表 1-1　常用数据库一览表

名称	简介	网址
DDBJ	日本核酸数据库（DNA Databank of Japan）	http://www.ddbj.nig.ac.jp/
EMBL	欧洲分子生物学实验室的 DNA 和 RNA 序列库	http://www.ebi.ac.uk/embl/
EXPASY	欧洲生物信息研究所网站，有大量蛋白质分析数据和软件	http://www.expasy.org/
GenBank	美国国家生物技术信息中心（NCBI）所维护的供公众自由读取的 DNA 序列总数据库	http://www.ncbi.nlm.nih.gov/genbank/
INSD	国际核酸序列数据库（International Nucleotide Sequence Databank），由日本的 DDBJ、欧洲的 EMBL 和美国的 GenBank 三家各自建立和共同维护	http://insdc.org/
NCBI	美国国家生物技术信息中心网站	http://www.ncbi.nlm.nih.gov/
PDB	最常用的蛋白质结构数据库	http://www.rcsb.org/pdb/home/home.do
TGI database	The Gene Index Project，有大量的 EST 序列和基因索引	http://compbio.dfci.harvard.edu/tgi/
starBase	高通量实验数据 CLIP-Seq（或称为 HITS-CLIP、PAR-CLIP、iCLIP）和 mRNA 降解组测序数据支持的 microRNA 靶标数据库，包含了 miRNA-mRNA、miRNA-lncRNA、miRNA-circRNA、miRNA-ceRNA 和 RNA-protein 等的调控关系	http://starbase.sysu.edu.cn/
miRbase	microRNA 基因注释数据库	http://mirbase.org/index.shtml
NONCODE	提供对长链非编码 RNA 的全面注释，包括表达和该团队开发的 ncFANs 计算机软件预测的 lncRNA 功能	http://www.noncode.org

二、常用分子生物学软件

附表 1-2　常用综合性分子生物学软件

名称	功能简介
BioEdit	功能齐全的免费分子生物学应用软件，可在 Windows 中运行。其基本功能是完成核苷酸序列和蛋白质序列所有常规分析，如序列比对、序列检索、引物设计、限制性酶切位点分析、质粒图制作、系统发育分析等。其分析内容丰富，而且提供了操作简单的菜单选项和很多网络程序的分析界面和接口，性能十分优良
DNAman	高度集成化的分子生物学应用软件，进行核酸和蛋白序列分析，如多重序列对齐、PCR 引物设计、限制性酶切位点分析、蛋白质分析、质粒绘图等
Vector NTI Advance	非常强大的生物类综合软件，多功能桌面化的序列分析软件包集成

附表 1-3　常用分子生物学软件一览表

用途	代表软件
RNA 二级结构预测	RNAstructure，RNAdraw，DNAstar
蛋白质结构分析	VMD，Pymol，Rasmol，Swiss-pdbviewer（Deepview），Cn3D
凝胶分析软件	QuantityOne，GelPro Analyzer，PDQuest
设计引物	Primer Premier，Oligo
图形绘制与分析	Image J，SmartDraw，Chemoffice，Avogadro
文献管理	EndNote，RefViz，Reference Manager
序列比对及进化树	BLAST，ClustalX，DNAstar，Vector NTI Advance，PLYLIP，MEGA
质粒绘图	SimVector，Plasmid processor，pDRAW

（王　昕）

附录二　生物化学与分子生物学常用试剂和培养基的配制方法

一、生物化学与分子生物学常用试剂的配制方法

1. ACD 抗凝剂：称取柠檬酸钠 2.55 g、柠檬酸 0.8 g、葡萄糖 1.2 g，加蒸馏水至 100 mL，4℃保存。

2. 10% APS（过硫酸铵）溶液：称取 1 g APS，加蒸馏水溶解后定容至 10 mL。可在 4℃保存数周。

3. Bradford 试剂（考马斯亮蓝 G-250 试剂）（用于蛋白质定量测定）：称取 100 mg 考马斯亮蓝 G-250 溶于 50 mL 95%乙醇中，加入 85%（m/V）磷酸 100 mL，最后用蒸馏水定容至 1000 mL。此溶液置于棕色瓶中于常温下可放置一个月。

4. 1 mol/L $CaCl_2$ 溶液：称取 54 g $CaCl_2·6H_2O$ 溶于 200 mL 蒸馏水中，用 0.22 μm 滤器过滤除菌，分装为 10 mL/份，−20℃贮存。注意：制备感受态细胞时，取出一小份解冻并用高压灭菌蒸馏水稀释至 100 mL，用 0.22 μm 滤器过滤除菌，然后冷却至 0℃。

5. 10×DNA 电泳上样缓冲液：0.025 g 二甲苯青、0.025 g 溴酚蓝、1.25 mL 10% SDS、12.5 mL 甘油，溶于 6.25 mL 蒸馏水中，4℃贮存。

6. 1 mol/L DTT（二硫苏糖醇）溶液：称取 3.09 g DTT 溶于 20 mL 0.01 mol/L 乙酸钠溶液（pH 5.2），过滤除菌后分装成 1 mL/份，−20℃贮存。注意：DTT 或含有 DTT 的溶液不能高压灭菌处理。

7. 10 mg/mL EB（溴化乙锭）：在 100 mL 蒸馏水中加入 1 g EB，磁力搅拌数小时至完全溶解，放入棕色瓶或铝箔包裹容器，室温保存。注意：EB 是强诱变剂并有中度毒性，使用含有该染料的溶液时务必戴上手套，称量染料时要戴面罩。

8. 0.5 mol/L EDTA（pH 8.0）溶液：在 800 mL 蒸馏水中加入 186.1 g EDTA-$Na_2·2H_2O$，剧烈磁力搅拌，用 NaOH 调节溶液的 pH 至 8.0，然后定容至 1 L，分装后高压灭菌备用。

9. 1 mol/L IPTG 溶液：称取 238 mg IPTG 溶于灭菌蒸馏水中至 1 mL，−20℃保存。

10. 10×MOPS 缓冲液：称取 25.05 g MOPS、20.4 g 乙酸钠、30 mL 0.5 mol/L EDTA（pH 8.0），加 DEPC 处理灭菌水至 300 mL，置于棕色瓶中，室温保存。

11. 1×PBS 溶液：称取 8 g NaCl、0.2 g KCl、1.44 g Na_2HPO_4 和 0.24 g KH_2PO_4，溶于约 800 mL 蒸馏水中，用 HCl 调节溶液 pH 至 7.4，加水定容至 1 L，高压灭菌 20 min，室温保存。

12. 10% SDS（十二烷基硫酸钠）溶液：在 900 mL 蒸馏水中溶解 100 g 电泳级 SDS，加热至 68℃助溶，用浓盐酸调节溶液 pH 至 7.2，加蒸馏水定容至 1 L，分装备用。注意：SDS 的微细晶粒易扩散，因此称量时要戴面罩，称量完毕后需清除残留在称量工作区和天平上的 SDS。

13. SDS-PAGE 凝胶电泳相关试剂。

（1）分离胶缓冲液：0.4% SDS，1.5 mol/L Tris-HCl，pH 8.8。

（2）压缩胶缓冲液：0.4% SDS，0.5 mol/L Tris-HCl，pH 6.8。

（3）丙烯酰胺胶液。注意：丙烯酰胺具有很强的神经毒性并可以通过皮肤吸收，其作用具累积性。称量丙烯酰胺和亚甲双丙烯酰胺时应戴手套和面罩。

A. 30%丙烯酰胺胶液：称取 29 g 丙烯酰胺和 1 g 甲叉双丙烯酰胺，溶于 60 mL 蒸馏水中。用蒸馏水定容至 100 mL，4℃保存。

B. 40%丙烯酰胺胶液：称取 38.7 g 丙烯酰胺和 1.3 g 甲叉双丙烯酰胺，溶入 65 mL 蒸馏水中，用蒸馏水定容至 100 mL，用 0.45 μm 滤器过滤，置棕色瓶，置 4℃可以保存 1 个月以上。

（4）1×SDS-PAGE 电泳上样缓冲液：2% SDS、2%巯基乙醇、10%甘油、0.1%溴酚蓝、62.5 mmol/L Tris-HCl，pH 6.8。

（5）SDS-PAGE 电极液：1.44%甘氨酸、0.3% Tris、0.1% SDS。

14. 20×SSC 溶液：在 800 mL 蒸馏水中溶解 175.3 g NaCl 和 88.2 g 柠檬酸钠，加蒸馏水定容至 1 L，调 pH 至 7.0。

15. TAE 电泳缓冲液。①50×贮存液：242 g Tris、57.1 mL 冰醋酸、37.2 g EDTA·2H$_2$O，加水至 1 L。②1×工作液：40 mmol/L Tris-乙酸、2 mmol/L EDTA。

16. TBS 缓冲液：200 mmol/L NaCl、50 mmol/L Tris-HCl，pH 7.5。

17. TE 缓冲液（pH 8.0）：10 mmol/L Tris，1 mmol/L EDTA。含 RNA 酶的 TE 需要另加入 RNA 酶，使其终浓度为 20 μg/mL。

18. 1 mol/L Tris-HCl 缓冲液：在 800 mL 蒸馏水中溶解 121.91 g Tris，用浓 HCl 调节 pH 至所需值，混匀后加水至 1 L。Tris 溶液的 pH 随温度变化较大，故溶液应冷至室温后方可最后调定 pH。

19. 20 mg/mL X-Gal 溶液：称取 1 g X-Gal，加入 40 mL DMF（二甲基甲酰胺），充分溶解后定容至 50 mL。−20℃避光保存。

20. 苯酚∶氯仿∶异戊醇：先向氯仿中加入异戊醇（24∶1，V/V），然后将氯仿/异戊醇和苯酚等体积混合即可。苯酚∶氯仿∶异戊醇为 25∶24∶1。

21. 蛋白质标准溶液（1 mg/mL）：准确称取 100 mg 牛血清白蛋白，加 0.9% NaCl 定容至 100 mL。溶解后分装，−20℃保存。

22. 考马斯亮蓝 R-250 染色液：0.1%考马斯亮蓝 R-250、45%甲醇、10%乙酸。

23. 10 mg/mL 葡萄糖标准贮存液：称取 1 g 无水葡萄糖溶于 50 mL 饱和苯甲酸溶液中，用饱和苯甲酸溶液定容至 100 mL。

24. 消化缓冲液：0.1 mol/L NaCl、25 mmol/L EDTA、0.5% SDS、10 mmol/L Tris-HCl，pH 8.0。

25. 3 mol/L 乙酸钠溶液（pH 5.2）（用于 RNA 提取）：乙酸钠 40.8 g，DEPC 处理灭菌水 20 mL，加冰醋酸至 100 mL。

26. 质粒提取溶液。

（1）质粒提取溶液Ⅰ：pH 8.0 G.E.T 缓冲液（50 mmol/L 蔗糖、10 mmol/L EDTA、25 mmol/L Tris-HCl）。用前加溶菌酶 4 mg/mL。

（2）质粒提取溶液Ⅱ：1 mol/L NaOH 40 μL、5% SDS 40 μL、蒸馏水 120 μL，临用时配制。

（3）质粒提取溶液Ⅲ：pH 4.8 乙酸钾溶液（60 mL 5 mol/L 乙酸钾、11.5 mL 冰醋酸、28.5 mL 蒸馏水）。

二、分子生物学常用培养基的配制方法

1. LB（Luria-Bertani）液体培养基：称取 NaCl 5 g、胰蛋白胨 10 g、酵母提取物 5 g，置于 1 L 烧杯中，加入约 900 mL 蒸馏水，充分搅拌溶解。用 5 mol/L NaOH（约 0.2 mL）调 pH 至 7.0。用蒸馏水定容至 1 L，高压灭菌 20 min，4℃保存。

2. LB/Amp 液体培养基：将配好的 LB 液体培养基高压灭菌后冷却至 50~60℃，加入 Amp（氨苄西林）贮存液，使终浓度为 100 μg/mL，摇匀。

3. LB 固体培养基：LB 液体培养基中加入琼脂粉，浓度为 15 g/L。高压灭菌 20 min。从高压锅内取出培养基时应小心轻轻旋动，使琼脂分布均匀。

4. LB/Amp 固体培养基：将配好的 LB 固体培养基高压灭菌后冷却至 50~60℃，加入 Amp 贮存液，使终浓度为 50 μg/mL，摇匀后铺板。用封口胶封边，倒置，4℃保存，一个月内使用。

5. SOB 培养基：称取 0.5 g NaCl、20 g 胰蛋白胨、5 g 酵母提取物、5 g $MgSO_4 \cdot 7H_2O$，溶于 1 L 蒸馏水中，高压消毒。

6. SOC 培养基：配制 1 mol/L 葡萄糖溶液（18 g 葡萄糖溶于 90 mL 蒸馏水中，充分溶解后定容至 100 mL，用 0.22 μm 滤膜过滤除菌）。将 SOB 培养基经高压灭菌后冷至 60℃或 60℃以下，向 100 mL SOB 培养基中加入除菌的 1 mol/L 葡萄糖溶液 2 mL，混匀，4℃保存。

7. TB 培养基（又称为 Terrific 肉汤）：称取胰蛋白胨 12 g、酵母提取物 24 g、甘油 4 mL，置于 1 L 烧杯中，加入蒸馏水至 900 mL，充分搅拌溶解。高压灭菌。冷却至 60℃或 60℃以下时加入 100 mL 灭菌的 KH_2PO_4 和 K_2HPO_4 的混合液（2.31 g KH_2PO_4、12.54 g K_2HPO_4 用蒸馏水溶解，定容至 100 mL）。

（范　浩　贺　铭）

附录三　生物化学及分子生物学实验常用缩略语

英文缩写	英文名	中文名
A	(1) absorbance (2) absorbency	吸收率 吸收
Acr	acrylamide	丙烯酰胺
ADP	adenosine diphosphate	二磷酸腺苷，腺苷二磷酸
AMP	adenosine monophosphate	腺苷一磷酸，腺苷酸
Amp	ampicillin	氨苄西林
AMV	avian myeloblastosis virus	禽类成髓细胞瘤病毒
APS	ammonium persulfate	过硫酸铵
AR	analytical reagent	分析纯试剂
ATP	adenosine triphosphate	三磷酸腺苷，腺苷三磷酸
ALT	alanine transaminase	丙氨酸转氨酶
BAC	bacterial artificial chromosome	细菌人工染色体
Bis	N,N'-methylene-bis-acrylamide	N,N'-亚甲双丙烯酰胺
BSA	bovine serum albumin	牛血清白蛋白
bp	base pair	碱基对
ccc-DNA	covalently closed circular DNA	共价闭环 DNA
cDNA	complementary DNA	互补 DNA
CE	capillary electrophoresis	毛细管电泳
Ch	cholesterol	胆固醇
CP	creatine phosphate	磷酸肌酸
DEPC	diethylpyrocarbonate	焦碳酸二乙酯
DNA	deoxyribonucleic acid	脱氧核糖核酸
dsDNA	double stranded DNA	双链 DNA
dsRNA	double stranded RNA	双链 RNA
DTT	dithiothreitol	二硫苏糖醇
EB	ethidium bromide	溴化乙锭
E. coli	*Escherichia coli*	大肠杆菌
EDTA	ethylene diamine tetraacetic acid	乙二胺四乙酸
EGTA	ethylene glycol bis (2-aminoethyl) tetraacetic acid	乙二醇二乙醚二胺四乙酸

续表

英文缩写	英文名	中文名
ELISA	enzyme-linked immunosorbent assay	酶联免疫吸附测定（法）
FAM	carboxyfluorescein	羧基荧光素
FCM	flow cytometry	流式细胞仪
FITC	fluorescein isothiocyanate	异硫氰酸荧光素
FPLC	fast protein liquid chromatography	快速（蛋白）液相层析
G6PD	glucose-6-phosphate dehydrogenase	葡糖-6-磷酸脱氢酶
GFP	green fluorescence protein	绿色荧光蛋白
GST	glutathione-S-transferase	谷胱甘肽 S 转移酶
Hb	hemoglobin	血红蛋白
HEPES	4-(2-Hydroxyethyl)-1-piperazineethanesulfonic acid	4-羟乙基哌嗪乙磺酸
His，H	histidine	组氨酸
HPLC	high performance liquid chromatography	高效液相层析
Hsp	heat shock protein	热休克蛋白
IEF	isoelectric focusing	等电聚焦
IPTG	isopropyl-β-D-thiogalactoside	异丙基-β-D-硫代半乳糖苷
kb	kilobase pair	千碱基对
kDa	kilo-Dalton	千道尔顿
K_m	Michaelis constant	米氏常数
LDH	lactic dehydrogenase，lactate dehydrogenase	乳酸脱氢酶
mRNA	messenger RNA	信使 RNA
MW	molecular weight	分子质量
NBT	nitrotetrazolium blue	氯化硝基四氮唑蓝
NC	nitrocellulose membrane	硝酸纤维素膜
oc-DNA	open circular DNA	开环 DNA
OD	optical density	光密度
PAGE	polyacrylamide gel electrophoresis	聚丙烯酰胺凝胶电泳
PCR	polymerase chain reaction	聚合酶链反应
PKC	protein kinase C	蛋白激酶 C
pI	isoelectric point	等电点
PMSF	phenylmethanesulfonyl fluoride	苯甲基磺酰氟
RNase	ribonuclease	RNA 酶
PBS	phosphate buffered saline	PBS 缓冲液
RNAi	RNA interference	RNA 干扰
RPM	round per minute	每分钟转数
RQ-PCR	real-time quantitative PCR	实时定量 PCR
RT-PCR	reverse transcription PCR	反转录 PCR，逆转录 PCR
SDS	sodium dodecyl sulfate	十二烷基硫酸钠

续表

英文缩写	英文名	中文名
siRNA	small interfering RNA	小干扰 RNA
SNP	single nucleotide polymorphism	单核苷酸多态性
SSCP	single strand conformation polymorphism	单链构象多态性
SWR	standard working reagent	标准工作液
TBS	Tris-buffered sodium chloride	TBS 缓冲液
TE	Tris-EDTA buffer	含 Tris 和 EDTA 的缓冲液
TEMED	N, N, N', N'-tetramethyl ethylene diamine	N, N, N', N'-四甲基乙二胺
TLC	thin-layer chromatography	薄层层析
Tris	N-Tris（hydroxymethyl）aminomethane	2-氨基-2-羟甲基-1,3-丙二醇
UV	ultraviolet	紫外线
X-Gal	5-bromo-4-chloro-3-indolyl-β-D-galactoside	5-溴-4-氯-3-吲哚-β-D-半乳糖苷
YAC	yeast artificial chromosome vector	酵母人工染色体载体

（范　浩）

附录四　生物化学与分子生物学实验常用词中英文对照

A

abluent　洗洁剂
absolute（ethyl）alcohol　无水乙醇
absorbance（A）　吸光率，吸收率
absorbency（A）　吸收性，吸光度
absorption　吸收（作用）
absorption coefficient　吸收系数
absorption spectrum　吸收光谱
abstract　提取
acetate　乙酸盐
acetic acid　乙酸
acidity　酸度，酸性
acrylamide　丙烯酰胺
adjustable micropipettor　可调式微量移液器/加样器
affinity　亲和，亲和力，亲和性
affinity labeling　亲和标记
agar　琼脂
agarose　琼脂糖
agarose gel electrophoresis　琼脂糖凝胶电泳
agitate　搅动
A∶G ratio　A/G，清球比率
alanine（Ala，A）　丙氨酸
albumin　清蛋白，白蛋白
alcohol　乙醇
alcohol burner　酒精灯
alkalinity　碱度，碱性
alkaline phosphatase　碱性磷酸酶
alpha complementation　α-互补
amino　氨基

amino terminal　氨基端，N端
ammonium persulfate　过硫酸铵
ampholyte　两性电解质
amplicon　PCR扩增产物
amplification　扩增
analytical balance　分析天平
analytical reagent　分析纯试剂
anhydrous　脱水的，无水的
annealing　退火
antibiotics　抗生素
antibody　抗体
antigen　抗原
antiseptic　消毒剂，防腐剂
apolipoprotein　载脂蛋白
apoptosis　凋亡
apparent molecular weight　表观分子量
aseptic　无菌的，防腐剂
autoclave　高压灭菌器
automatic biochemical analyzer　全自动生化分析仪
automatic gel image analysis system　全自动凝胶成像分析系统
autoradiography　放射自显影
azotometer　定氮仪

B

balance　天平
base　碱基
base sequence　碱基序列
beaker　烧杯
beaker brush　烧杯刷
Beer-Lambert law　比尔-朗伯定律

Beer's law　比尔定律
benchtop ultracentrifuge　台式超速离心机
biochemistry　生物化学
biochip　生物芯片
biomacromolecule　生物大分子
biotin　生物素
biuret reaction　双缩脲反应
blender　搅拌器，搅碎器
blood　血液
blood sugar　血糖
blotting　印迹分析
blotting membranes　印迹膜
blotting paper　印迹用滤纸
blue-white selection　蓝白斑筛选
blunt end　平端
bottle brush　瓶刷
bromophenol blue　溴酚蓝
buffer　缓冲液

C

capacity　容量
capillary electrophoresis　毛细管电泳
capillary electrophoresis system　毛细管电泳仪
carboxyl　羧基
catalyst　催化剂
catecholamine　儿茶酚胺
cation　阳离子
cDNA　互补 DNA
cDNA chip　cDNA 芯片
cDNA library　cDNA 文库
cDNA probe　cDNA 探针
cell　细胞
cell culture　细胞培养
cellophane　玻璃纸
cellulose acetate membrane　醋酸纤维薄膜
centrifugal force　离心力
centrifuge　离心机
centrifuge tube　离心管
chromatogram　层析图，色谱
chromatography　层析，色谱法
chromatography column　层析柱
clamp　夹子
clone　克隆
cloning vector　克隆载体

CO_2 incubator　二氧化碳培养箱
coomassie（brilliant）blue　考马斯亮蓝
coomassie（brilliant）blue staining　考马斯亮蓝染色
coefficient　系数
colloid　胶体
colony　菌落
colony counter　菌落计数器
color reaction　呈色反应
colorimetry　比色法
competence　感受态
competent cell　感受态细胞
competitive inhibition　竞争性抑制作用
complementary DNA（cDNA）　互补 DNA
component　成分，组分
concentration　浓度
condenser　冷凝器
conformation　空间构象
conical beaker　锥形瓶
conical bottom culture tube　锥底试管
constant temperature incubator　恒温培养箱
constant temperature oven　恒温箱
content　含量
control experiment　对照实验
cosmid vector　黏粒载体，科斯质粒载体
counter　计数器
creatine　肌酸
culture dish　培养皿
culture flask　培养瓶
culture media　培养基
culture shaker　培养摇床
culture vessel　培养瓶
culture tube　培养管
cuvette　比色皿

D

2-D electrophoresis apparatus　双向电泳仪
denaturant　变性剂
denaturation　变性（作用）
density　密度
density gradient centrifugation　密度梯度离心
desiccator　干燥器
desiccant　干燥剂
detector　检测器
detergent　去垢剂，去污剂

dialysis 透析
differential display PCR 差异显示 PCR
digital gel image analysis system 数码凝胶成像分析仪
diluent 稀释剂
dilute 稀释
distilled water 蒸馏水
DNA blotting DNA 印迹
DNA chip DNA 芯片
DNA ligase DNA 连接酶
DNA marker DNA 分子质量标准物
DNA polymerase DNA 聚合酶
DNA recombination DNA 重组
DNA recombination technique 重组 DNA 技术
DNA recombination technology 重组 DNA 技术
DNA sequencer DNA 测序仪
dot blotting 斑点印迹
dropper 滴管
drying oven 干燥箱，干燥炉

E

electric stove 电炉
electrical receptacle 电源插座
electrode 电极
electrolyte 电解质
electromagnetic oven 电磁炉
electrophoresis 电泳
electronic analytical balance 电子分析天平
electronic balance 电子天平
electrophoresis cell 电泳槽
electrophoresis system 电泳仪
electrophoretogram 电泳图（谱）
electrophorogram 电泳图（谱）
electroporation 电穿孔
electroporation instrument 电穿孔转化仪
electrothermal incubator 电热恒温培养箱
eluant 洗脱液，洗脱剂
eluate 洗出液
eluent 洗脱液，洗脱剂
elution 洗脱
enzyme 酶
Escherichia coli 大肠杆菌
ethanol 乙醇
exon 外显子

exponential growth phase 对数生长期
expression vector 表达载体
extinction coefficient 消光系数
extract ①提取，抽取；②提取液

F

fetal calf serum 胎牛血清
filter 过滤
filtration 过滤
flask 培养瓶，长颈瓶
flow cytometer（FCM）流式细胞仪
fluorescence 荧光
fluorescence intensity 荧光强度
fluorescence probe 荧光探针
fluorescence quantified PCR 荧光定量 PCR
fluorescence spectrophotometer 荧光分光光度计
fluorochrome 荧光染料
fluorophore 荧光基团
forceps 镊子
formamide 甲酰胺
freezer 冷冻冰箱
frost-free refrigerator 无霜冰箱
full size ultracentrifuge 大型超速离心机
fume hood 通风橱

G

gas chromatography 气相层析
gel 凝胶
gel chromatography 凝胶层析
gel comb 凝胶梳
gel dryer 凝胶干燥仪
gel imaging system 凝胶成像系统
gene 基因
gene chip 基因芯片
gene cloning 基因克隆
gene expression 基因表达
gene inactivation 基因失活
gene knock-out 基因敲除
gene library 基因文库
genetic analyzer 全自动遗传分析仪
genetic engineering 基因工程
genome 基因组
genomic DNA 基因组 DNA
genomic library 基因组文库

glassware 玻璃仪器
glass graduates with scale 刻度量杯
glass stopper 玻璃瓶塞
globulin 球蛋白
glucose-6-phosphate dehydrogenase (G6PD) 葡萄糖-6-磷酸脱氢酶
glutamic oxaloacetic transaminase (GOT) 谷草转氨酶
glutamic pyruvic transaminase (GPT) 谷丙转氨酶
glycogen 糖原
gradient centrifugation 梯度离心
gradient thermal cycler 梯度 PCR 仪
graduated cylinder 量筒
growth media 培养基

H

hemoglobin 血红蛋白
heat shock protein (HSP) 热休克蛋白
heating bath 加热水浴箱
heat-stable 耐热的，热稳定的
heparin 肝素
high density lipoprotein (HDL) 高密度脂蛋白 高效液相层析，高效液相色谱法
high pressure steam sterilizer 高压蒸汽灭菌器
high speed centrifuge 高速离心机
high speed refrigerated centrifuge 高速冷冻离心机
high speed centrifugation 高速离心
histidine (His, H) 组氨酸
homogenate 组织匀浆
homogenize 匀浆
homogenizer 匀浆器
homoiothermic 恒温的
horizontal gel electrophoresis system 水平凝胶电泳仪
horseradish peroxidase 辣根过氧化物酶
host 宿主
hybrid molecule 杂交分子
hybridization 杂交

I

ice machine 制冰机
ice scoop 冰勺
immunoblotting 免疫印迹法
immunoradioautography 免疫放射自显影

inactivation 灭活
incubation 保温，温浴
incubator 培养箱
induce 诱导
induced mutagenesis 诱变
inducer 诱导物
induction 诱导作用
infection 感染
inhibitor 抑制剂
insertion inactivation 插入灭活
insertion sequence (IS) 插入序列
in situ hybridization 原位杂交
in situ PCR 原位 PCR
insulin 胰岛素
in vitro 体外，试管内
in vivo 体内
iodoacetamide 碘乙酰胺
ion-exchange resin 离子交换树脂
ion exchange chromatography 离子交换层析
ionic strength 离子强度
isoelectric focusing 等电聚焦
isoelectric focusing system 等电聚焦仪
isoelectric point (pI) 等电点
isoelectric separation 等电分离

J

jar 广口瓶

K

kalium 钾
kinase 激酶
kinetic coefficient 动力学系数
kinetic constant 动力学常数
Klenow fragment Klenow 酶，DNA 聚合酶Ⅰ大片段

L

lab cart 实验室样品推车
lab sink 实验室水槽
lab stool 实验凳
laboratory notebook 实验记录本
laboratory coat 工作服
label 标签
lactose 乳糖

laser scanning confocal microscope 激光扫描共聚焦显微镜
latex glove 乳胶手套
ligand 配体
ligase 连接酶
liquid nitrogen 液氮
liquid nitrogen storage tank 液氮储存罐
loop 细菌接种环
low speed centrifuge 低速离心机
lysis 溶菌作用
lysozyme 溶菌酶

M

magnetic stirrer 磁力搅拌器
malonic acid 丙二酸
marker 记号笔
medicine dropper 滴管
medium 培养液
methylase 甲基化酶
methylation 甲基化
methylene blue 亚甲蓝，甲烯蓝
microbalance 微量天平
microcentrifuge 微型离心机
microcentrifuge tube 微型离心管
microliter syringe 微量注射器
microinjection 显微注射
microinjector 微量注射器
microplate reader 酶标仪
micropipettor 微量移液器
micropipettor tip 微量移液头
microwave oven 微波炉
milligram 毫克
mince 切碎
mini gel system 迷你凝胶电泳仪
mitochondrial DNA（mtDNA） 线粒体 DNA
mixer 混合器，搅拌器
mobility 迁移率
molecular cloning 分子克隆，无性繁殖
molecular hybridization 分子杂交
molecular weight 分子质量
monoclonal antibody 单克隆抗体
mortar 研钵
multichannel pipetter 多道移液器
multifunctional PCR 多功能 PCR 仪
multiplex PCR 多重 PCR

mutation 突变

N

negative 负的，阴性的
nick 缺口
nick translation 缺口平移法
non-protein nitrogen 非蛋白氮
Northern blotting RNA 印迹
nucleic acid 核酸
nucleic acid hybridization 核酸分子杂交
nucleic acid sequencing system 核酸序列分析仪

O

oligonucleotide 寡核苷酸
orbital rocker 旋转混匀器
optimum pH 最适 pH
optimum temperature 最适温度
outlet strip 电源插座板
oven 烤箱

P

paper chromatography 纸层析，纸色谱法
paper label 标签
paraffin film 密封用石蜡薄膜
PCR thermocycler 基因扩增仪
PCR plate PCR 板
penicillin 青霉素
pestle 研杵
pH buffer pH 缓冲液
pH meter pH 酸度计
pH paper pH 试纸
pH testing strips pH 试纸
plasma 血浆
plasmid 质粒
pipette 移液管，吸量管
pipette tip 移液器吸头，枪头
pipettor 移液器
polyclonal antibody 多克隆抗体
polymerase 聚合酶，多聚酶
polymerase chain reaction（PCR） 聚合酶链反应
polymorphism 多态性，多态现象
point mutation 点突变
positive 正的，阳的
power supply 电源

precipitation reaction 沉淀反应
pre-cast gel 预制凝胶板
pretreat 预处理
primer 引物
probe 探针
protease 蛋白酶
protein 蛋白质
protein chip 蛋白质芯片
protein expression 蛋白质表达
protein kinase 蛋白激酶
purification 纯化
purity 纯度

R

radioactivity 放射性
radioautography 放射自显影
random primer 随机引物
random priming 随机引物法
reagent 试剂
reagent bottle 试剂瓶
real-time fluorescence quantified PCR 实时荧光定量 PCR
receptor 受体
reference weight set 标准砝码系列
refrigerator 冰箱
relaxed circular DNA 开环 DNA
repeating pipetter 连续移液器
reporter gene 报告基因
restriction endonuclease 限制性内切酶
restriction fragment length polymorphism（RFLP）限制性片段长度多态
restriction map 限制酶切图谱
reverse transcription 逆转录
ribonuclease（RNase） RNA 酶
RNase H RNA 酶 H
rocker 混摇器
rocking platform 摇床
rotor 离心机转头
rubber pipette bulb 洗耳球
rubber stopper 橡皮瓶塞

S

safety glasses 安全眼镜
salt precipitation 盐析
sample 样品
sampling 采样，抽样
scalpel 解剖刀
scanner 扫描器
scintillation counter 闪烁计数仪
scissors 剪刀
screening 筛选
seal sample bag 密封样品袋
semi-dry transfer unit 半干转膜仪
separation 分离
sequence 序列
sequencing 测序
sequenator 序列分析仪
serum 血清
shaker 摇床，混合器
shoe covers 鞋套
sodium tetraphenylboron 四苯硼钠
solid medium 固体培养基
solubility 溶解度
solute 溶质
solution 溶液
solvent 溶剂
sonic oscillation 超声振荡
sonication probe 超声（探）头/端子
sonicator 超声破碎仪
Southern blotting DNA 印迹
spatula 药匙
specimen 样品，标本
spectrofluorimeter 荧光分光光度计
spectrophotography 分光光度法
spectrophotometer 分光光度计
squirt bottles 洗瓶
standard curve 标准曲线
steam sterilizer 蒸汽灭菌器
stir 搅动
stir bar 磁力搅拌转子
stopcock 活塞，玻璃活塞
stopper 塞子
substrate 底物
superhelix 超螺旋结构
supernatant 上清液
syringe needle 注射器针头

T

Taq DNA polymerase Taq DNA 聚合酶
test tube 试管

test tube holder 试管夹
test tube rack 试管架
test tube shelf 试管架
template 模板
terminal transferase 末端转移酶
tetracycline 四环素
thermoduric 耐热的
thermometer 温度计
thermostat 恒温器
thermostatic oscillation incubator 恒温振荡培养器
thermostatic oven 恒温烤箱
thermostatic water bath 恒温水浴箱
timer 定时器
thin membrane electrophoresis 薄膜电泳
tissue 组织
tissue grinder 组织研磨器
tissue culture 组织培养
tissue homogenate 组织匀浆
tracer isotope 示踪同位素
transaminase 转氨酶
transfer apparatus 电转仪
transduction 转导，转导作用
transfection 转染
transformation 转化
transmittance 透光度
transmittancy 透射比
tube brush 试管刷
tumbling mixer 翻转混匀器

U

ultra freezer 超低温冰箱
ultra purified water system 超纯水系统
ultra balance 微量天平
ultracentrifuge 超速离心机
ultracentrifugation 超速离心
ultrafiltration membrane 超滤膜
ultrasonication 超声破碎
ultrasonator 超声振荡器
ultrasonic cell disruptor 超声细胞破碎仪
ultraviolet absorption 紫外吸收

ultraviolet lamp 紫外灯
ultra-low temperature freezer 超低温冰箱
universal microplate reader 通用酶标仪
urea 尿素
UV spectrophotometer 紫外分光光度计
UV/VIS spectrophotometer 紫外可见分光光度计

V

vacuum drying apparatus 真空干燥器
vacuum drying oven 真空干燥炉/箱
Vaseline 凡士林
vector 载体
vertical electrophoresis apparatus 垂直电泳仪
vertical electrophoresis system 垂直电泳系统
virus 病毒
VIS spectrophotometer 可见分光光度计
volumetric flask 容量瓶
vortex mixer 漩涡混匀器

W

water bath shaker 水浴摇床
water bath 水浴，水浴槽
water bath pot 水浴锅
water still 蒸馏水器
wavelength 波长
weighing paper 称量纸
Western blotting 蛋白印迹
wild type 野生型
wiper for lens 擦镜纸

X

xerogel 干凝胶

Y

yeast 酵母
yeast two-hybrid system 酵母双杂交系统

其他

96-well plate 96孔板

（范 浩）